城市大脑平台应用与运维

中级

阿里云计算有限公司 编著

清华大学出版社
北 京

内容简介

本书以阿里云城市大脑智能引擎为基础，分别使用“代码实现”和“非代码实现”两种不同的项目实现方式，模拟了“智慧交通”“智慧旅游”“城市管理”3个背景下的多个不同应用场景，并以项目任务的方式分别设计了不同的项目和任务模块。项目1介绍的是城市大脑和城市大脑平台的基础知识。项目2在“非代码实现”的两个应用场景下，从数据预处理到二分类算法搭建，讲述了阿里云机器学习平台PAI中PAI-Studio可视化建模平台的使用。项目3和项目4通过火车站进站闸机项目和旅游景点人流车流检测项目的设计，讲述了城市卡口、闸机、人流车流类的人工智能应用实现。项目5和项目6通过公共区域行人密度检测和禁停区域车辆车流模型的设计及应用两个算法项目，讲述了人工智能算法模型搭建、训练和应用的完整过程。

本书可作为大中专院校计算机科学与技术专业、人工智能相关专业的教材，也可作为相关科研人员、人工智能爱好者的参考用书。

图书在版编目（CIP）数据

城市大脑平台应用与运维：中级 / 阿里云计算有限公司编著 . -- 北京：清华大学出版社，2021.9
ISBN 978-7-302-58454-4

Ⅰ. ①城… Ⅱ. ①阿… Ⅲ. ①城市管理—计算机管理系统—教材 Ⅳ. ① F293-39

中国版本图书馆 CIP 数据核字（2021）第 118428 号

责任编辑：郭丽娜　杜　晓
封面设计：常雪影
责任校对：李　梅
责任印制：宋　林

出版发行：清华大学出版社
网　　址：http://www.tup.com.cn，http://www.wqbook.com
地　　址：北京清华大学学研大厦 A 座　　邮　　编：100084
社 总 机：010-62770175　　邮　　购：010-62786544
投稿与读者服务：010-62776969，c-service@tup. tsinghua. edu. cn
质量反馈：010-62772015，zhiliang@tup. tsinghua. edu. cn
课件下载：http://www. tup. com. cn，010-83470410
印 装 者：三河市君旺印务有限公司
经　　销：全国新华书店
开　　本：185mm × 260mm　　**印　　张：**12.75　　**字　　数：**276 千字
版　　次：2021 年 9 月第 1 版　　**印　　次：**2021 年 9 月第 1 次印刷
定　　价：49.00 元

产品编号：093425-01

前言

Preface

当今世界已步入信息时代，信息技术已渗透到社会发展和日常生活的各个领域，对城市的可持续发展起着不可估量的作用。城市的可持续发展离不开信息化、智能化和智慧化，2020年阿里云发布了城市大脑3.0版本。阿里云城市大脑平台是基于云计算、大数据、人工智能、物联网新一代信息技术构建的人工智能开发创新和运营平台，旨在以城市大脑平台为“制高点”，助力智慧城市的建设，提高城市的运行效率，解决城市运行中面临的复杂问题，推进城市治理的科学化、精细化和智能化，实现城市的可持续发展，最终为人类协同发展提供智能支撑平台。城市大脑是整个城市可持续发展的全新基础设施和智能中枢，可以对整个城市进行全局实时分析，利用城市的数据资源优化调配公共资源，最终进化成为治理城市的超级智能手段。

本书内容设计以《城市大脑平台应用与运维职业技能等级要求（中级）》为依据，主要用于开展“城市大脑平台应用与运维（中级）1+X证书”相关的教学和培训工作。全书详细阐释了智慧城市及城市大脑的概念、组成、架构以及典型应用场景和落地应用情况。同时，阐述了阿里云视觉智能开放平台的能力，意在让读者对该平台的典型能力有基本的认识，进一步了解该平台中的技术能力以及平台相关技术的基本原理。

为方便读者学习使用，本书按项目的形式进行设计。项目来自“智慧交通”“智慧旅游”“城市管理”3个背景下的多个不同应用场景。全书共包含6个项目，其中2个为“非代码实现”项目，4个为“代码实现”项目，每个项目从项目背景、项目架构、项目知识、学习目标、项目导图、任务分析、项目总结等方面进行项目的阐释。每个项目通过项目导图将每个项目分为多个任务，逐一分解项目内容，旨在做到通俗易懂、深入浅出。项目内容按照学生学习规律和知识点讲授的内在逻辑关系进行编写，并配套相关练习题，理论与实践相结合，力求做到循序渐进。

本书配套有视频、实验手册、实验代码等数字化学习资源，读者可以扫描书中二维码或登录“阿里云全球培训中心”网站进行学习。

实验代码

感谢在本书出版的过程中给予指导的各位老师和同仁，以及清华大学出版社编辑的细心专业指导。由于编著水平有限，书中难免出现疏漏之处，恳请广大读者批评指正。

阿里云计算有限公司

2021年4月

目 录

Contents

认识城市大脑及城市大脑平台

项目概述

1. 项目背景

智慧城市是一种将科技发展与城市化紧密结合的城市治理方案，是现代城市化的发展新道路。建设智慧城市在实现城市可持续发展、引领信息技术应用、提升城市综合竞争力等方面具有重要意义。智慧城市的概念也在随着社会发展与技术进步不断地更新完善。最初的智慧城市建设是通过物联网、云计算等技术高效地配置重要城市资源，促进城市的高效运转。第二代智慧城市在最初的智慧城市建设的基础上，融合大数据、人工智能等技术，深度挖掘城市数据中的价值，形成了更具智能化的城市管理手段。目前，在交通等领域较为成熟的智慧城市形态正在向着第三代迈进，如城市大脑概念的提出。城市大脑相当于人的中枢神经，通过全面打通各类城市数据，接入各类业务系统，实施融合计算，使城市能够“思考”和迭代进化。最终，城市大脑和水、电、道路等一样，成为城市发展必不可少的数字化基础设施。

城市大脑平台是整个城市可持续发展的全新基础设施和智能中枢，可以对整个城市进行全局实时分析，利用城市的数据资源优化调配公共资源，并将最终进化成为能够治理城市的超级智能平台。城市大脑平台可以打通交警、交通、城管、医疗、应急、环保、消防等多部门数据，并在交通治理、环境保护、城市精细化管理、区域经济管理等领域进行了诸多有效探索。本项目将围绕交通、城市管理、旅游、政务、工业、健康、社区等场景，帮助读者了解城市大脑及城市大脑平台的概况。

2. 项目架构

本项目通过引入智慧城市及城市大脑的概念，介绍了阿里云城市大脑平台的组成和架构，以及典型应用场景和落地应用情况，帮助读者较为清晰地认识城市大脑及城市大脑平台。本项目重点介绍了阿里云视觉智能开放平台的能力，这是后续实践项目中要用到的平台能力。

3. 项目知识

人工智能技术在城市大脑中发挥着核心的作用，同时也离不开与其他新技术（互联网、信息通信技术、物联网、云计算、大数据等）之间协同发展。其中，人工智能技术与大数据和云计算技术的关系最为紧密，如城市大脑平台的人工智能开放能力是构建在阿里云海量的计算与存储资源之上的。本项目的知识内容主要包括城市大脑最常用到的人工智能技术能力，以及阿里云视觉智能开放平台中的技术能力。

学习目标

1. 知识目标

- 了解阿里云城市大脑平台的组成和技术架构。
- 了解阿里云视觉智能开放平台的技术能力。

2. 技能目标

- 了解阿里云城市大脑平台的典型应用场景。
- 了解阿里云视觉智能开放平台的部分技术能力的基本原理。

项目导图

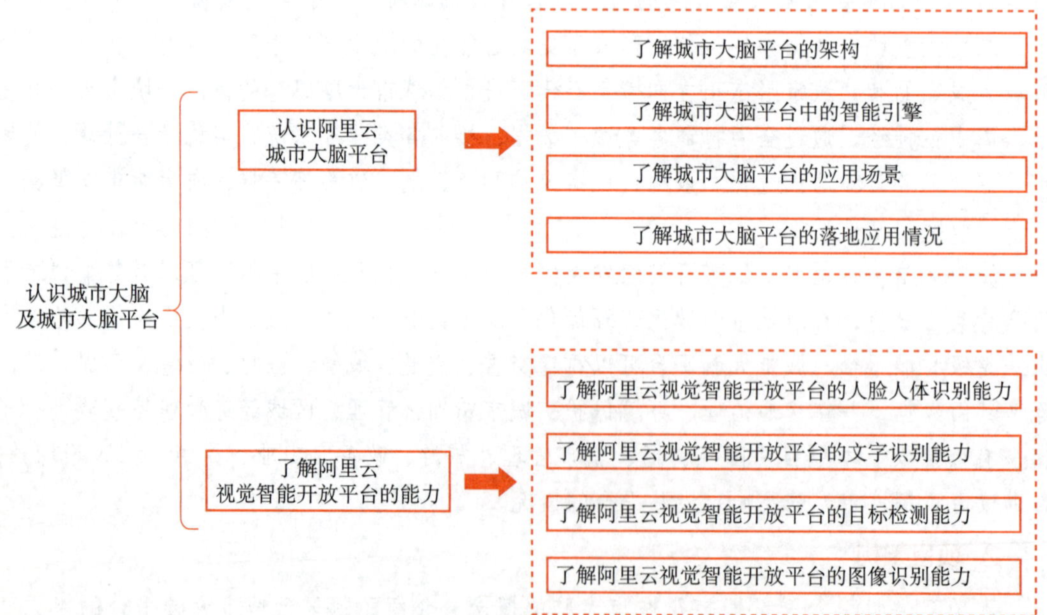

任务 1-1 认识阿里云城市大脑平台

任务目标

- 了解城市大脑平台架构。
- 了解城市大脑平台典型应用场景。

任务分析

本任务主要对城市大脑平台的架构进行学习，通过认识城市大脑平台的典型应用场景，使读者建立起对城市大脑较为清晰的认识。

知识准备

城市大脑平台涉及的人工智能技术包括机器学习、深度学习、自然语言处理、计算机视觉等，本书后续项目主要使用到如下人工智能技术能力。

1. 文字识别技术能力

文字识别技术能力是一种基于光学字符识别（OCR）技术，将图片、照片上的文字内容识别出来，直接转换为可编辑文本的能力。例如，通用卡证可以进行身份证正反面识别、护照识别、银行卡识别、名片识别、户口页识别，还可以识别常用的文档、表单、票据，以及汉字、英文、数字、标点符号等手写体。

2. 语音识别技术能力

语音识别技术能力可以实现语音的高精度识别，可以构建语音交互场景下的口语理解和对话系统，自动实现语音分析、语音合成等任务。

3. 图像识别技术能力

图像识别技术能力可精准识别图像中的视觉内容，提高图片的处理和分析效率，覆盖上千种物体标签、数十种常见场景等，可以自动地快速完成图像搜索、图像识别和目标检测等任务。

任务 1-1-1 了解城市大脑平台的架构

阿里云城市大脑平台是基于云计算、大数据、人工智能、物联网新一代信息技术构建的人工智能开发创新和运营平台，如图 1-1 所示各类信息技术支撑城市大脑的发展，进而推动城市中的各种应用。简单来说，这里的“平台”并不是一个物理实体，而是集成了很多基础功能的系统（如图像识别、语音识别、文字识别等），使用者通过远程调用 API（application programming interface，应用程序接口）就可以解决城市管理和运行中的很多实际问题。

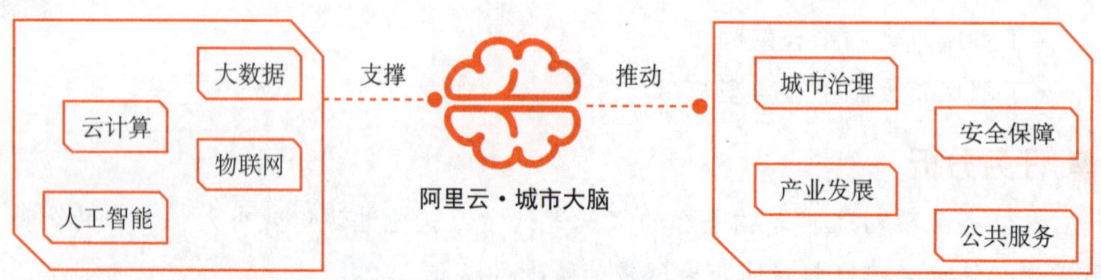

图 1-1　阿里云城市大脑示意图

城市大脑平台总体架构如图 1-2 所示。

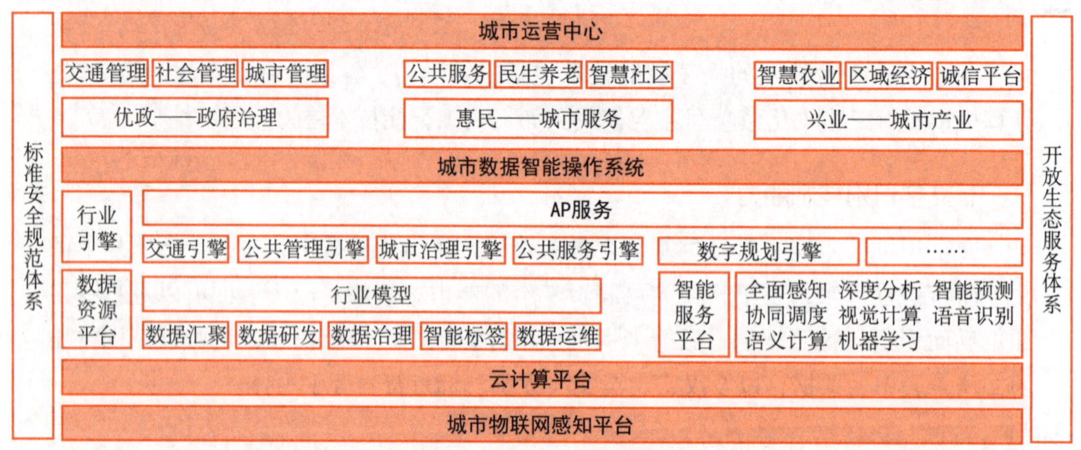

图 1-2　城市大脑平台总体架构

城市大脑平台总体架构可分为底层、中层和上层。

（1）底层：由基础的城市物联网感知平台和云计算平台组成，提供数据采集、存储、计算的基础能力。其中，城市物联网感知平台中的硬件基础设施包括传感器、摄像头等；底层涉及如 NB-IoT、LoRa、2/3/4G、Wi-Fi 等通信技术；城市云计算平台提供稳定可靠的云计算服务。

（2）中层：由数据资源平台、智能服务平台、数字规划引擎和行业引擎等组成，形成完整的城市数据智能操作系统。底层数据在这里进行汇聚和处理，经过一系列智能算法和模型计算，形成可支撑不同行业、部门的智能引擎及各类应用（application，AP）服务。在这个过程中城市大脑以数据和智能为核心，形成对上层应用的智慧化赋能支撑。

（3）上层：由面向各行业和领域的智能应用所组成，围绕“优政”“惠民”“兴业”三大领域，建设数据智能应用，全面促进城市的数字化进程。

任务 1-1-2 了解城市大脑平台中的智能引擎

阿里云城市大脑平台以城市视觉智能引擎为核心，包含多个协同运行的智能系统，如视觉计算平台、车流人流预测系统、渐进式视频搜索引擎、城市建设与精细化管理系统等。

城市大脑平台中的城市视觉智能引擎依托于阿里云分布式计算和存储平台，利用先进的视频图像、图形学处理技术和深度学习算法，建立城市级人工智能模型，通过对相应场景的分析、索引和挖掘，赋能交通、市政综治、商业、园区、电力能源、医疗教育等各个行业场景。城市视觉智能引擎可以打通并连接散落在城市各个单元的视觉资源，让图像、视频帮助城市来做思考、决策和运营，从而整体提升城市的运行效率。

城市视觉智能引擎的典型应用场景如下。

1. 智慧交通应用场景

智慧交通场景下，城市视觉智能引擎提供的交通工程服务如图 1-3 所示，城市视觉智能引擎可为城市交通管理提供如下能力。

（1）感知异常交通事件能力，如自动发现交通拥堵并计算时长；检测主干道违章停车事件、快速路闯禁事件；检测和分析人群聚集情况；判断车辆在错峰时间段内的闯禁信息。

（2）提供交通工程服务，如对套牌、假牌、非法改装、遮挡、污损车牌等行为进行检测；实现异常车牌身份推荐、车辆轨迹还原等。

（3）预测车流人流能力，如预测 1 小时后的车流量、人流量，并辅助提前制订疏导、管控和预警方案，规避拥堵和踩踏等安全问题。

图 1-3　智慧交通——车辆信息识别

2. 智慧应急应用场景

应急监督管理的工作涉及安全生产各个环节，包括危险作业、明火火星识别、生产车间人数超限、车辆核入和人证核入等多种业务场景。由于这些场景有安全生产种类多、业务量大、监管难等特点，很多违规生产操作监管难，从而加重了生产非合规问题的程度，由此可能带来巨大的损失。城市视觉智能引擎可为安全生产管理提供如下能力。

（1）识别动火器材的能力。对特定区域中的人和乙炔瓶器材进行检测、识别、跟踪，结合行人和乙炔瓶的时间和空间关系，判断动火作业，对其上报，达到监管的目的。

（2）识别人员超限的能力。对重大安全风险区域中的行人进行检测、跟踪，之后对人数进行统计，一旦人数存在变化，将实时进行上报。

（3）对园区人车进行核入的能力。对厂区或区域出入口的车辆进行检测、跟踪，并在车牌满足识别条件时进行识别，与此同时，对车辆司机进行判断，实时上报相关结果。

（4）识别违规火星作业：对车间可视区域进行全天候不间断巡视，检测和定位特定生产车间内发生明火火星的区域，如图 1-4 所示。

图 1-4　智慧应急——识别违规火星作业

3. 城市管理应用场景

城市管理的工作涉及路面违停、游商、占道经营、渣土车未苫盖、人员聚集等多种业务场景，且违规事件的偶发性极强，非常需要借助城市视觉智能引擎的力量来解放人力，提升效能。城市视觉智能引擎可为城市管理提供如下能力。

（1）识别违章停车的能力。识别出指定区域内违章停车的车辆，并在合适的条件下识别出车牌结果，如图 1-5 所示为识别违章停车。

（2）识别非法游商的能力。对指定区域进行车辆检测及滞留分析，判断该区域是否出现疑似游商车辆。

（3）识别占道经营的能力。基于深度学习的语义分割算法，对指定区域判断分析是否出店经营。

（4）识别渣土车属性的能力。对指定区域进行车辆跟踪，判断该区域是否存在未苫盖的渣土车目标。同时对违规车辆车牌进行检测，识别出有效的车牌。

图 1-5 城管执法——识别违章停车

4. 智慧建设应用场景

对于住建管理部门和施工单位而言，建筑和基础设施的施工安全监管是其重要职责。住建施工现场是高危险作业场景，为了保障人员的安全，需要实时监控现场的动态行为，及时发现和上报安全隐患。对于环保部门，施工单位在施工过程中，抓好扬尘控制方案、裸露区域覆盖的监管是控制污染的关键。城市视觉智能引擎可为建设场景提供如下能力。

（1）识别人员未佩戴安全帽的能力。对住建区域包括施工、入口等区域的工人进行安全帽检测，对未佩戴安全帽的工人进行上报告警，如图 1-6 所示为识别出已佩戴安全帽。

（2）识别违禁闯入的能力。对划定的危险敏感区域进行实时监控，当指定区域有人体出现时，进行报警。

（3）检测人员脱岗的能力。对室内在岗人员人数进行统计，当室内持续无人，超过阈值时间，即产生上报告警。

（4）检测裸土未苫盖的能力。对施工工地中的视频点位进行实时监控，检测未苫盖的裸土，当裸土面积超过阈值则输出报警。

图 1-6　智慧建设——识别是否佩戴安全帽

任务 1-1-3　了解城市大脑平台的应用场景

城市大脑平台围绕城市治理的各类应用场景，以人为中心、以事件管理为手段、以智能平台为工具，基于对城市人、物、事件等的全面动态感知，以城市感知为抓手推进城市数据的智能采集，以创新的智慧应用为依托，解决城市治理场景的实际困难，尤其是解决大城市突出问题，重塑城市治理模式，提升市民体验。除了上面提到的交通、应急、城市管理和建设安全等应用场景，城市大脑平台在如下场景也发挥着日益重要的作用。

1. 政务应用场景

政府数据涉及面很广泛，汇聚了自然人、法人组织、城市资产、城市感知、行为事件、地理空间、宏观经济、自然资源、公共服务、电子证照等政务数据。基于这些数据，让数据多跑路，群众少跑腿，提升政府的政务管理效率和政务服务水平，是政务城市大脑的终极目标。城市大脑平台可以服务于多个政务应用场景，如通过视觉智能开放平台的能力自动识别司机的驾驶证，居民的身份证，以及人脸属性，不仅极大地减少了人工投入，也更快速精确地获取了人们的信息，减轻了政务负担。

2. 城市旅游场景

城市大脑平台通过数据的打通，充分协同交通管理、公共出行、城管停车、治安平安等能力，实现“多游一小时、多留一天”等业务目标，驱动提升政府行业监管能力、旅游产业营销效能、公众旅游服务体感。尤其是旅游交通融合背景下，相应应用层出不穷。比如，数字旅游专线、自驾游分析、智能行程规划、景区停车诱导等，给游客节省了时间也给旅游部门减轻了管理负担。

智慧旅游出行方案基本能实现“多游一小时、多留一天”的业务目标。智慧旅游提高了游览转场的效率。持续推进“数字旅游专线”的建设，在交通枢纽、集散中心以及景区建立人流疏散点，开通“数字旅游专线”共享大巴，游客利用移动端平台预定，实现景区之间的快速串联；也实现了智能引导游览路径，通过探针、视频监控、闸机、互联网数据等方式，精准地探测景区实时人流，并将数据接入城市大脑文旅系统以及应急系统，当景区接近饱和人流时，提前预警并通过微信、短信、地图 APP 等渠道通知游客，将游客疏导至周边景区，提升游客的游览效率。

3. 工业应用场景

城市大脑平台运用阿里云数据智能，根据城市产业特征，定制工业行业大数据平台，驱动产业智能化变革，形成新的模式和新的业态，打造城市专属级工业互联网平台，建设工业大脑。其目标是把人工智能与大数据技术接入传统的生产线中，帮助生产企业实现数据流、生产流与控制流的协同，提高生产效率，降低生产成本，以自主可控的路径实现自主可控的智能制造。城市工业大脑让机器能够感知、传递和自我诊断问题，通过分析工业生产中收集的数据，优化机器的产出和减少废品。工业大脑通过并不昂贵的传感器、智能算法和强大的计算能力，解决制造业的核心问题。

城市大脑平台中的智能引擎在工业领域的应用十分广泛。比如，通过人体检测可以对工人进行跟踪、检测、统计，在生产车间人数超限、生产车间持续无人或工人违规操作时，及时上报，确保工业生产安全可靠。而且可以对住建区域包括施工、入口等区域的工人进行安全帽检测，对未佩戴安全帽的工人进行上报告警。当然，通过人脸人体检测还可以对职工进行上班签到信息登记、职工个人物品登记等。除此之外，在物流行业还可以通过文字识别、物体检测对包裹进行分类投放，寄、取快递时可以实现自主扫码操作，无须工作人员。在工业生产中，通过物体检测还可以识别出生产线中的不合格产品。

4. 医疗健康应用场景

城市大脑平台应用在医疗健康场景，可以借助自然语言处理（natural language processing，NLP）技术，大数据和智能算法的分析和识别能力、医疗知识图谱，辅助医生为患者高效地构建健康问题发展模型，掌握疾病的关键线索，从而有的放矢地治疗。同时，可以给予医生更多的有效疾病线索，辅助为患者提供更全面的疾病问题评估，还可以在不同的医疗健康应用场景下，合理授权数据应用，提供适合医疗业务场景的数字档案自动调阅服务。

阿里云城市大脑平台将人工智能运用于医疗服务质量监管和提升中，通过实时算法分析避免问题发生，并辅助医生诊疗，逐步实现了医疗机构通过大数据技术保障医疗服务。疫情期间，阿里云的人脸口罩识别技术可以有效地检测人员是否佩戴口罩，这大幅减少了人工检查的工作负担，提高了人员检测通行效率。此外，通过验证码识别，可以登记人员行程信息和近期身体状况，及时发现高风险外来者和发热者，为阻止疫情进一步扩散做出了积极的贡献。

5. 社区应用场景

城市大脑平台打造的社区微脑致力于建设智慧社区，给社区居民创造安全、舒适、方便的生活环境。比如，对社区人、车进行核入，在社区出入口对进入车辆进行检测、跟踪，并在车牌满足识别条件时进行识别，同时，对车辆司机及相关人员进行判断，实时上报相关结果。通过身份证识别可以登记人员信息，防止非法人员闯入，保障社区居住环境安全、可靠。通过特殊图片场景还可以识别社区内的异常火焰、烟雾，对社区可视区域进行全天候不间断的巡视，检测和定位特定居民楼层发生火灾的区域，并及时上报火警。

社区保安可以通过城市社区微脑进行事件的上报、跟踪，掌握小区的人、车、物相关态势，并对其进行查找、分析。还可以查看接收感知到的所有事件，进行调度派发、预警解除、处置确认等工作。技术上依托业界先进的图像识别算法，实现识人、识车、识行为，结合小区内的房屋基本信息、采集登记的住户人车信息、出入行为信息，对人、车、房进行关联分析，形成各种安全态势分类标签。

任务 1-1-4 了解城市大脑平台的落地应用情况

1. 杭州

杭州城市大脑以交通领域为突破口，开启了利用大数据、人工智能等数字技术改善城市治理的探索。如今，杭州城市大脑已实现从“治堵”向“治城”的实质性跨域，已覆盖公共交通、城市管理、卫生健康、基层治理等几十个应用场景。

2. 北京

城市大脑为北京城市副中心的建设过程提供了全面感知、智能识别能力，全天候自动识别通州核心区和大兴区的工地未苫盖、渣土车未苫盖、道路遗撒等问题，实现了环境污染事件从人工发现到自动感知；围绕生态环保、安全保障、精细治理和综合执法等，实现对城区运行状态指标的实时感知，有效保障了城市安全。

3. 上海

上海浦东新区的城市大脑项目将交通、能源、供水、建筑等基础设施数字化处理和分析，为公共交通和公共服务提供智能决策，已成为社会治理精细化、智能化的典型。它以城市运行综合管理中心为载体，综合运用大数据、云计算、人工智能等技术，通过对生活垃圾、工地不文明施工、空气污染、噪声扰民等几十个场景产生的综合数据进行智能分析，可迅速识别问题症结并“对症下药”。

4. 郑州

郑州城市大脑建设项目是郑州打造新型智慧城市的高阶体系，综合利用大数据、云计

算、区块链、人工智能、5G 和物联网等数字技术，即时汇聚、调度和处理全量、全网城市数据资源，即时分析城市运行状态、调配城市公共资源、修正城市运行缺陷，利用城市数据资源优化城市公共资源。郑州城市大脑依托阿里云“飞天云”的技术架构，建设了由数百台服务器构成的全市政务云，支持十万级传感器接入，实现数千路视频实时解析，能够对各类数据进行全流程管控，以多平台（计算资源平台 + 物联网平台 + 视觉计算平台等）+ 双中台（数据中台、政务中台）的坚实底座，支撑各领域业务的智能服务。

任务 1-2 了解阿里云视觉智能开放平台的能力

任务目标

- 了解阿里云视觉智能开放平台的人脸人体识别能力。
- 了解阿里云视觉智能开放平台的文字识别能力。
- 了解阿里云视觉智能开放平台目标检测能力。
- 了解阿里云视觉智能开放平台的图像识别能力。

任务分析

本书后续项目使用的 API 均来自阿里云视觉智能开放平台的支撑，本任务主要学习这些后续会使用到的阿里云视觉智能开放平台中的技术能力，以及这些技术的基本原理。

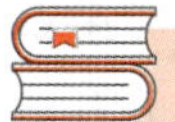

知识准备

阿里云视觉智能开放平台主要包含如下人工智能技术。

1. 人脸人体识别技术

人脸识别技术是一种基于人的脸部特征来进行分析比对的技术。计算机首先对输入的人脸图像或视频流中是否有人脸进行判断，如果存在人脸，再分析得出不同人脸的位置、大小以及面部器官的位置分布信息。通过这些信息，计算机进一步分析提取出不同人脸中的局部特征，最后通过与已保存的人脸数据比较得出准确的身份信息。人脸识别一般包括人脸图像采集、人脸定位、人脸识别预处理、身份确认以及身份查找等几个关键步骤。

人体识别技术能够根据人的行为方式、体态和发型等信息进行分析比对，对监控摄像头下的人物进行进一步识别和辨认，如辨认人的服饰、体态等人体特征。人体识别技术常常与人脸识别技术结合使用。

2. 文字识别技术

文字识别技术将输入的文字与已存储的文字模板进行匹配，通过判断字符的相似度来识别文字，或是利用特征提取对文字的区域结构及边缘特征进行分类和判断，从而识别不同的字符。文字识别可以将图片、照片上的文字内容识别出来，直接转换为可编辑的文本信息，方便信息的存储和审核。

3. 目标检测技术

目标检测技术是对通用或指定的目标进行检测、识别，并用矩形框工具对图像中的具体目标进行打标定位。目标检测技术可以识别图像中的单一或多个目标，包括车辆检测、行人检测、物体检测及图片搜索等，同时输出对应的位置信息。目标检测技术被广泛应用于安防、交通等行业内图像场景的目标检测与跟踪。

4. 图像识别技术

图像识别技术是指利用计算机对图像进行处理、分析及理解，以识别各种不同模式的目标和对象的技术。它可精准地识别图像中的视觉内容，可提供图像打标、场景分类、颜色识别、风格识别以及元素识别等能力。

任务 1-2-1 了解阿里云视觉智能开放平台的人脸人体识别能力

城市大脑的典型应用场景中，如城市交通和城市旅游，通常会涉及对旅客信息和游客数量的识别和分析，这就需要有较强的对人的特征进行识别的能力，阿里云视觉智能开放平台提供了下面几种典型的人脸人体识别能力。

1. 人脸检测

人脸检测是人脸识别技术进行识别、分析和应用的基础，比如，人脸检测定位能力可以检测图片中的人脸，并且给出每张人脸定位的关键点信息，输出人脸数量、人脸矩形坐标、人脸姿态、双瞳孔中心坐标、人脸置信度等信息。

2. 人脸属性

人脸属性检测能力作为人脸识别技术的更深层次功能，可以检测图片中人物的表情种类，以及人物的性别、年龄、眼镜、帽子和口罩等属性，尤其是口罩检测功能在疫情期间发挥了很大作用，通过人脸口罩检测可以检查和督促民众佩戴口罩，减少疫情传播。

3. 人脸编辑

人脸编辑是人脸识别技术的进一步优化，不仅可以实现基本的人脸检测功能，还可

以通过算法改变人脸的状态，包括人脸美颜、修复增强、滤镜、美妆、五官编辑等多种能力。

4. 人体识别

人体识别能力主要通过分析人体姿态动作获取手势信息、人体关键点信息、动作行为信息等，同时还具备人体计数和人流量估算等能力。

5. 人脸比对

人脸比对能力就是基于输入的两张图片，检测两张图片中的人脸，比对其中较大的那张人脸，判断是不是同一人。人脸比对常应用于智能寻人系统、智慧城市追踪嫌犯系统等。

上述人脸人体识别能力可以应用在身份验证上。身份验证基于图像或视频输入进行检测，与注册库比对，实现 1∶N 的人脸注册库比对。或与证件比对，实现 1∶1 的人脸证件比对。身份验证适用于人脸登录、VIP 人脸识别、人脸通关等场景。

任务 1-2-2 了解阿里云视觉智能开放平台的文字识别能力

城市大脑的典型应用场景中，如城市交通和城市管理，都会涉及对文字的识别和分析，这就需要有较强的对各类型文字特征进行识别的能力，阿里云视觉智能开放平台提供了多种文字识别能力，下面是其中的五种典型能力。

1. 个人类卡证识别

个人类卡证识别应用十分广泛，通过手机或者其他带有摄像头的设备对身份证、户口本、银行卡等证件拍照，并对照片进行文字识别来提取证件信息。例如，身份证识别能力可以识别居民身份证号、出生日期、地址信息以及身份证区域位置和人脸位置等信息，常用于实名认证、信息登记等场景。

2. 资产类证件识别

资产类证件识别包括各类资产证件的识别，如营业执照识别，可结构化识别出注册号、公司名称、公司地址、法人代表、营业期限等多个字段，方便工作人员审核录入。

3. 通用文字类识别

通用文字类识别适用于各行业场景下的非结构化文字识别，可用于识别合同、文档、小说等拍照获取的信息，用于合同校对、文档检索、PDF 提取等场景。

4. 车辆交通类识别

车辆交通类识别能力可以快速识别并获取和汽车相关的各种内容，可结构化输出的信息包含驾驶证、行驶证、车牌等。

5. 行业票证类识别

行业票证类识别能力可结构化输出各类票据关键字段内容，包含增值税发票识别、外卖单识别、火车票识别、出租车发票识别等。文字识别能力的应用场景如下。

（1）注册登记审核。通过身份证识别、护照识别、银行卡识别等能力，在互联网金融、公共网上办事大厅等场景，能够快速准确地识别、录入用户身份、账户信息，准确率高达 99%，从而降低用户输入成本，提高人工审核效率，有效控制业务风险。

（2）报销凭证录入。应用于企业税务核算、金融保费核发及内部报销等场景，实现对各类税务发票、医疗发票、交通票据等的自动识别和快速录入，能够有效减少人力成本，实现报销的自动化。

任务 1-2-3 了解阿里云视觉智能开放平台的目标检测能力

城市大脑的典型应用场景中，如城市交通、城市旅游和城市管理，都会涉及对“特定目标”的识别和分析，这就需要有较强的对特定目标进行识别的能力，阿里云视觉智能开放平台提供了下面两种典型的目标检测能力。

1. 通用检测

通用检测包含主体检测、白底图检测、透明图检测和物体检测。白底图检测用于检测图片背景是否为白底图，例如，电商类的一些类目的商品需要保证图片为白底图，此时可使用此能力进行检测。透明图检测用于检测图片背景是否为透明图，一般可用作对图片有特殊要求的场景，如电商店铺需要提供商品透明图，增加商品曝光机会，可使用此能力检测图片是否符合要求。物体检测可以检测输入图像中的物体，可搭配其他功能组合使用，例如，可先用此能力识别图片中的家具，再用家具分割能力将对应的家具分割出来。

2. 车辆检测

车辆检测能力是目标检测能力中的一种，可以检测图像中的机动车，返回车辆的区域位置和坐标信息。目标检测能力可以应用在路况分析上。检测图像中道路、卡口的车辆位置和数量信息，分析道路交通状况，为交通疏导提供参考信息。

任务 1-2-4 了解阿里云视觉智能开放平台的图像识别能力

城市大脑的典型应用场景中，如城市交通、城市旅游和城市管理，都会涉及对图像的识别和分析，这就需要有较强的对各类图像内容进行识别的能力，阿里云视觉智能开放平台提供了以下图像识别能力。

1. 基础识别

通过图像识别技术识别图像中的颜色、元素、Logo、风格等信息，也可以实现垃圾分

类识别、水果检测识别、车型识别和证件照质量识别等能力。

2. 场景识别

通过图像识别技术识别图像所处的场景环境，目前支持数十种常见场景，如天空、草地等。图像识别能力的应用场景如下。

（1）智能相册编辑与管理：可以根据标签将相册图片进行分类，例如，将风景照细分为天空、沙滩、夕阳等子类别，也可以将人物事件分为聚餐、运动、演出等类别。

（2）视频场景分析：基于大量图像识别数据，用深度学习算法训练，可准确识别视频中的物体和内容，实现对视频全自动且准确的快速识别，提高检索效率精度和播放量，节省人力成本，并实现自动化的视频内容检索服务、个性化推荐服务、内容检索服务、审查和分发服务。

项目总结

本项目是后续实践项目基础知识的铺垫，通过讲解城市大脑平台的架构和典型应用场景，使读者对城市大脑具备基本的认识；同时，通过介绍阿里云视觉智能开放平台中的技术能力，以及这些技术的原理，为后续项目的学习提供必要的知识准备。

练 习 题

1.（单选题）场景识别属于阿里云视觉智能开放平台中的（　　）技术能力。

A. 人脸人体识别　　B. 文字识别

C. 目标检测　　D. 图像识别

2.（多选题）资产类证件识别包括各类资产证件的识别，比如（　　）。

A. 营业执照识别　　B. 门头照识别

C. 公章识别　　D. 火车票识别

3.（单选题）能够将图片或照片上的文字内容识别出来，直接转换为可编辑文本的人工智能技术被称为（　　）。

A. 文字识别技术　　B. 图像识别技术

C. 人脸识别技术　　D. 视频分析技术

4.（单选题）识别动火器材属于城市视觉智能引擎的（　　）应用场景。

A. 智慧交通　　B. 智慧应急

C. 智慧建设　　D. 智慧旅游

5.（判断题）人脸编辑可以检测图片中人物的表情种类，以及人物的性别、年龄、表情、眼镜、帽子和口罩等属性。（　　）

人工智能机器学习平台的使用

项目概述

1. 项目背景

气象与人们的生产生活密切相关，在新型智慧城市高速、高密度发展的今天，人们对于气象服务的需求也日益增长，气象观测系统信息化需求也更加迫切。城市气象观测系统作为气象工作的基础，信息化、系统化的观测能力，将助力新型智慧城市的发展。将气象大数据与云计算等信息技术以及空间地理信息及移动互联技术相结合，把气象服务融入智慧城市的建设中，可以实现以网络为媒介使得公众更加便捷地获取更丰富的气象服务产品，从而为公众的生活、旅游、健身、康养等提供帮助，为企业生产提供气象服务指导，为政府防灾减灾、重大活动提供决策参考。

城市大脑平台各种智能功能的实现依托于人工智能机器学习平台，利用先进的人工智能技术和算法，建立起城市级人工智能模型，服务各类复杂应用场景。本项目通过阿里云机器学习平台（platform of artificial intelligence，PAI）（以下简称 PAI 平台）中的 PAI-Studio 可视化建模工具，完成两个模拟案例应用任务，重点是学习可视化建模工具的使用。其中，城市天气预处理实验学习对数据的预处理、可视化操作；通过搭建数据二分类模型实验学习 PAI-Studio 对数据的建模、训练、预测、评估等能力。

2. 项目架构

本项目在城市天气数据预处理实验中，使用 PAI-Studio 的基本功能完成了对城市天气数据进行统计、转化、可视化等操作，直观地展示出不同变量对城市天气的影响情况。在数据二分类算法模型实验中，使用 PAI-Studio 搭建二分类模型，并训练 10 组拥有 8 个特征值、被分为 1 和 −1 两种类型的数据，训练完成后，再通过 PAI-Studio 预测训练结果并评估模型的准确性。

3. 项目知识

本项目的知识内容包括机器学习和机器学习平台的基础知识。在任务 2-1 中的知识准备部分介绍了 PAI 平台的基本情况，以及对象存储 OSS 的基本知识。任务 2-2 的知识准备部分学习了 PAI-Studio 提供的算法组件和 PAI-Studio 可视化训练模型的步骤。任务 2-3 中简单介绍了二分类算法的基本概念，因为算法内容不是本书重点，所以本项目只是通过实现一个简单的机器学习算法来学习机器学习平台工具的使用。

学习目标

1. 知识目标

- 了解机器学习和机器学习平台的概念。
- 了解 PAI 平台的组成。
- 了解 PAI-Studio 图形化建模工具的应用场景。
- 了解机器学习二分类方法的基本概念。

2. 技能目标

- 能够为 PAI-Studio 进行相关授权。
- 能够制作 PAI-Studio 实例的数据源。
- 能够使用 PAI-Studio 组件进行数据预处理、统计分析。
- 能够使用 PAI-Studio 对数据进行可视化展示。
- 能够使用 PAI-Studio 进行二分类数据模型的搭建、训练、预测。

项目导图

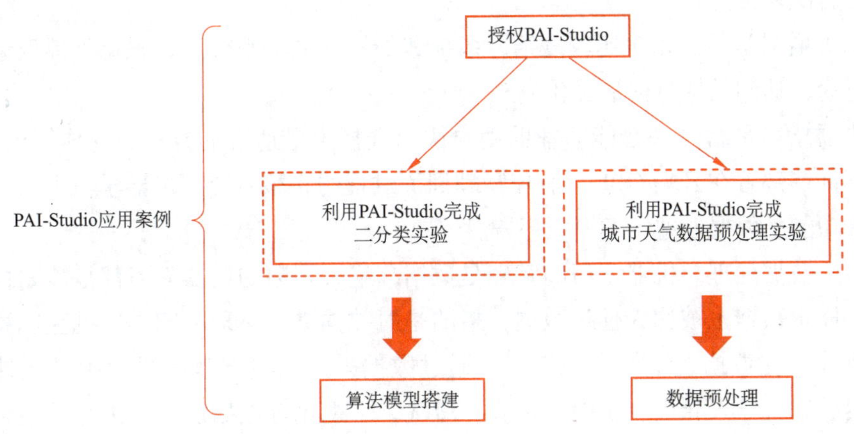

任务 2-1　登录并使用 PAI 平台

任务目标

• 掌握 PAI-Studio 账号授权的方法。

任务分析

本任务是利用 PAI-Studio 对子账号进行授权，重点了解机器学习平台知识，掌握子账号的授权、OSS 授权以及 GPU 资源授权，为使用工具做准备。

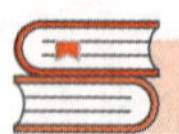

知识准备

1. 机器学习及机器学习平台概述

机器学习是指机器通过统计学算法，对大量历史数据进行学习，进而利用生成的经验模型指导业务。机器学习包括传统机器学习和深度学习，传统机器学习分为以下几类。

（1）有监督学习。每个样本都有对应的期望值，通过搭建模型，实现从输入特征向量到目标值的映射。例如，解决回归和分类问题，回归问题是指预测值为连续值，如根据房子面积预测价格；分类问题是指预测值为离散值，如根据一张图片的特征判断其是否为猫。

（2）无监督学习。所有样本没有目标值，期望从数据本身发现一些潜在规律。例如，解决聚类问题。

（3）增强学习。相对比较复杂，系统和外界环境不断交互，根据外界反馈决定自身行为，达到长期目标最优化。

机器学习平台是一套能够辅助用户快速选择出最适合的算法、完成算法调参、将模型训练部署在云端 GPU、监控管理训练过程的完整系统。机器学习平台最核心的三种功能是数据处理、建模与部署。

（1）数据处理。机器学习的基础是数据，绝大多数的机器学习都是需要样本数据的。样本数据也被称为标记数据，指的是对数据进行整理、归类、批注、添加标签等操作，在数据上添加人类知识。通过数据采集向机器学习平台中导入外部数据，然后进行导入导出、转换、校验、清洗、可视化等数据加工，再对采集到的原始数据、加工后的中间数据、用户数据等数据进行存储，这就是数据处理的过程。

（2）建模。建模过程又叫训练模型，指的是通过实验找到设计问题的最佳解决方

案。建模的主要工作是特征工程和超参数调整。特征工程指的是对输入模型的数据进行预处理以更好地表达信息。超参调整则指的是调整初始参数、选择算法等步骤。

（3）部署。模型搭建好后要将其部署到线上，通过向模型中输入数据来进行推理和预测。部署不是简单地在线上复制模型，还要考虑模型的线上管理。

目前应用最为广泛的机器学习平台是 Google 推出的机器学习平台 TensorFlow。TensorFlow 提供了丰富的算法库，可以迅速满足不同算法的要求，其可执行性强，拥有分布可扩展性，且具有可移植性，可随时部署模型。此外，TensorFlow 平台支持多种平台运行，有内置的 API 方便调用，可以进行可视化训练。由于 TensorFlow 部署简单，且学习资料丰富，目前大部分的机器学习平台都兼容和支持 TensorFlow 的架构。

2. PAI 平台

PAI 平台提供了一站式的机器学习解决方案，本书主要会用到可视化建模工具 PAI-Studio、云端机器学习集成开发环境 PAI-DSW（data science workshop），以及 Notebook 代码开发工具。

PAI 平台支持一站式机器学习，只要准备好训练数据，存放到阿里云对象存储服务 OSS（object storage service）或阿里云的大数据计算服务 MaxCompute 中，所有建模工作（包括数据上传、数据预处理、特征工程、模型训练、模型评估和模型发布至离线或在线环境）都可以通过 PAI 平台实现。此外，PAI 平台可以对接 DataWorks（数据工场，原大数据开发套件），支持 SQL（structured query language，结构化查询语言）、UDF（user defined function，用户自定义函数）、UDAF（user defined aggregate function，用户自定义集合函数）等多种数据处理方式，提供数据集成、数据开发、数据地图、数据质量等数据相关服务。

PAI-Studio 可以为开发者提供可视化的机器学习实验开发环境，实现“零代码”开发人工智能服务产品，同时提供了丰富且成熟的机器学习算法。PAI-Studio 支持阿里云主账号和子账号登录方式。如果使用子账号，则需要主账号对其进行授权。PAI-Studio 可通过授权 OSS 来调取 OSS 的存储数据进行数据源的创建。PAI-Studio 还可通过授权 GPU 资源来加速模型训练。

3. 阿里云对象存储 OSS 概述

对象存储是区别于我们熟悉的常规文件存储的一种存储方式。在计算机本地的文件存储一般是树状结构的，路径访问方式方便使用者理解、记忆和访问，但如果是其他计算机软件要访问这些文件，就需要把路径进行分解，然后逐级向下查找，最后才能查找到需要的文件。这对应用程序来说既没必要，也很浪费资源。简单来说，对象存储和文件存储的区别就是文件存储的使用者是人，而对象存储的使用者则是其他计算机软件。

阿里云对象存储 OSS 是阿里云提供的海量、安全、低成本、高持久的云存储服务。OSS 具有与平台无关的 API 接口，可以在任何应用、任何时间、任何地点存储和访问任意类型的数据。根据需要，也可以使用阿里云提供的 API 接口或者 OSS 迁移工具将海量数据移入或移出阿里云 OSS。

数据存储到阿里云 OSS 以后，用户可以选择标准存储方式作为移动应用、大型网站、图片分享或热点音视频的主要存储方式，也可以选择成本更低、存储期限更长的方式存储不经常访问的数据。在使用阿里云 OSS 存储服务的过程中，需要了解阿里云 OSS 的存储类型，对象存储 OSS 提供标准、低频访问、归档和冷归档 4 种存储类型，全面覆盖各个行业领域的各种数据存储场景。

① 标准存储类型：高持久、高可用、高性能的对象存储服务，支持频繁的数据访问。是各种社交、分享类的图片、音视频应用、大型网站、大数据分析的合适选择。

② 低频访问存储类型：适合长期保存不经常访问的数据（平均每月访问频率 1～2 次）。存储单价低于标准类型，适合各类移动应用、智能设备、企业数据的长期备份，支持实时数据访问。

③ 归档存储类型：适合需要长期保存（建议半年以上）的归档数据，在存储周期内极少被访问，数据进入可读取状态需要 1 分钟的解冻时间。适合需要长期保存的档案数据、医疗影像、科学资料、影视素材。

④ 冷归档存储类型：适合需要超长时间存放的极冷数据。例如，因合规要求需要长期留存的数据、大数据及人工智能领域长期积累的原始数据、影视行业长期留存的媒体资源、在线教育行业的归档视频等。

PAI-Studio 与 DataWorks 共享项目空间，如果使用子账号创建 MaxCompute 或 PAI-Studio 项目，则需要为其进行授权。本次实验项目需要使用子账号进行，因此，实验开始之前需要主账号对子账号进行授权。以下是 PAI-Studio 的相关授权步骤。

1. 子账号授权

（1）参照附录 1 中的步骤，登录 RAM 控制台。

（2）在左侧导航栏，选择【人员管理】→【用户】标签。

（3）子账号授权操作如下。

① 在【用户】页面中单击【操作】列下的【添加权限】标签。

② 可选：在【添加权限】面板中单击【自定义策略】按钮。

③ 在【选择权限】下的文本框中输入 AliyunDataWorksFullAccess。

④ 单击【权限策略名称】下的 AliyunDataWorksFullAccess，使其显示在已选择列表中。

⑤ 单击【确定】按钮。如图 2-1 所示为 RAM 访问控制界面。

（4）创建 AccessKey。

① 在用户页面，单击【用户登录名称 / 显示名称】复选框。

② 在用户基本信息页面的【用户 AccessKey】区域，单击【创建 AccessKey】按钮。

③ 使用主账号登录 DataWorks，为子账号配置 MaxCompute 项目权限。

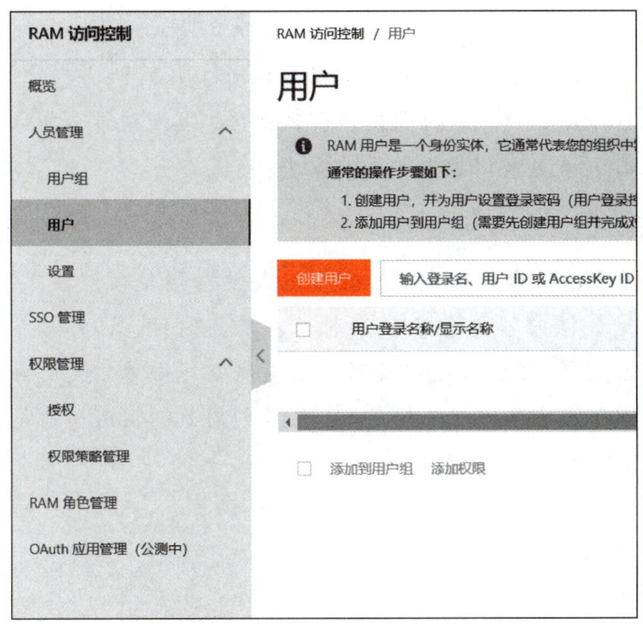

图 2-1 RAM 访问控制界面

2. OSS 授权

PAI-Studio 支持 OSS 存储，需要主账号对服务关联角色进行授权。

（1）参照附录 2 中的步骤，使用主账号登录 PAI 控制台。

（2）在PAI控制台首页，依次选择【模型开发和训练】→【Studio- 可视化建模】标签。

（3）创建项目后，在PAI 可视化建模页面，单击【操作】列下的【进入机器学习】标签。

（4）在 PAI-Studio 控制台首页，依次选择【设置】→【基本设置】标签。

（5）在基本设置页面的 OSS 访问授权区域，选中【授权机器学习读取我的 OSS 中的数据】复选框，其他参数采用默认配置。

3. GPU 资源授权

PAI-TensorFlow 底层如果使用 GPU（graphics processing unit，图形处理单元）计算资源，需要对 GPU 计算资源进行授权。

（1）参照附录 1 中的步骤，登录 PAI 控制台。

（2）在 PAI 控制台首页，选择【模型开发和训练】→【Studio 可视化建模】标签。

（3）在 PAI 可视化建模页面，打开【开启 GPU】开关。

任务 2-2 使用 PAI-Studio 进行数据预处理——城市天气数据场景

任务目标

- 掌握 PAI-Studio 的实例的创建及数据源的制作。
- 掌握 PAI-Studio 组件中数据预处理、可视化工具及统计分析的基本用法。
- 掌握 PAI-Studio 可视化数据展示的方法。

任务分析

本任务通过 PAI 平台中的 PAI-Studio 完成数据预处理，搜集了 100 条城市天气的相关数据，数据内容包含了采集时长、采集时间、CO_2 含量、PM 2.5 含量、PM10 含量、SO_2 含量、CO 含量以及 NO_2 含量等空气质量参数。项目拟定当空气中 PM 2.5 值大于 200 的时候会出现雾霾，本任务利用 PAI-Studio 完成实验数据的预处理，并可视化输出数据预处理结果。

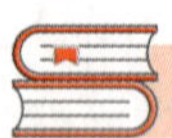

知识准备

PAI-Studio 支持使用模板或手动创建实验。通过模板可以快速创建实验，运行成功后直接进行模型部署。手动创建实验时，系统提供百余种算法组件，并支持接入 MaxCompute 表数据或 OSS 数据等多种数据源。进行模型训练时，系统支持 AutoML 自动调参及导出 PMML（predictive model markup language，预测模型标记语言），辅助获得最佳模型。

PAI-Studio 提供以下算法组件。

（1）传统机器学习组件，如数据预处理、特征工程、统计分析、时间序列、文本分析及网络分析等算法组件。

（2）深度学习框架组件，如 TensorFlow、Caffe、MXNet 及 PyTorch 等深度学习框架。

PAI-Studio 可视化建模的步骤如下。

（1）创建项目：PAI-Studio 通过项目管理资源、权限及实验。用户可以在每个项目中创建多个实验。

（2）准备数据：将原始数据上传至 MaxCompute 或 OSS 中，并配置实验数据源。

（3）数据预处理：对原始数据进行预处理，生成模型训练集和模型预测集。

（4）数据可视化：对实验数据进行可视化处理，获取数据信息。
（5）算法建模：对模型训练集进行算法建模，生成训练模型。
（6）评估模型：对模型预测集使用训练模型进行预测，评估模型准确性。

任务 2-2-1　进入 PAI-Studio 平台

本任务需要在 PAI-Studio 平台上进行，需要先进入 PAI-Studio 平台。下面将分步骤讲解如何进入 PAI-Studio 平台。

（1）参照附录 2 中的步骤，首先进入阿里云产品界面，如图 2-2 所示，打开阿里云界面，选择【产品】→【人工智能】→【机器学习平台 PAI】选项，进入 PAI 平台界面。

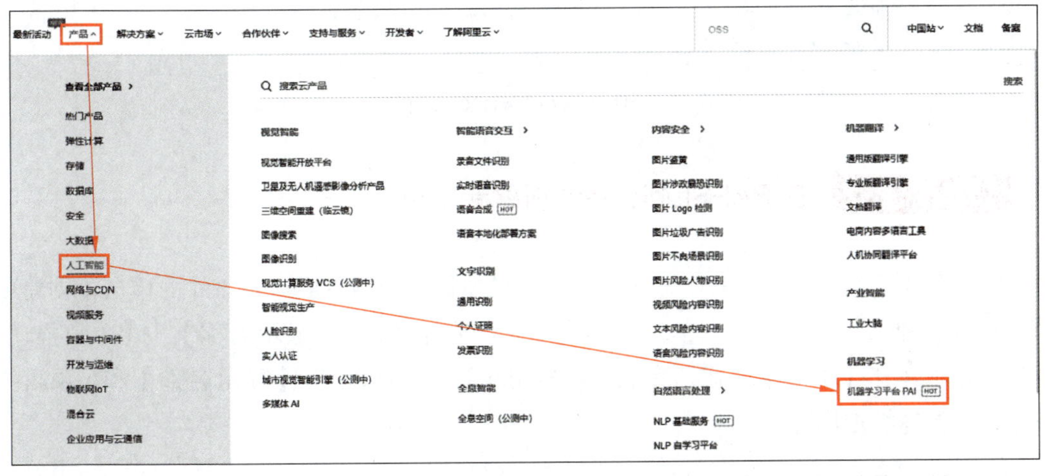

图 2-2　阿里云—产品界面

（2）如图 2-3 所示，是 PAI 平台的产品介绍界面，在该界面单击【立即开通】按钮，开通后跳转至控制台界面。

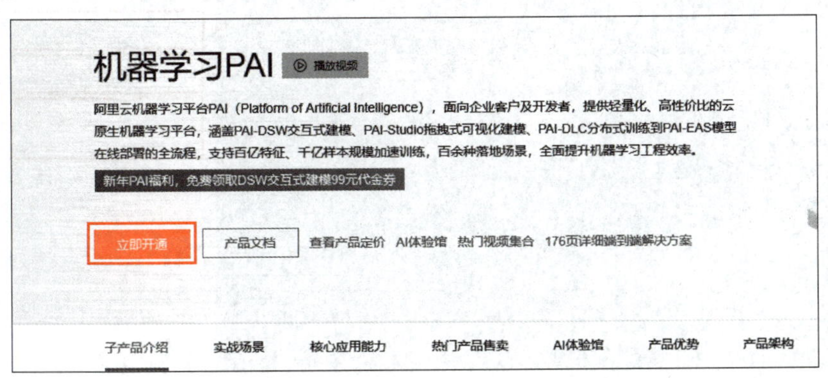

图 2-3　阿里云机器学习 PAI 文档界面

（3）如图 2-4 所示，是 PAI 平台的控制界面，在该界面单击左侧菜单中模型开发和训练中的【可视化建模（Studio）】标签，跳转至 PAI-Studio 主界面（注：本书涉及的阿里云产品界面会经常更新，书中多数界面为参考示意图，请以文字描述为准）。

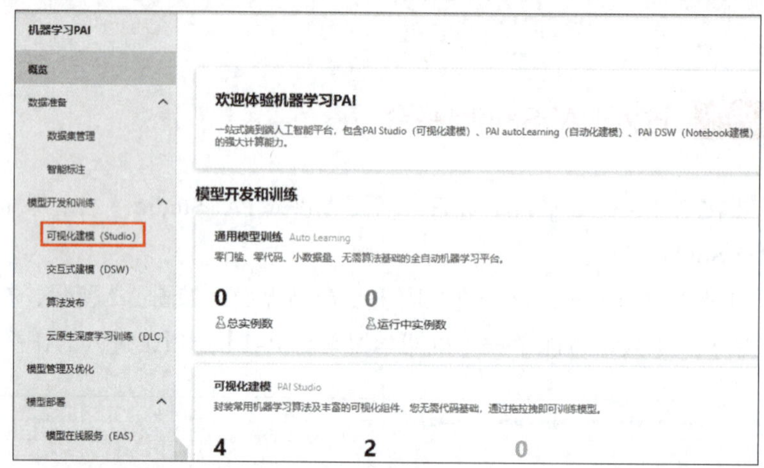

图 2-4　PAI 平台控制界面

任务 2-2-2　在 PAI-Studio 平台创建新项目

（1）如图 2-5 所示，是 PAI 可视化建模创建项目的控制界面。在该界面单击【创建项目】标签，弹出相应的右侧表单，依次填写【项目名称】→【显示名称】→【项目描述】标签，之后单击【确定】按钮，完成 PAI-Studio 新项目的创建（【显示名称】和【项目描述】可以选择性地填写）。

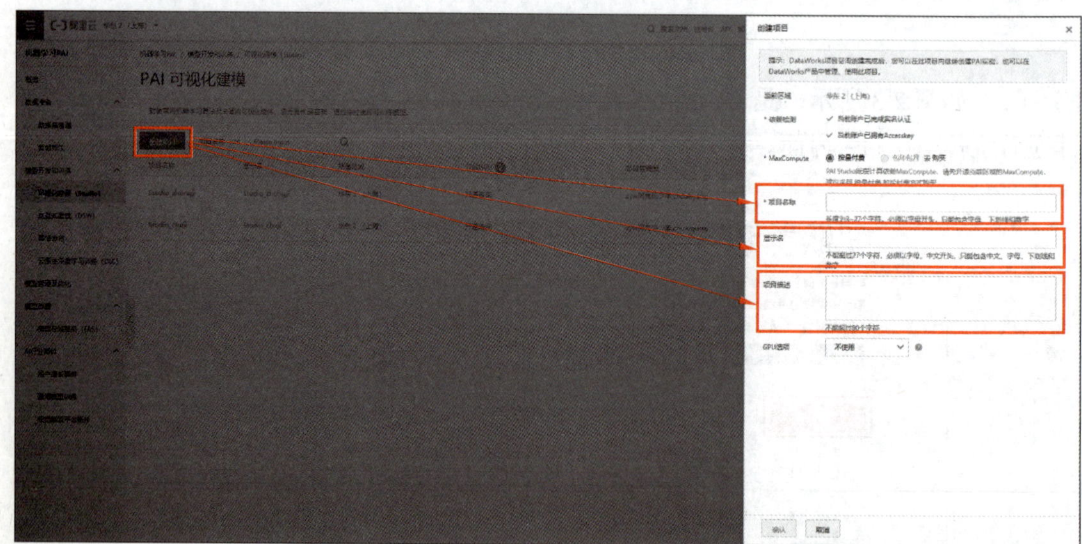

图 2-5　PAI 平台可视化建模创建项目

（2）如图 2-6 所示，完成创建项目之后，单击【进入机器学习】按钮，进入 PAI-Studio 可视化建模的界面。

图 2-6　PAI-Studio 界面

（3）如图 2-7 所示，是 PAI-Studio 的主界面。在本次任务开始之前，需要先创建一个新的项目。单击【新建实验】按钮，创建一个新的实验画布。

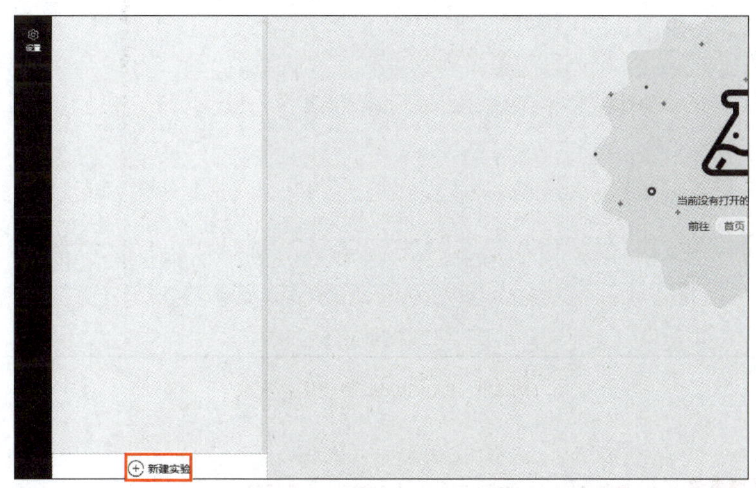

图 2-7　PAI-Studio 新建实验

（4）单击图 2-7 中【新建实验】前的“+”按钮，在弹出来的表单里，依次填写【名称】→【描述】文本框，最后单击【确定】按钮完成实验项目的创建，如图 2-8 所示。（在【位置】中可以新建文件夹，本次任务的实验项目，就放在“我的实验”文件夹中。）

（5）如图 2-9 所示，完成上述操作之后，可以在左侧菜单栏里【我的实验】中找到新建的实验。

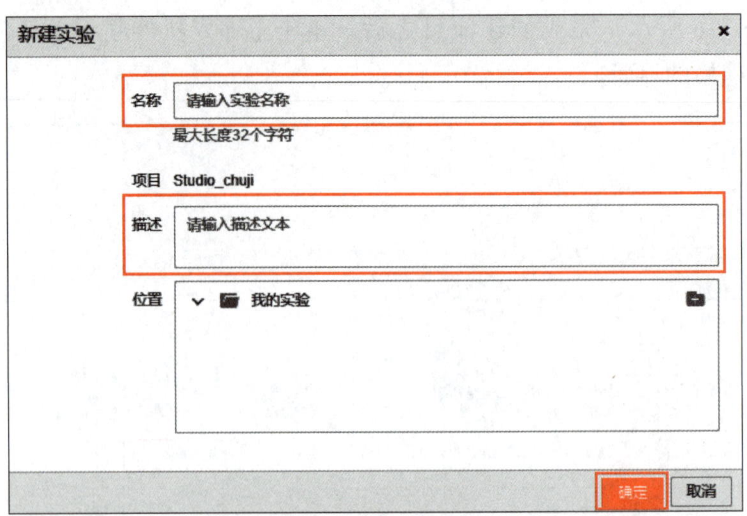

图 2-8 PAI-Studio 新建实验表单

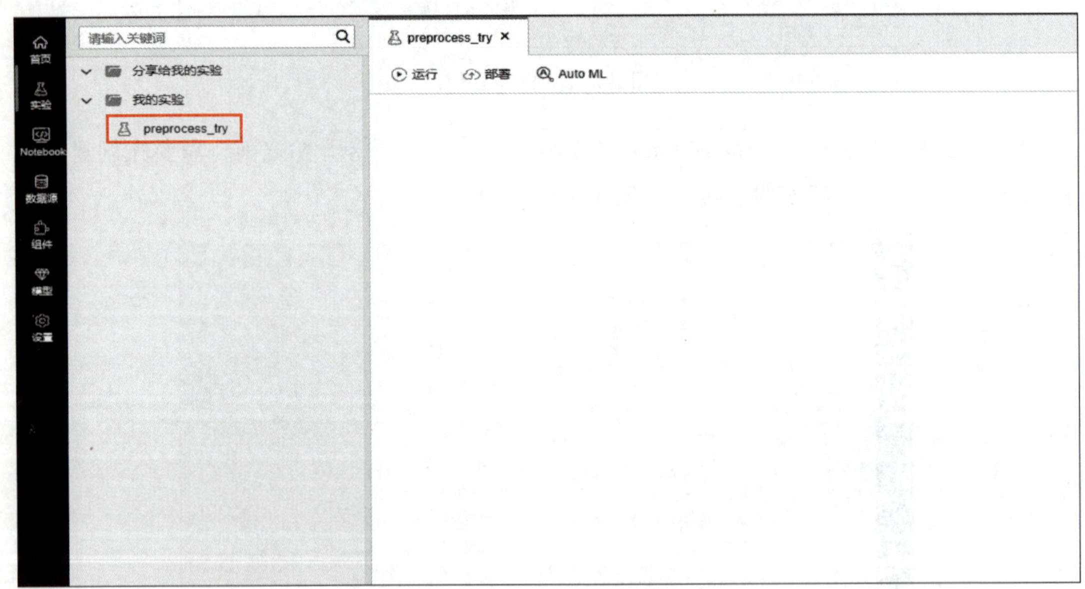

图 2-9 PAI-Studio 新建实验完成

任务 2-2-3 在 PAI-Studio 平台创建数据源

本次任务用到的 100 条城市天气的相关数据是事先为读者准备好的，这些数据要在 PAI-Studio 上进行预处理。因此，需要在 PAI-Studio 上构建新表，之后从本地上传相应的 .csv 表格数据，并对 PAI-Studio 新建的表格进行填充。

（1）如图 2-10 所示，单击屏幕左侧的【数据源】→【创建表】标签，在弹出表单中创建新的数据源。

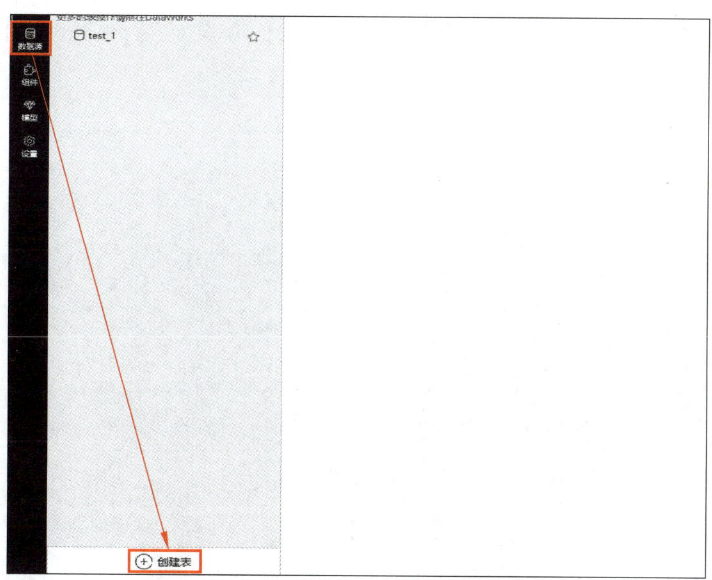

图 2-10　PAI-Studio 创建数据源

（2）如图 2-11 所示，是弹出的创建数据源表单。填写【表名】，并在【表结构】中，单击后面的绿色“+”号，需要上传的表有多少列就单击多少次绿色“+”号。因此在创建表结构时，需要了解本地上传的表每一列的列名。

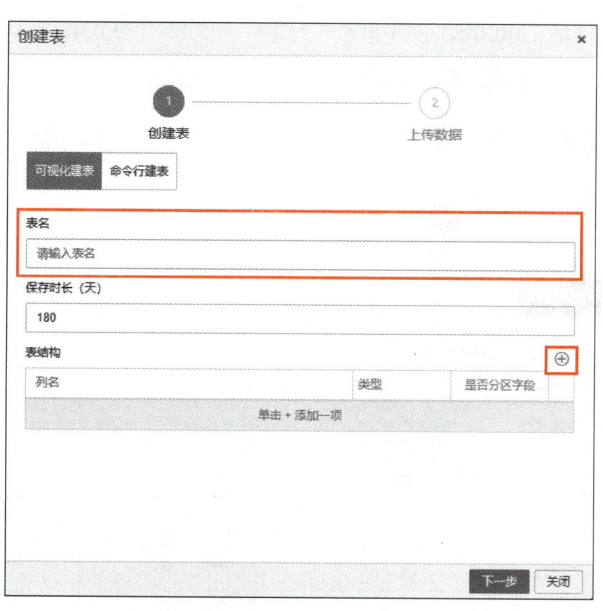

图 2-11　PAI-Studio 创建数据源的表单

（3）如图 2-12 所示，是本次实验需要上传的表格。该表格共有 8 列，其中，time 代表测量的日期、hour 代表测量的时间点、pm2（本项目中 pm2 代表 PM 2.5 含量）和 pm10 代表可吸入颗粒物含量、so2 代表二氧化硫含量、co 代表一氧化碳含量、no2 代表二氧化氮含量。其中，对雾霾影响最大的参数拟定为 pm2，即设定当 pm2 的数值达到 200 以上的时候，就会出现雾霾等污染天气。

1	序号	time	hour	pm2	pm10	so2	co	no2
2	1	20160101	2	85	123	18	1.8	72
3	2	20160101	8	114	127	25	2.3	81
4	3	20160101	11	123	140	27	2.5	83
5	4	20160101	14	134	150	30	2.6	86
6	5	20160101	17	150	168	32	2.8	92
7	6	20160101	20	166	191	34	3	97
8	7	20160101	23	179	207	35	3.2	101
9	8	20160102	1	190	222	37	3.4	104
10	9	20160102	10	225	249	39	3.8	107
11	10	20160102	19	244	287	41	4	113
12	11	20160102	22	269	333	41	4.2	117
13	12	20160103	0	287	363	41	4.2	119
14	13	20160105	16	16	38	4	0.4	30
15	14	20160105	19	21	69	6	0.5	33
16	15	20160105	22	32	86	8	0.7	38
17	16	20160106	0	40	95	9	0.8	41
18	17	20160106	9	49	89	13	1.1	53
19	18	20160106	12	50	79	14	1.1	53
20	19	20160106	15	49	71	13	1.1	50
21	20	20160106	18	44	62	12	1	47
22	21	20160106	21	34	50	10	0.9	42
23	22	20160107	2	18	32	6	0.6	33

图 2-12　本地表结构

（4）将此表上传至 PAI-Studio，同时需要在本地将第一行数据删掉。因为，在 PAI-Studio 创建表单中会出现手动添加列名。为避免表头重复造成的创建失败，建议删除本地表头。

（5）如图 2-13 所示，结合本地数据表的结构，在 PAI-Studio 中创建数据源时，需要添加 8 列，列名分别是“number”“time”“hour”“pm2”“pm10”“so2”“co”和“no2”，在创建列名时，需要定义相应列的变量类型。其中，可选 bigint 型（用更大的范围表示整

图 2-13　PAI-Studio 创建表

型）、double（双精度浮点类型）、decimal（小数型）、string（字符串型）、boolean（布尔型）、datetime（时间类型）。本次任务中，相关表数据列变量可以先全部定义成 string 类型以保证创建数据源时不报错。完成表结构的创建后，单击【下一步】按钮。

（6）如图 2-14 所示，单击【选择文件】按钮上传本地的 .csv 文件，然后单击【确定】按钮完成数据源的创建。

图 2-14　PAI-Studio 上传本地表数据

（7）图 2-15 所示是创建数据源完成之后，显示在左侧列表中的创建完成的数据源。

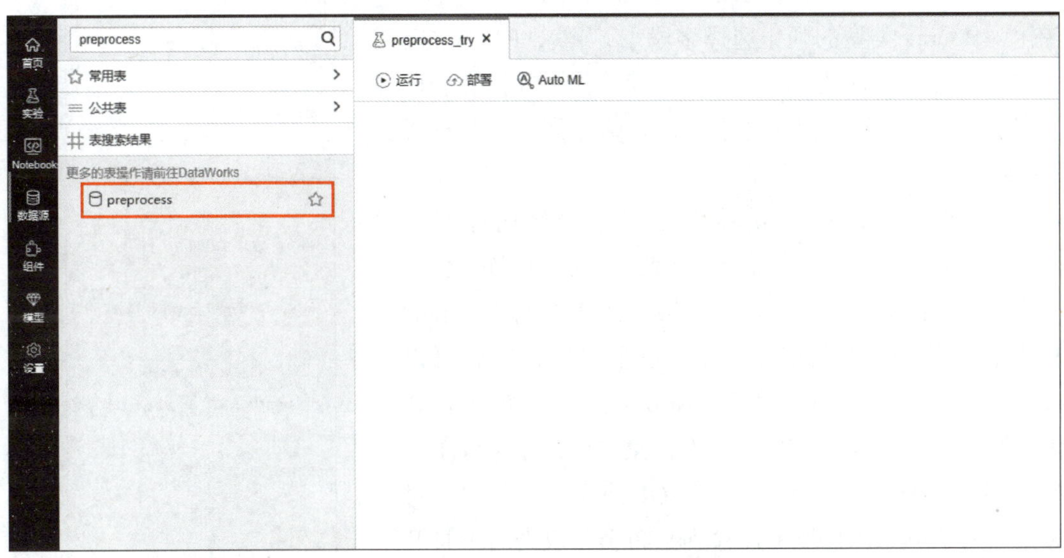

图 2-15　PAI-Studio 完成上传本地表数据

至此，本任务完成了在 PAI-Studio 平台上创建数据源。

任务 2-2-4　使用 PAI-Studio 进行数据预处理

使用 PAI-Studio 进行数据预处理的具体步骤如下。

（1）如图 2-16 所示，将创建好的数据源拖曳至画布中，并在左侧菜单中依次选择【组件】→【数据预处理】→【类型转化】标签，将【类型转化】拖曳至画布中。并用箭头连接，之后双击拖曳的【类型转化 -1】。

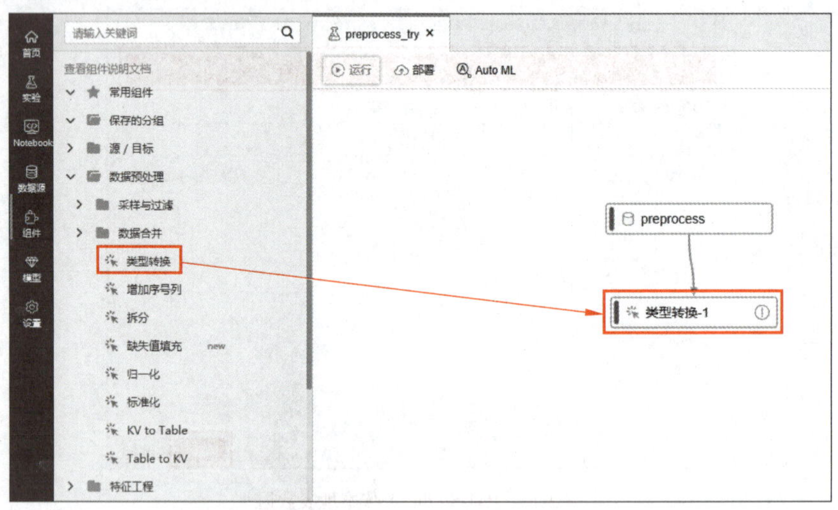

图 2-16　PAI-Studio 类型转换

（2）如图 2-17 所示，双击【类型转换 -1】后，选择转化为 double 类型的列【选择字段】。当然，PAI-Studio 可以识别出 double 类型，这里的转换操作是让读者全面了解 PAI-Studio 的类型转化组件，并确保创建的数据源不报错。

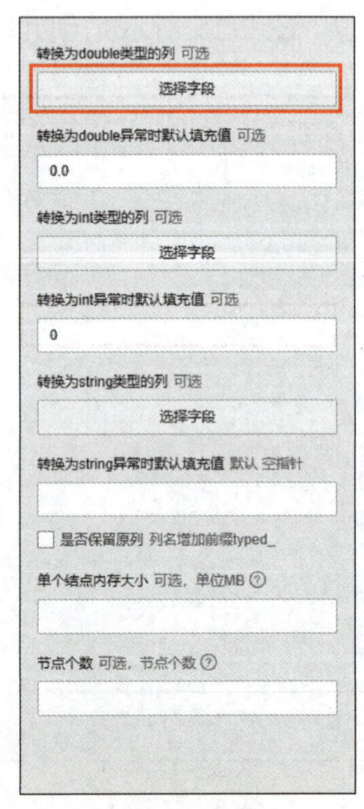

图 2-17　PAI-Studio 类型转化表单

（3）在如图 2-18 所示的界面中，勾选要转化的字段。在勾选完字段后，单击【确定】按钮，完成类型转化。

（4）项目拟定雾霾的检测参数中最直观的就是 pm2 的数值，当 pm2 的数值达到 200 以上的时候，就可以认为当天发生了雾霾。因此，需要对 pm2 数据进行转化，如图 2-19 所示，需要用到左侧菜单中的【组件】→【工具】→【SQL 脚本】标签。【SQL 脚本 -1】可以通过对左侧的菜单栏进行拖曳迁移到画布上，双击后可打开编辑。

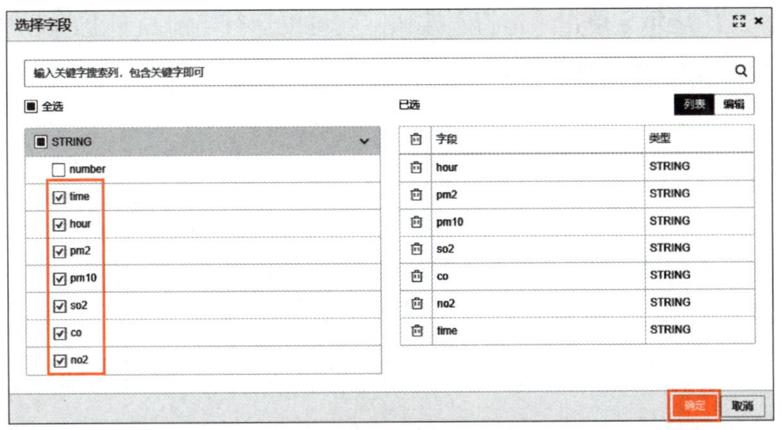

图 2-18　PAI-Studio 类型转化表单勾选

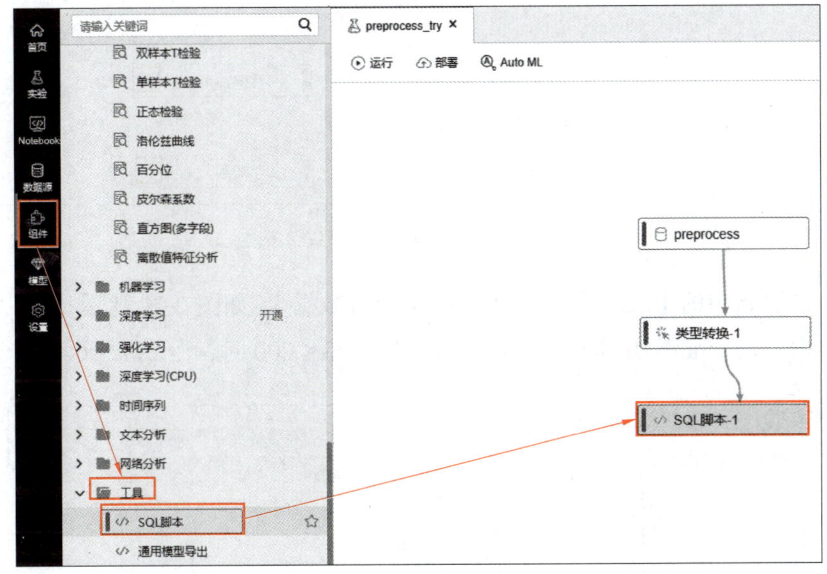

图 2-19　PAI-Studio SQL 脚本使用

（5）如图 2-20 所示，是对【SQL 脚本 -1】进行代码编写的窗口。本任务要求对 pm2 数值进行转化，当 pm2≥200 时，令 pm2=1；当 pm2＜200 时，令 pm2=0，完成编写后单击【保存】按钮。图中的注释是系统生成的填写注意事项，最后一行的 SQL 语句说明的是从表中选取 pm≥200 的数据并将其数值替换为“1”，小于 200 的替换为“0”，同时通过接口 1 映射。

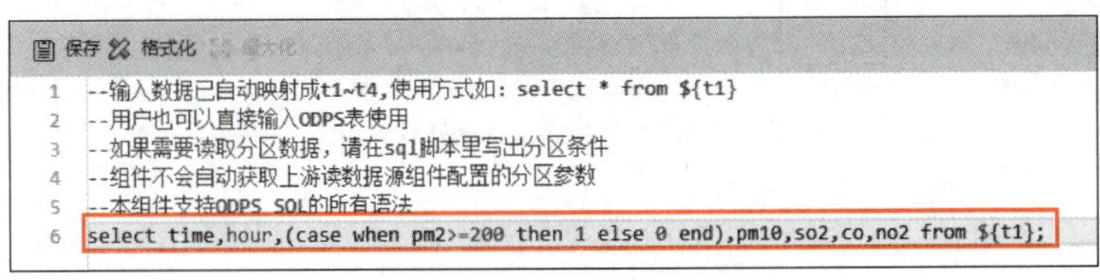

图 2-20　PAI-Studio SQL 代码编写

（6）如图 2-21 所示，单击【运行】按钮，就可以运行当前画布上的组件。看到组件旁边出现绿色对钩，表示成功执行。

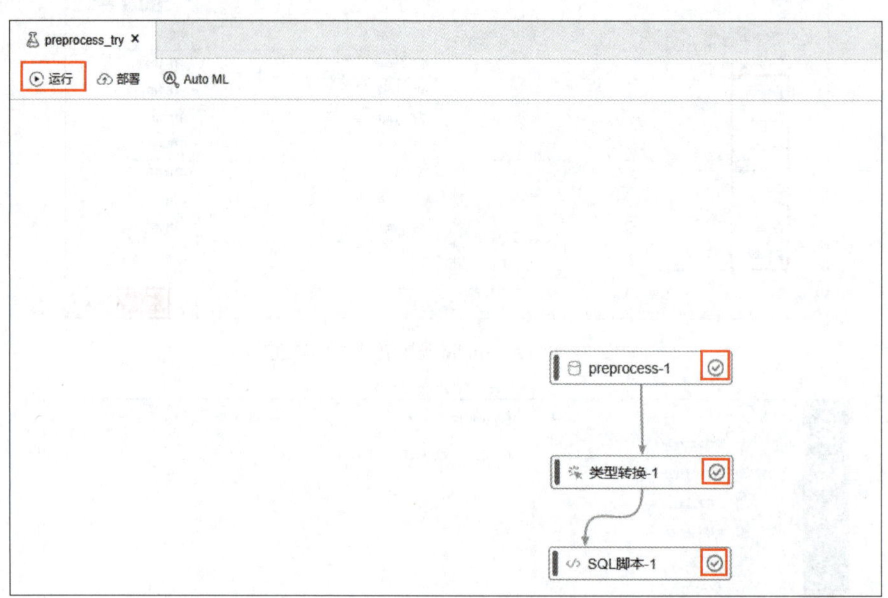

图 2-21　PAI-Studio SQL 运行结果

（7）右击画布中的【SQL 脚本 -1】选择【查看数据】，如图 2-22 所示，可以看到当前修改后的数据。当 pm2≥200 时，令 pm2=1；当 pm2<200 时，令 pm2=0。

数据探查 - pai_temp_190311_1946533_1 - (仅显示前一百条)

序号	time	hour	_c2	pm10	so2	co	no2
1	2016...	2	0	123	18	1.8	72
2	2016...	8	0	127	25	2.3	81
3	2016...	11	0	140	27	2.5	83
4	2016...	14	0	150	30	2.6	86
5	2016...	17	0	168	32	2.8	92
6	2016...	20	0	191	34	3	97
7	2016...	23	0	207	35	3.2	101
8	2016...	1	0	222	37	3.4	104
9	2016...	10	1	249	39	3.8	107
10	2016...	19	1	287	41	4	113
11	2016...	22	1	333	41	4.2	117
12	2016...	0	1	363	41	4.2	119
13	2016...	16	0	38	4	0.4	30
14	2016...	19	0	69	6	0.5	33
15	2016...	22	0	86	8	0.7	38
16	2016...	0	0	95	9	0.8	41
17	2016...	9	0	89	13	1.1	53

图 2-22　PAI-Studio 数据转化结果

（8）如图 2-23 所示，在完成了相应数据转化后，可以将其余的数值归一化以加快计算速度。当数据量很大时，PAI-Studio 的归一化组件可以起到减小数据量的作用。在左侧

菜单中选择【组件】→【数据预处理】→【归一化】标签。

（9）如图 2-24 所示，选择归一化其余的参数，然后单击【确定】按钮。归一化的过程就是找出这列数的最大值 Max 和最小值 Min，然后计算归一化值 N，方法如下：

$$N = \frac{\text{当前数值} - \text{Min}}{\text{Max} - \text{Min}}$$

这样的数据处理过程可以消除单位带来的影响，也可以减少运算量。

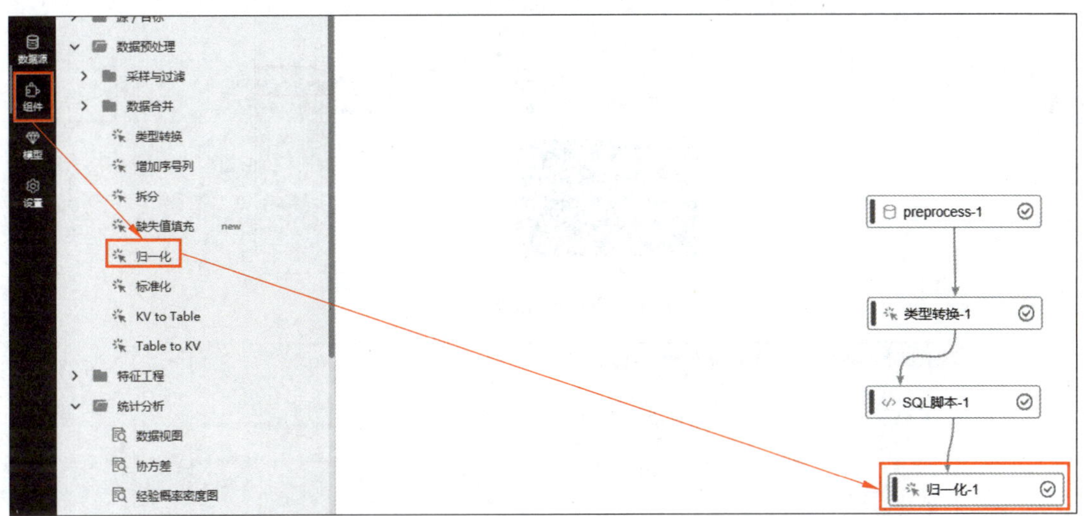

图 2-23 PAI-Studio 数据归一化

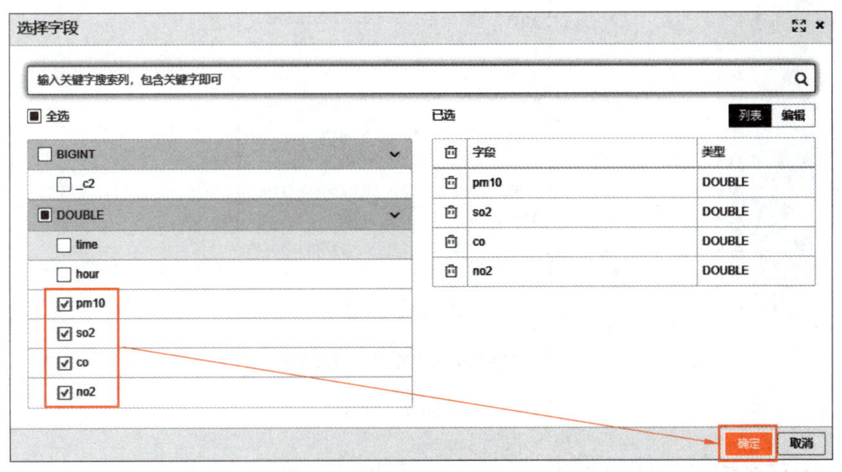

图 2-24 PAI-Studio 数据归一化表单

（10）如图 2-25(a) 所示，单击左上角的【运行】，运行归一化操作。右击画布上的【归一化】在弹出的对话框中依次选择【查看数据】→【查看输出桩】标签，如图 2-25(b) 所示，是归一化操作后的结果。

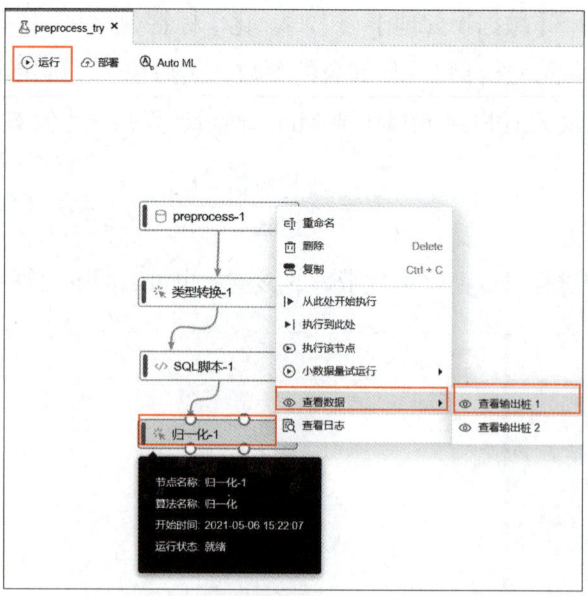

(a) PAI-Studio 数据归一化运行

数据探查 - pai_temp_190311_1946558_1 - (仅显示前一百条)

序号	time	hour	_c2	pm10	so2	co	no2
1	2016...	2	0	0.306...	0.34...	0.4	0.5346534653465347
2	2016...	8	0	0.317...	0.5	0.5...	0.6237623762376238
3	2016...	11	0	0.355...	0.54...	0.5...	0.6435643564356436
4	2016...	14	0	0.384...	0.60...	0.6	0.6732673267326733
5	2016...	17	0	0.436...	0.65...	0.6...	0.7326732673267327
6	2016...	20	0	0.502...	0.69...	0.7	0.7821782178217822
7	2016...	23	0	0.549...	0.71...	0.75	0.8217821782178217
8	2016...	1	0	0.592...	0.76...	0.7...	0.8514851485148515
9	2016...	10	1	0.670...	0.80...	0.8...	0.8811881188118812
10	2016...	19	1	0.780...	0.84...	0.95	0.9405940594059405
11	2016...	22	1	0.913...	0.84...	1	0.9801980198019802
12	2016...	0	1	1	0.84...	1	1
13	2016...	16	0	0.060...	0.04...	0.05	0.1188118811881188
14	2016...	19	0	0.150...	0.08...	0.0...	0.1485148514851485
15	2016...	22	0	0.199...	0.13...	0.1...	0.19801980198019803
16	2016...	0	0	0.225...	0.15...	0.1...	0.22772277227722773
17	2016...	9	0	0.208...	0.23...	0.2...	0.3465346534653465

(b) PAI-Studio 数据归一化结果

图 2-25 PAI-Studio 数据归一化

至此，本任务完成了使用 PAI-Studio 进行数据预处理。

任务 2-2-5 使用 PAI-Studio 进行数据分析及可视化

使用 PAI-Studio 进行数据分析及可视化具体步骤如下。

（1）如2-26所示，在完成了数据的预处理之后，通过选择【组件】→【统计分析】→【直方图（多字段）】标签，将处理过的数据显示出来。

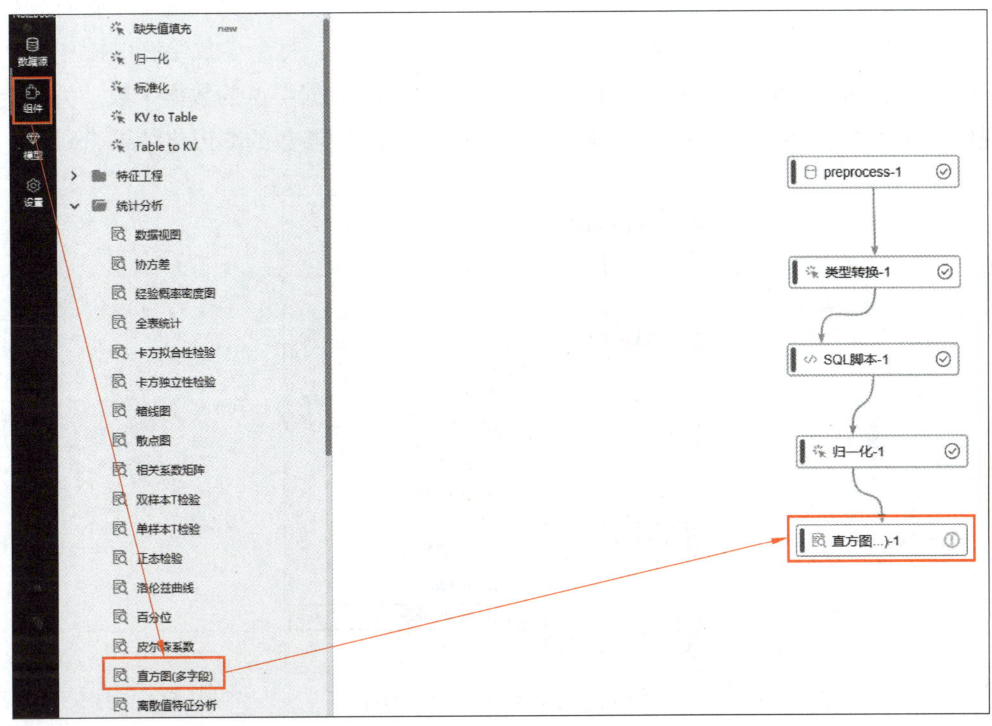

图 2-26 PAI-Studio 直方图

（2）双击图 2-26 画布区域中的【直方图（多字段）】标签打开直方图表单，如图 2-27 所示，选择 _c2、pm10、so2、co、no2 字段，然后单击【确定】按钮，进行直方图的绘制。

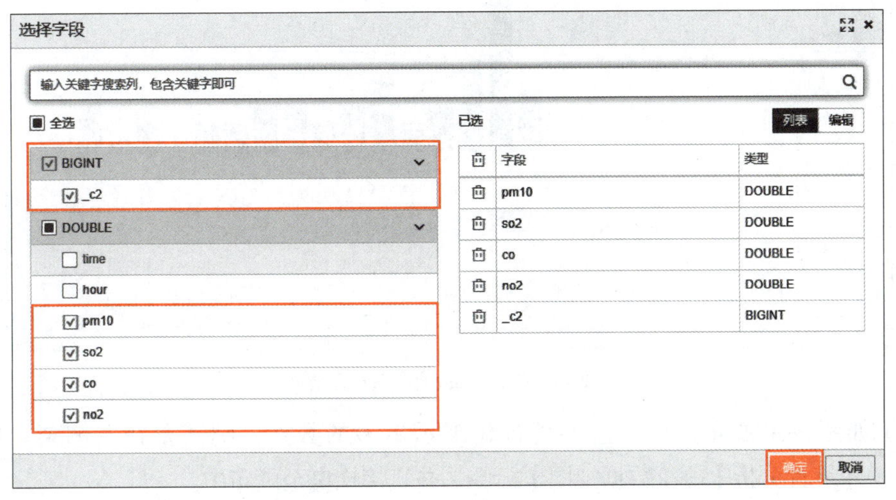

图 2-27 PAI-Studio 直方图表单

（3）如图 2-28 所示，右击画布中的【直方图（多字段）】标签，选择【执行该节点】标签。开始绘制所选字段的直方图。

（4）在执行完成后，右击画布中的【直方图（多字段 -1）】标签。选择【查看分析报告】标签，显示图形化的输出结果，如图 2-29 所示。其中，每个参数绘制的图中，横坐标是归一化后的值，纵坐标是不同浓度的 pm10 在 100 条数据中占的数据个数。为了更加直观地看到处理后的数据，可以从左侧的列表中观察到不同参数的图形化结果。

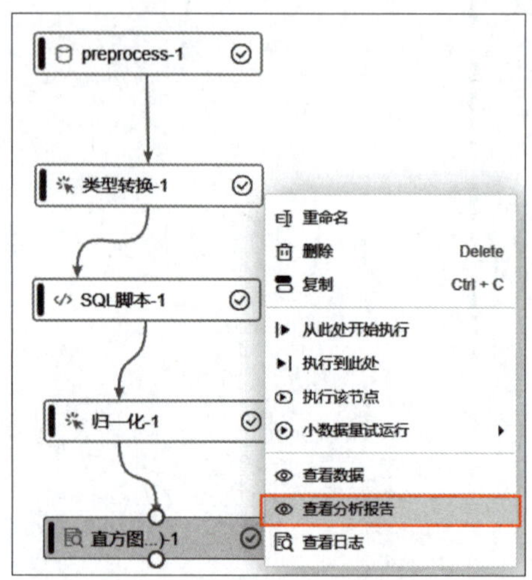

图 2-28 PAI-Studio 直方图执行

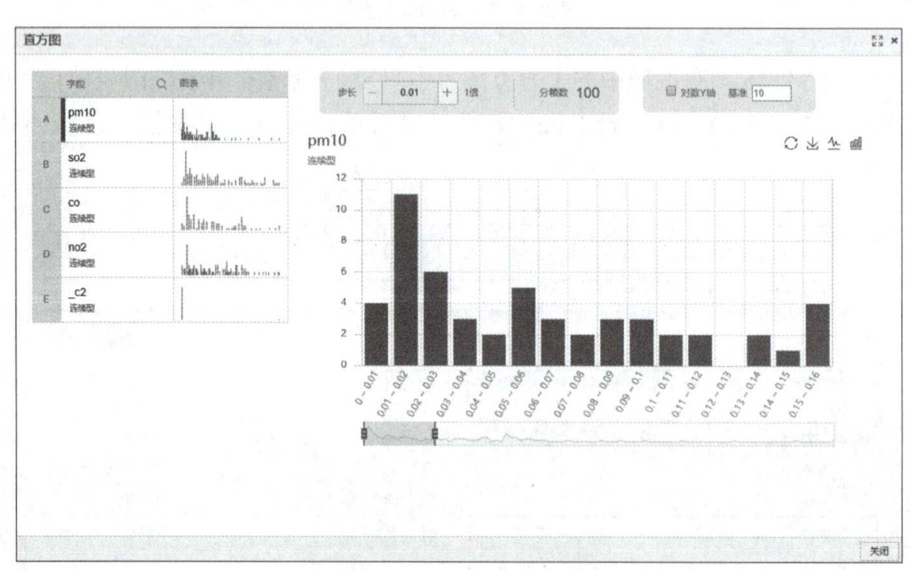

图 2-29 PAI-Studio 直方图执行结果

（5）如图 2-30 所示，如果想要可视化展示更多的数据，则需要在左侧菜单中选择【组件】→【统计分析】→【数据视图】标签，并直接拖曳至画布中。

（6）双击画布中的【数据视图】选项打开表单，如图 2-31 所示。单击选择特征列的

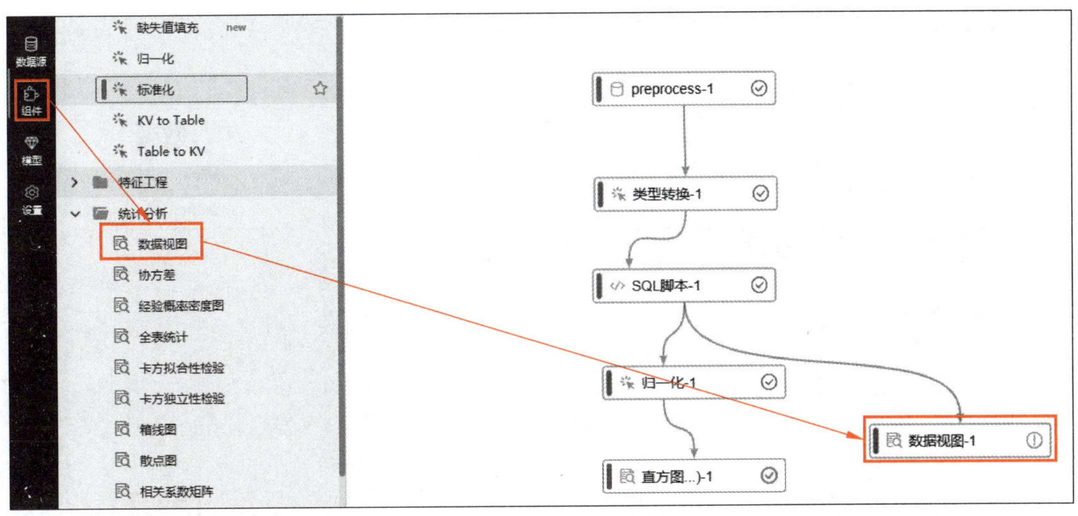

图 2-30　PAI-Studio 数据视图

【选择字段】选项特征字段，单击选择目标列的【文件夹】勾选 _c2 字段，完成 PAI-Studio 数据视图表单选择。

（7）如图 2-32 所示，勾选 pm10、so2、co、no2 字段，作为特征字段。

（8）如图 2-33 所示，勾选 _c2 字段作为目标字段，完成数据视图配置。

（9）如图 2-34 所示，右击画布中的【数据视图 -1】标签，选择【执行该节点】标签。开始绘制所选字段的数据视图。

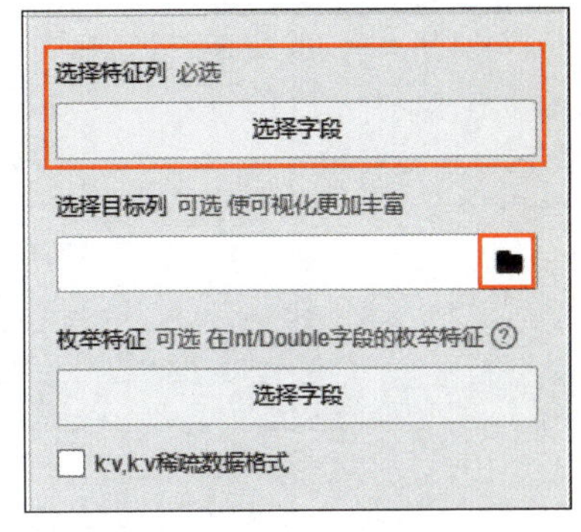

图 2-31　PAI-Studio 数据视图表单

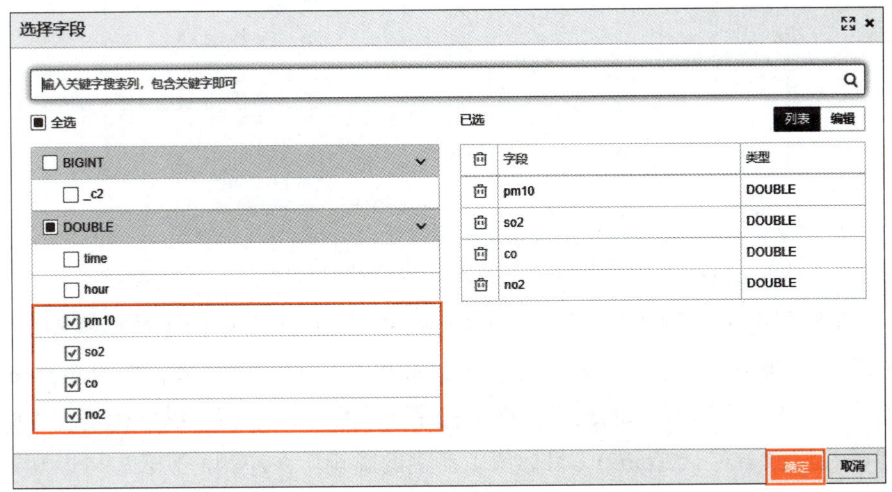

图 2-32　PAI-Studio 数据视图特征列表单

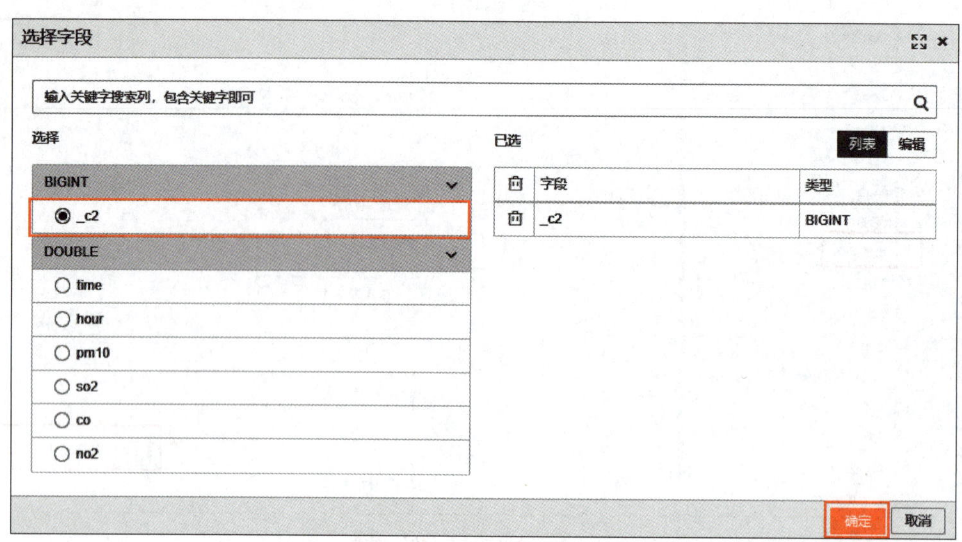

图 2-33　PAI-Studio 数据视图目标列表单

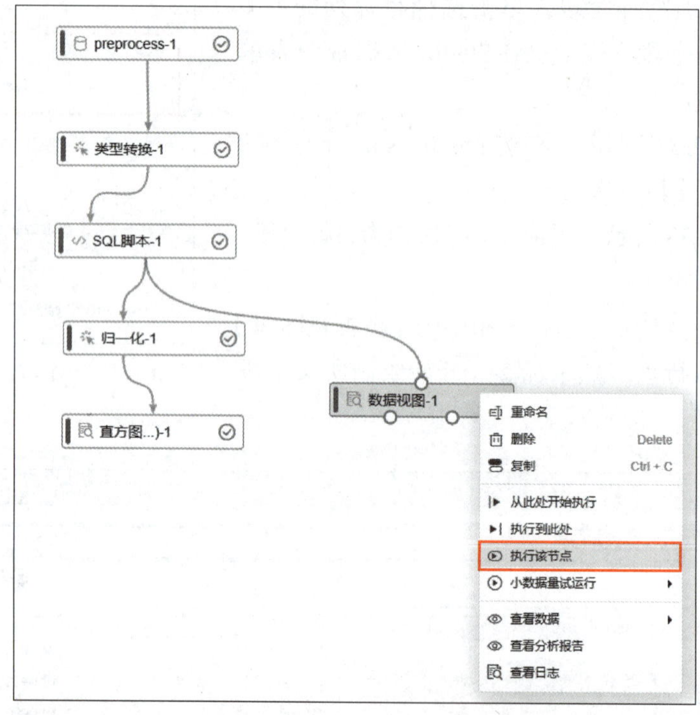

图 2-34　PAI-Studio 数据视图执行

（10）在执行完成步骤（9）后，右击如图 2-34 所示画布中的【数据视图 -1】标签，选择【查看分析报告】标签，显示数据视图，即可视化的输出结果，如图 2-35 所示。其中，每个参数（特征值）绘制的图中，横坐标是每个参数的数值，纵坐标是在 100 条数据中，该参数在该值下对 _c2(pm2)（目标值）产生的影响。在左侧的列表中可以观察到不同参数对 _c2(pm2) 影响的结果，即越多的 _c2(pm2)=1 的情况出现表明天气污染越严重。

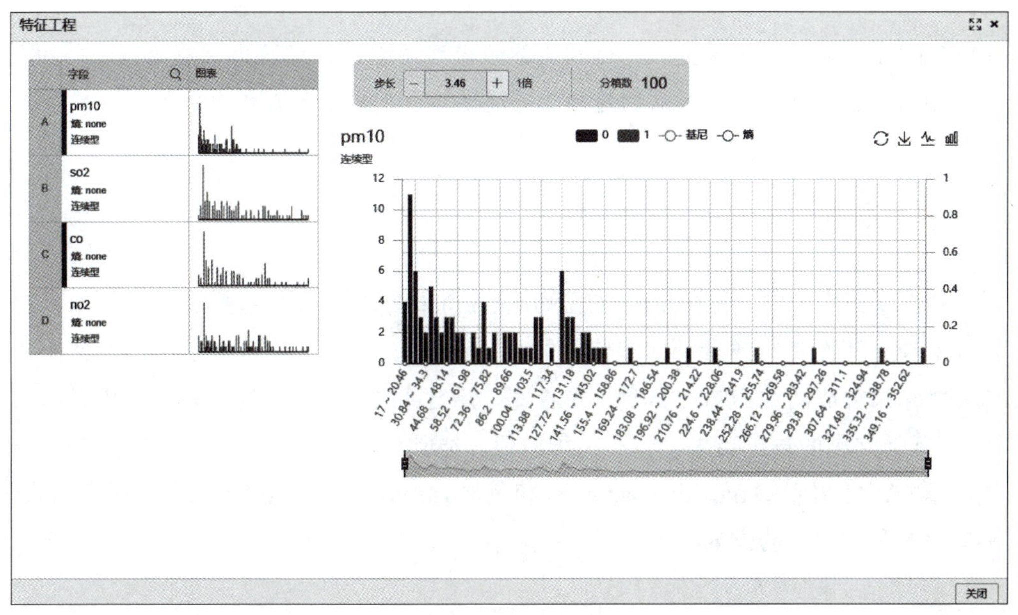

图 2-35 PAI-Studio 数据视图结果

以上任务实现详见电子实验手册（中级）“实验 1 利用 PAI-Studio 完成城市天气数据预处理”实验中步骤 2（阿里云 PAI-Studio 平台进入）和步骤 3（阿里云 PAI-Studio 可视化建模完成城市天气数据预处理实现）。

城市天气数据预处理

任务 2-3 使用 PAI-Studio 进行算法模型训练——二分类算法实现

任务目标

- 掌握 PAI-Studio 组件中数据类型变换、可视化工具及统计分析的基本用法。
- 掌握 PAI-Studio 可视化数据展示的方法。
- 掌握 PAI-Studio 二分类数据模型训练、预测步骤。

任务分析

由于 PAI-Studio 是用可视化的方式训练模型的，所以本任务将通过 PAI-Studio 搭建二分类模型，训练 10 组（拥有 8 个特征值，被分为“1”和“–1”两种类型）数据，即训练数据。基于训练数据生成二分类的模型后，再使用生成的模型对打乱的训练数据进行预测，最终得出预测结果。通过本任务，可以理解如何通过

PAI-Studio 训练二分类模型，并通过训练的模型对测试数据做出相应的预测。即利用 PAI-Studio 完成二分类算法的建模，并通过二分类模型预测新的测试数据。

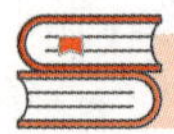

知识准备

机器学习中的二分类（Binary Classification）指的是给定某些输入特征向量 x（它可能对应一张图片，或者一些表格中的特征参数），根据这些特征来识别它是什么或者将结果分成两种不同的类型，并通过二分类算法输出预测的结果，一般表示为 y。二分类问题的输出结果 y 只有两种取值。通常设置为 {+1,−1} 或 {0,1}。在二分类问题中，常用正例 (positive sample) 和负例 (negative sample) 来分别表示属于类别"+1"和"−1"的样本。

任务 2-3-1　二分类模型数据源建立及类型转化

（1）参考项目 2 中的任务 2-1，进入 PAI-Studio 平台并完成 PAI-Studio 的二分类项目创建。

（2）完成二分类项目创建后，根据项目 2 中的任务 2-1 创建实验所需数据源，添加 10 列数据列，将"id"和"y"数据列的【类型】选为 bigint；将 f0、f1、f2、f3、f4、f5、f6、f7 数据列的【类型】选为 double。最后上传表 2-1 二分类训练数据，完成数据源创建。

表 2-1　二分类训练数据表

id	y	f0	f1	f2	f3	f4	f5	f6	f7
1	−1	−0.294118	0.487437	0.180328	−0.292929	−1	0.00149028	−0.53117	−0.0333333
2	+1	−0.882353	−0.145729	0.0819672	−0.414141	−1	−0.207153	−0.766866	−0.666667
3	−1	−0.0588235	0.839196	0.0491803	−1	−1	−0.305514	−0.492741	−0.633333
4	+1	−0.882353	−0.105528	0.0819672	−0.535354	−0.777778	−0.162444	−0.923997	−1
5	−1	−1	0.376884	−0.344262	−0.292929	−0.602837	0.28465	0.887276	−0.6
6	+1	−0.411765	0.165829	0.213115	−1	−1	−0.23696	−0.894962	−0.7
7	−1	−0.647059	−0.21608	−0.180328	−0.353535	−0.791962	−0.0760059	−0.854825	−0.833333
8	+1	0.176471	0.155779	−1	−1	−1	0.052161	−0.952178	−0.733333
9	−1	−0.764706	0.979899	0.147541	−0.0909091	0.283688	−0.0909091	−0.931682	0.0666667
10	−1	−0.0588235	0.256281	0.57377	−1	−1	−1	−0.868488	0.1

本任务数据源有 8 个特征值，分别是 f0、f1、f2、f3、f4、f5、f6、f7。这些特征值共同决定了本条数据的 y 值，即本条数据的类别。y 值分为"+1"和"−1"，即所有数据分为两类。id 则为本任务数据的条数。

（3）在创建完数据源后，开始搭建二分类实验模型。首先参考项目 2 中的任务 2-1 进入【类型转换】，如图 2-36 所示。单击【类型转换 -1】标签选择【转换为 int 类型的列】，其中，将"id"和"y"数据列的类型 bigint 转换为 int 匹配最适合的数据类型。因为本项目涉及的数据量较小，无须使用 bigint 类型。

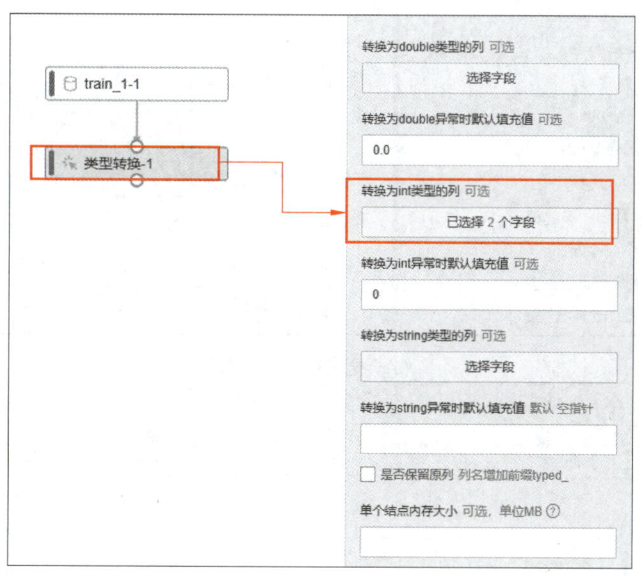

图 2-36　数据类型转换

任务 2-3-2　数据统计分析及可视化

（1）完成数据类型转化后，依次选择【组件】→【统计分析】→【全表统计】标签，创建【全表统计】对类型转化后的数据源进行统计。如图 2-37(a) 所示，单击【全表统计 -1】标签后进入全表统计表单，选择【输入列】标签中所有字段，如图 2-37(b) 所示。

如图 2-37(a) 所示，单击【运行】按钮后，执行 PAI-Studio 画布中的组件。运行完成后，右击图 2-37 画布中的【全表统计】标签。选择【查看分析报告】标签，输出统计结果如图 2-38 所示。其中有最小值（min）、最大值（max）、均值（mean）、方差（variance）等一系列数据的特征值。利用这些特征值可以对数据进行分析并进一步认识数据的构成。

（2）完成全表统计之后，依次选择【组件】→【统计分析】→【数据视图】标签为类型转化完的数据创建数据视图，如图 2-39(a) 所示。如图 2-39(b) 所示，单击【数据视图 -1】选择【选择特征列】标签中的 8 个特征字段；选择【选择目标列】标签中"result"字段作为被特征影响的目标字段。

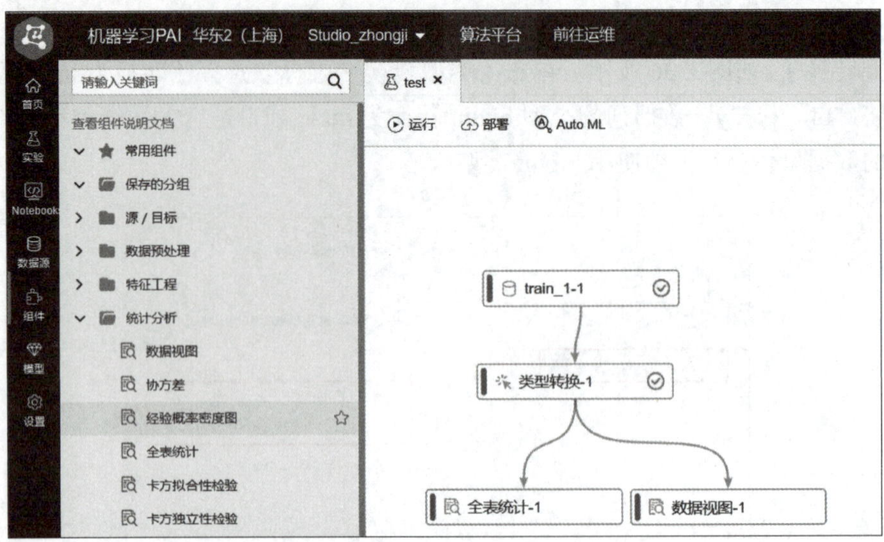

(a) 全表统计—界面

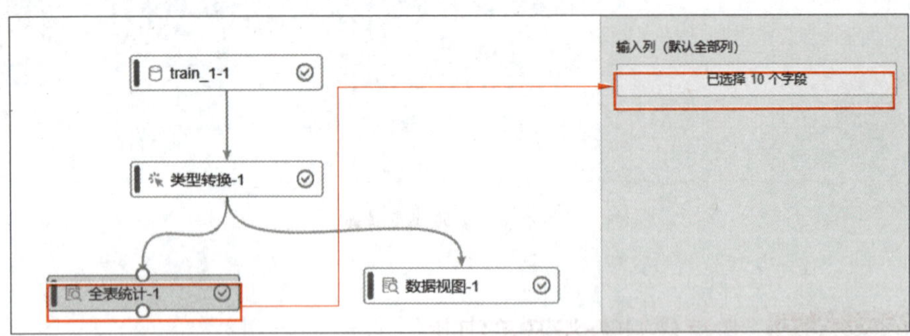

(b) 全表统计—表单

图 2-37 全表统计

min	max	mean	variance	standarddeviation	standarderror
-1	0.17...	-0.48...	0.1697809...	0.4120448085584194	0.130300009309...
-0.2...	0.97...	0.279...	0.1622191...	0.4027644208339825	0.127365293031...
-1	0.57...	-0.01...	0.1768818...	0.4205732967285912	0.132996954070...
-1	-0.0...	-0.59...	0.1319095...	0.3631934893337725	0.114851865763...
-1	0.28...	-0.78...	0.1613974...	0.4017429790866709	0.127042284789...
-1	0.28...	-0.17...	0.1126201...	0.3355891849584929	0.106122618258...
-0.9...	0.88...	-0.63...	0.3120278...	0.5585945607478847	0.176643110054...
-1	0.1	-0.50...	0.1566542...	0.3957957676366133	0.125161611398...
1	10	5.5	9.1666666...	3.027650354097492	0.957427107756...
-1	1	-0.2	1.0666666...	1.032795558988644	0.326598632371...

图 2-38 全表统计结果

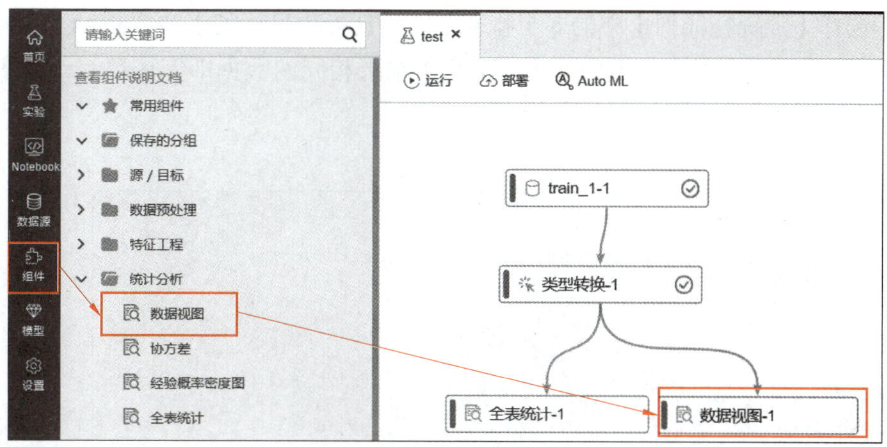

(a)　数据视图—使用

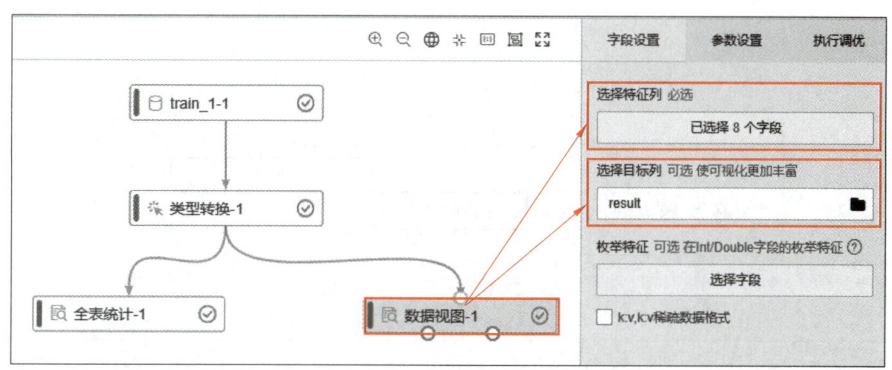

(b)　数据视图—表单

图 2-39　数据视图

（3）单击图 2-39(a) 中的运行后，执行 PAI-Studio 画布中的组件，运行完成后右击画布中的【数据视图 -1】。选择【查看分析报告】标签，如图 2-40(a) 所示，可视化输出数据特征对“result”字段的影响，结果如图 2-40(b) 所示。这 8 个数据特征值会不同程度地影响“result”输出为“1”或“0”，即某个数据特征出现的越多，对输出的结果影响越大。

任务 2-3-3　二分类模型训练

（1）完成数据视图之后，依次选择【组件】→【数据合并】→【拆分】标签为二分类模型创建训练数据。如图 2-41(a) 所示，单击【拆分 -1】将其中【切分比例】更改为 0.9，其含义是将实验数据随机分割为两份，一份占 90%，另一份占 10%。其中，90% 的数据用来训练，10% 的数据用来验证训练后的模型，如图 2-41(b) 所示。

（2）完成拆分之后，依次选择【组件】→【机器学习】→【二分类】→【逻辑回归二分类】标签搭建二分类模型主体，如图 2-42(a) 所示。单击画布中的【逻辑回归二分

类 -1】，选择【训练特征列】中的 8 个特征字段；选择【目标列】中“result”字段为训练目标，将特征值用来训练并得出与【目标列】结果相同的数据即完成训练，如图 2-42(b) 所示。

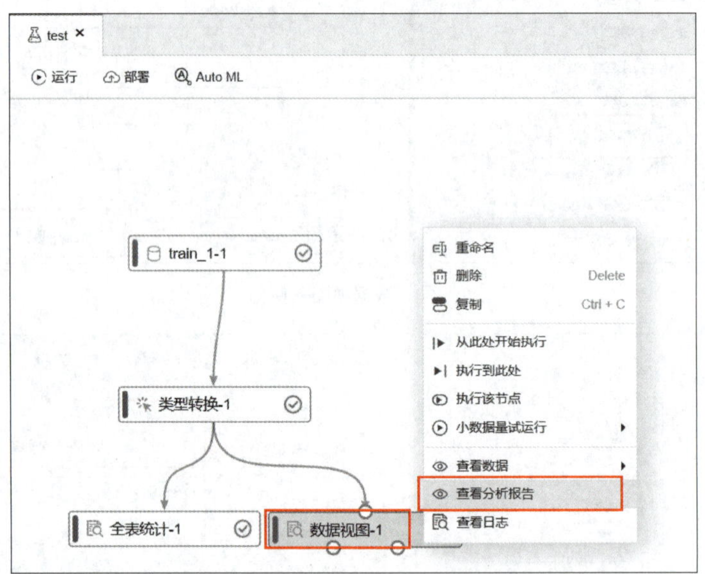

(a) 数据视图—可视化使用

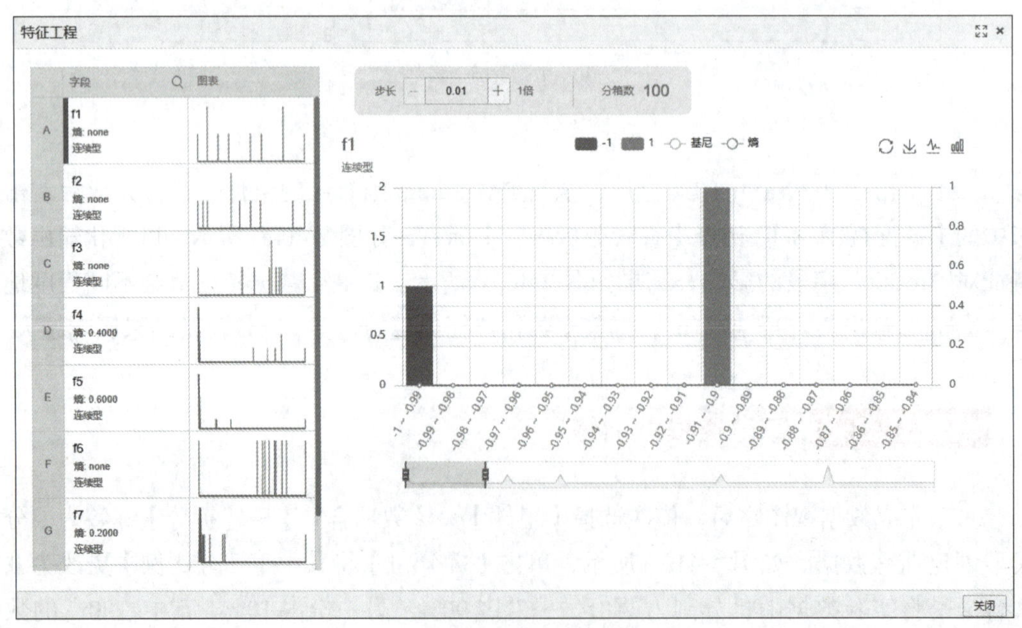

(b) 数据视图—可视化结果

图 2-40 数据视图

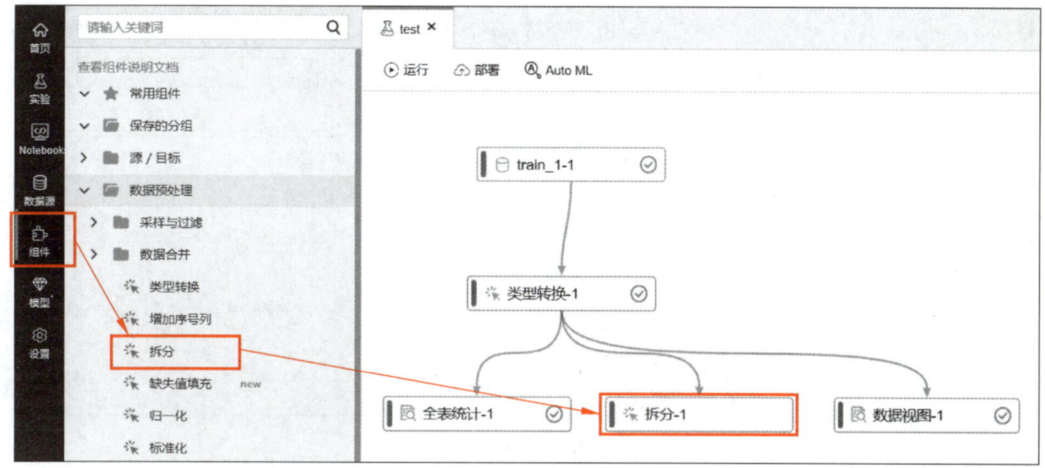

(a) 数据视图使用

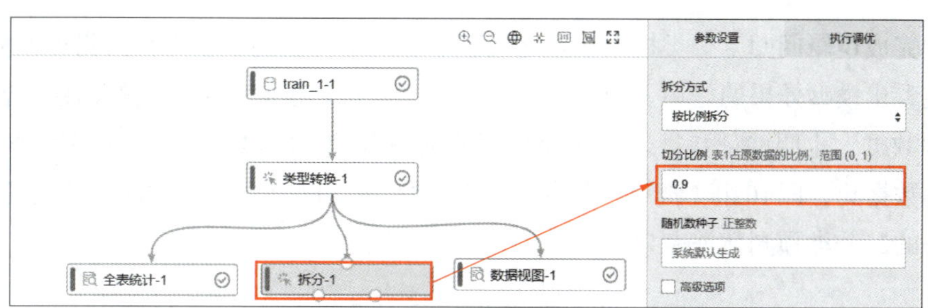

(b) 数据视图结果

图 2-41 数据视图

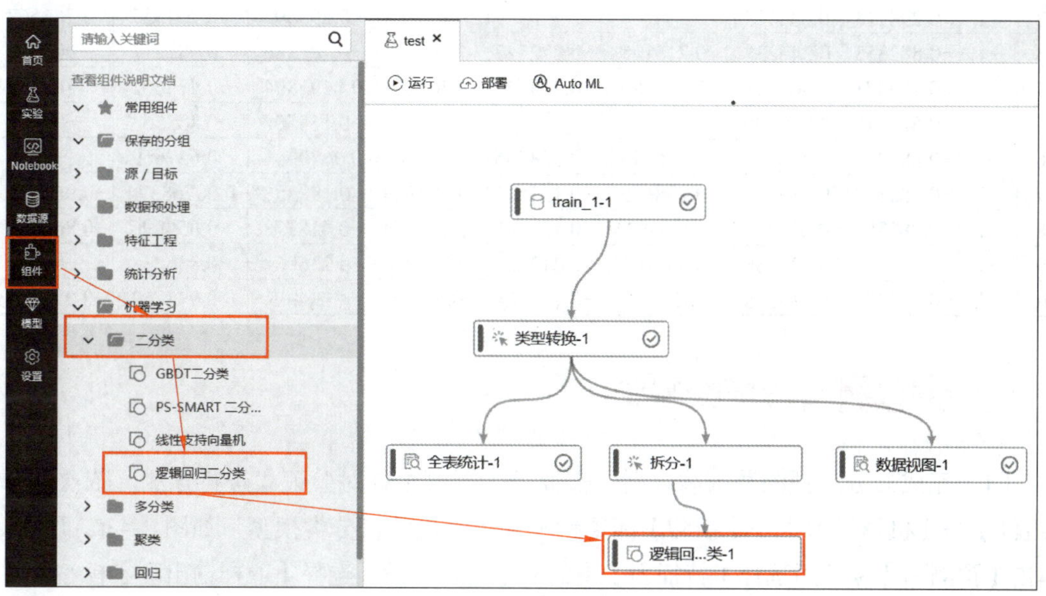

(a) 搭建二分类模型主体

图 2-42 二分类模型

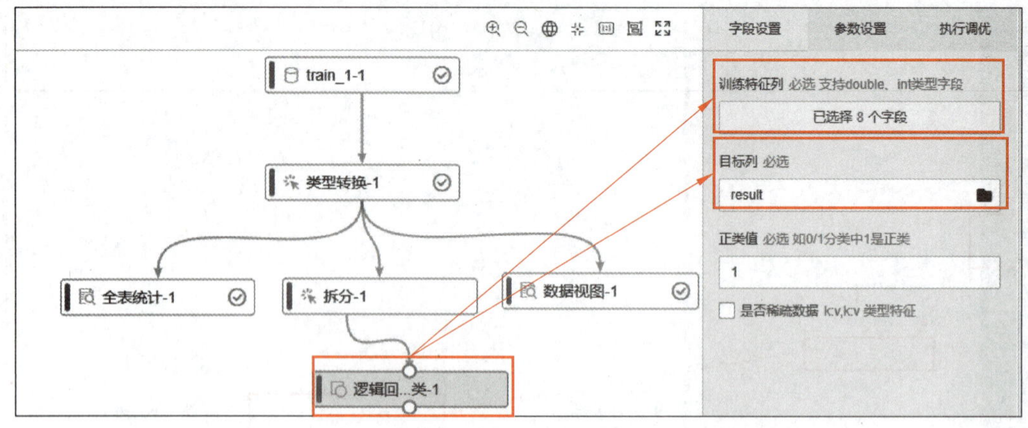

(b) 完成二分类模型搭建

图 2-42（续）

（3）完成逻辑回归二分类模型搭建之后，需要对训练后的模型进行预测和评估，就可以直观地看出模型效果的好坏。模型搭建好后的下一步是预测模型输出的结果，预测模型需要预测数据，也叫验证数据。本实验采用的预测数据，选取的是与输入集（表 2-1）类型相同的数据集，即 10 组（拥有 8 个特征，被分为 1 和 −1 两种类型）数据。如表 2-2 所示，是本任务的二分类预测数据表。

表 2-2 二分类预测数据表

id	y	f0	f1	f2	f3	f4	f5	f6	f7
1	+1	−0.882353	0.0854271	0.442623	−0.616162	−1	−0.19225	−0.725021	−0.9
2	+1	−0.294118	−0.0351759	−1	−1	−1	−0.293592	−0.904355	−0.766667
3	+1	−0.882353	0.246231	0.213115	−0.272727	−1	−0.171386	−0.981213	−0.7
4	−1	−0.176471	0.507538	0.278689	−0.414141	−0.702128	0.0491804	−0.475662	0.1
5	−1	−0.529412	0.839196	−1	−1	−1	−0.153502	−0.885568	−0.5
6	+1	−0.882353	0.246231	−0.0163934	−0.353535	−1	0.0670641	−0.627669	−1
7	−1	−0.882353	0.819095	0.278689	−0.151515	−0.307329	0.19225	0.00768574	−0.966667
8	+1	−0.882353	−0.0753769	0.0163934	−0.494949	−0.903073	−0.418778	−0.654996	−0.866667
9	+1	−1	0.527638	0.344262	−0.212121	−0.356974	0.23696	−0.836038	−0.8
10	+1	−0.882353	0.115578	0.0163934	−0.737374	−0.56974	−0.28465	−0.948762	−0.933333

任务 2-3-4 二分类模型预测

（1）完成二分类预测数据表之后，需要添加预测组件对验证集进行预测。依次选择【组件】→【机器学习】→【预测】标签预测训练完成的二分类模型，如图 2-43(a) 所示。单击【预测 -1】标签后选择【特征列】中的 8 个特征字段，选择【原样输出列】标签中的 9 个特征字段（即以“特征列”标签为预测数据，将训练好的二分类模型参数，按照“原样输出列”标签下得出“result”预测结果），如图 2-43(b) 所示。

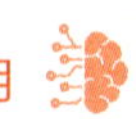

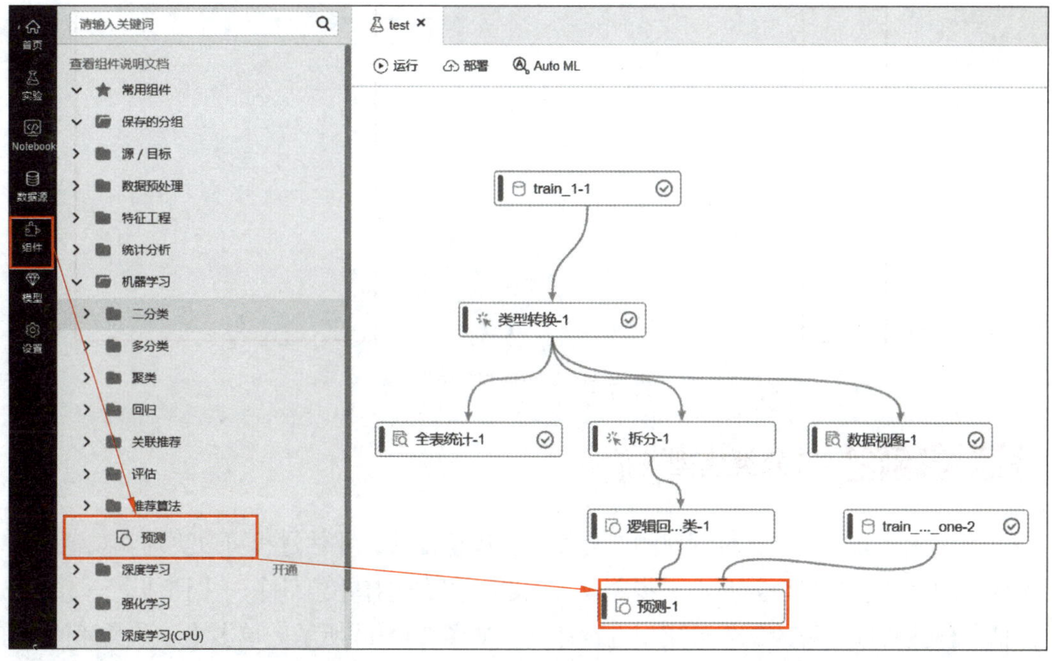

(a)　二分类预测训练

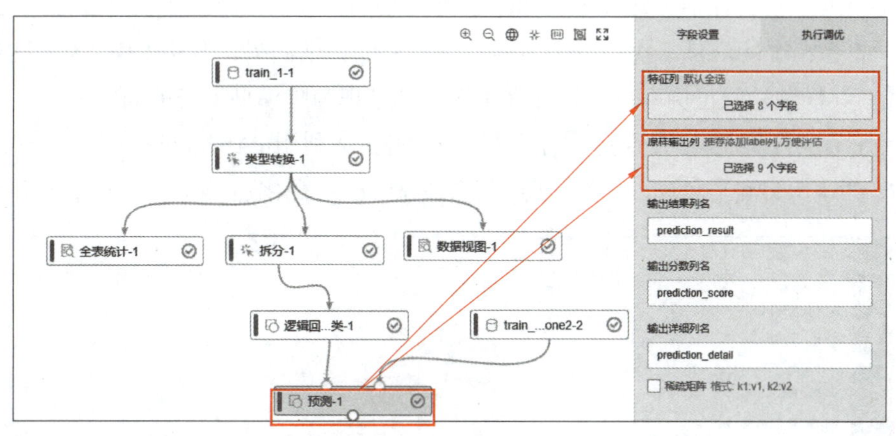

(b)　二分类预测结果

图 2-43　二分类预测

（2）单击图 2-43(a) 运行按钮后，执行 PAI-Studio 画布中的组件。运行完成后右击画布中的【预测 -1】，选择【查看数据】，输出预测数据表对应的预测结果“prediction_result”，并与“result”字段进行对比，对比结果如图 2-44 所示。

其中，“prediction_result”为预测结果，“result”为原始结果。在 10 条数据中判断正确 8 条，判断错误 2 条。可能的原因是训练次数偏低或训练数据量偏少。

可以看到，在 10 条训练数据 100 轮的训练下，二分类模型的分类结果正确率约为 80%，结果还是比较令人满意的。

序号	name	result	f1	f2	f3	f4	f5	f6	f7	f8	prediction_result
1	1	1	-0....	0.0...	0.4...	-0....	-1	-0....	-0....	-0.9	1
2	2	1	-0....	-0....	-1	-1	-1	-0....	-0....	-0....	1
3	3	1	-0....	0.2...	0.2...	-0....	-1	-0....	-0....	-0.7	1
4	4	-1	-0....	0.5...	0.2...	-0....	-0....	0.0...	-0....	0.1	-1
5	5	-1	-0....	0.8...	-1	-1	-1	-0....	-0....	-0.5	1
6	6	1	-0....	0.2...	-0....	-0....	-1	0.0...	-0....	-1	1
7	7	-1	-0....	0.8...	0.2...	-0....	-0....	0.1...	0.0...	-0....	1
8	8	1	-0....	-0....	0.0...	-0....	-0....	-0....	-0....	-0....	1
9	9	1	-1	0.5...	0.3...	-0....	-0....	0.2...	-0....	-0.8	1
10	10	1	-0....	0.1...	0.0...	-0....	-0....	-0....	-0....	-0....	1

图 2-44 二分类预测结果

任务 2-3-5 二分类模型评估

（1）完成预测后，需要对创建的二分类模型进行评估，评估过程可以更加直观地看出模型效果的好坏以及是否需要进一步更改等问题。依次选择【组件】→【评估】→【二分类评估】标签对训练后的二分类模型进行评估，如图 2-45(a) 所示。单击【二分类评估 -1】标签后选择【原始标签列列名】标签中“result”字段，（其含义是评估原始标签与预测标签之间的差距），进行评估参数设置，如图 2-45(b) 所示。

（2）如图 2-46 所示是本次二分类实验训练模型的评估结果，其中 ROC 为受试者工作特征曲线。其横轴是假正例率，纵轴是真正例率，呈现为阶梯型上升的曲线。

以上任务实现详见电子实验手册（中级）“实验 2 利用 PAI-Studio 完成二分类实验”中步骤 2（PAI-Studio 平台进入）和步骤 3（PAI-Studio 可视化建模完成二分类实验）。

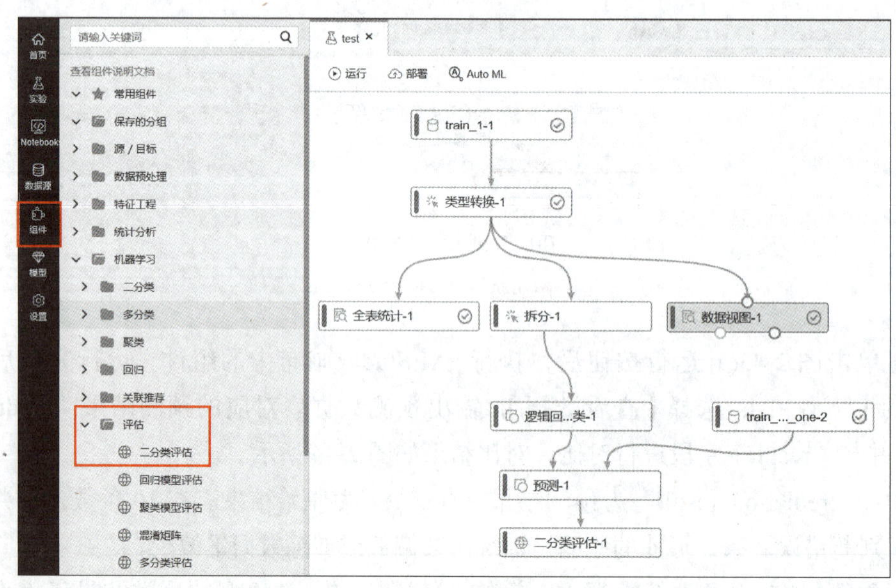

(a) 二分类评估—界面

图 2-45 二分类评估

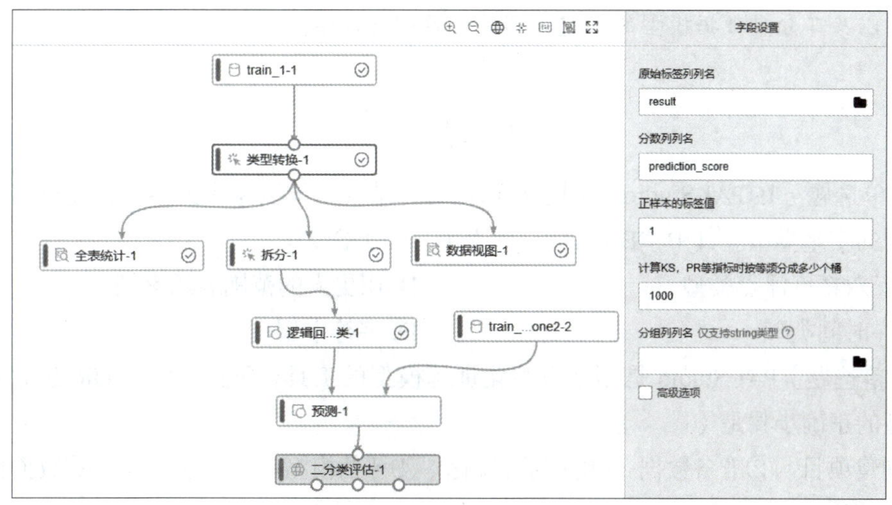

(b) 二分类评估结果—参数设置

图 2-45（续）

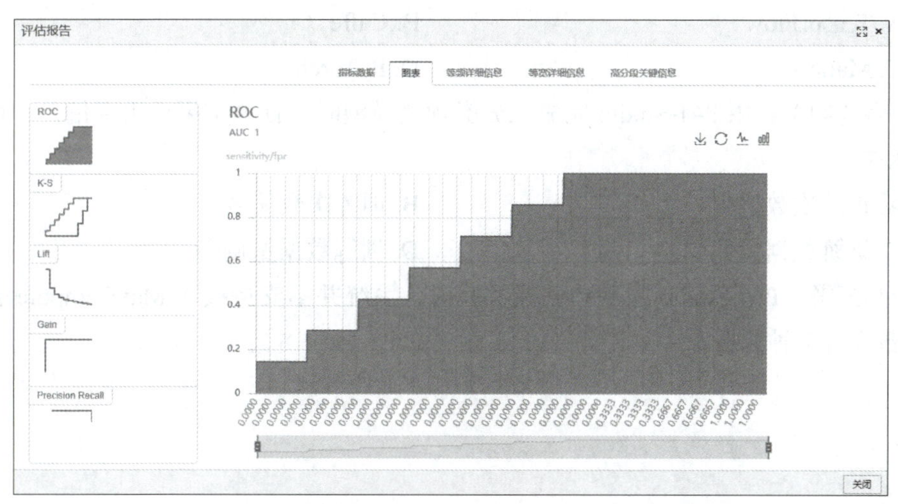

图 2-46 二分类评估结果

项目总结

本项目从 PAI-Studio 的授权开始，学习了如何利用 PAI-Studio 完成数据预处理和算法模型搭建任务。在数据预处理方面，利用 PAI-Studio 实现了城市天气数据预处理并可视化地分析了 CO_2、PM10、SO_2、CO 及 NO_2 含量等对 PM2.5 数值的影响。在算法模型搭建方面，利用 PAI-Studio 实现了对 10 组拥有 8 个特征值，被分为 1 和 −1 两种类型的数据的二分类，预测了训练模型对同样类型数据的分类结果，并对模型完成了评估。通过实验学习了 PAI-Studio 的登录授权、实例的创建、数据源的创建、数据预处理、统计分析、可视化展示，以及二分类数据模型的搭建、训练、预测及评估。

练习题

1.（单选题）在 PAI-Studio 中创建数据源时，结合本地数据表的结构创建列名需要定义相应列的变量类型。其中“BIGINT”代表（　　）含义。

A. 双精度浮点类型　　B. 用更大的范围表示整型

C. 时间类型　　D. 字符串型

2.（单选题）PAI-Studio 是用来可视化训练模型的工具，下面 PAI-Studio 建立可视化训练模型的正确步骤是（　　）。

①创建项目　②准备数据　③数据可视化　④评估模型　⑤算法建模　⑥数据预处理

A. ②①⑥③⑤④　　B. ①②⑥⑤③④

C. ①⑥③②⑤④　　D. ①②⑥③⑤④

3.（单选题）下列（　　）不属于深度学习框架。

A. TensorFlow　　B. Caffe

C. Matlab　　D. PyTorch

4.（多选题）利用 PAI-Studio 完成二分类预测模型时，预测结果会出现偏差，最有可能的原因是（　　）。

A. 训练次数偏少　　B. 训练次数偏多

C. 训练数据量偏少　　D. 训练数据量偏多

5.（判断题）PAI-Studio 在手动创建实验时，系统并不支持接入 MaxCompute 表数据或 OSS 数据等多种数据源。（　　）

数据处理及人工智能应用的实现——以火车站进站闸机场景为例

项目概述

1. 项目背景

城市的“卡口”，特指在城市环境中一些采集数据的出入口。在小区出入口的起落杆就是一个典型的卡口，高速路收费站也是卡口，安装了自动闸机的火车站进站口也可以看作一类“卡口”场景。大城市的单个火车站每日的客流量高达10万人次以上，这样的高负荷运转对检票口工作人员的工作强度提出了极高要求。但是，长时间高负荷的人工检票，很容易出现漏检、检错等现象。为了更好地实现对当今城市交通管理的升级，提升城市居民交通出行的效率，减少人工检票的失误，很多火车站都安装了自动检票闸机。不仅提高了检票速度，也提高了检票精度。机器无法识别的票，则可以交由人工手动检票，这也大幅减少了人工检票的强度。同时，人工和自动化闸机配合也会进一步提高检票精度，尤其是防止使用他人票证进站的情况发生。

以上工作由智能设备结合人工智能技术来实现，需要具备的基础功能包括身份证的识别、火车票的识别以及人脸检测。在公共卫生防疫时期，要求民众在公共场所必须佩戴口罩，所以本项目可以在火车站进站闸机检测的功能中包含进站人员是否佩戴口罩。本项目将基于阿里云PAI平台建立火车站进站闸机模型，并实现旅客信息自动检测功能。

2. 项目架构

本项目以PAI-DSW为实验平台，以阿里云视觉智能开放平台中的API作为实现基础来完成。通过编写代码调用阿里云视觉智能开放平台中的相关API，从口罩检测、身份证识别、火车票识别、人脸1∶1识别四个模块出发，模拟火车站进站闸机可以具备的一些图像或文字识别能力。

3. 项目知识

本项目通过在 PAI-DSW 中编写 Python 代码将待识别身份证、火车票、人脸图片上传至阿里云 OSS 存储中，并调取阿里云 OSS 存储中的图片进行使用，最终完成火车站进站闸机模型设计。涉及的理论知识包括任务 3-1 中的数据采集、数据预处理及数据标注的基本知识和方法。任务 3-2 中的 PAI 平台的交互式云端机器学习开发环境 PAI-DSW 的知识。本项目要在阿里云 PAI-DSW 上完成，通过编写 Python 代码调取进站人员身份证、火车票、人脸口罩，人脸比对 1∶1 识别 API。任务 3-3 中详细介绍了身份证识别 API、火车票识别 API、人脸口罩检测 API、人脸比对 1∶1 API 的关键参数。

学习目标

1. 知识目标

- 了解进站闸机项目数据的基本要求。
- 了解项目所需 Python 代码包。
- 了解 Python 代码上传图片至 OSS 并获取 URL 的原理。
- 了解口罩检测、人脸比对 1∶1、身份证识别、火车票识别 API 的 Python 调用原理。

2. 技能目标

- 能够在阿里云平台上开通并创建相应的 OSS 云存储实例。
- 能够创建 DSW 实例，并在 DSW 实例中完成图片文件的上传。
- 能够配置项目运行所需的代码环境。
- 能够在 PAI-DSW 中编写 Python 代码调用口罩检测、人脸比对 1∶1、身份证识别、火车票识别 API。
- 能够运行编写的代码，得出实验结果。

项目导图

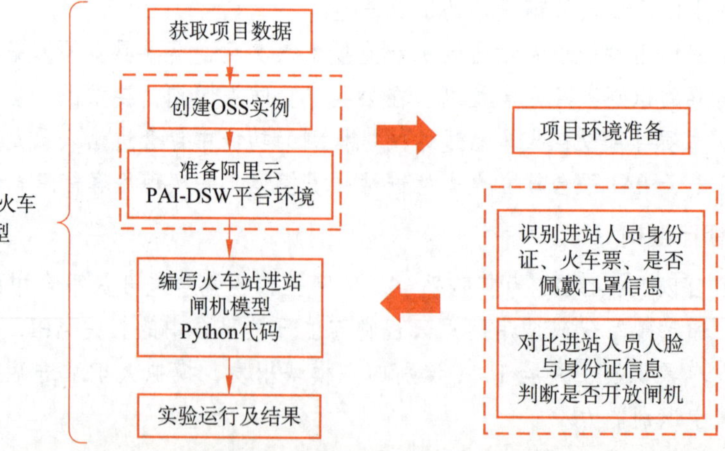

任务 3-1 火车站进站闸机数据的标注与预处理

任务目标

- 了解火车站进站闸机人员检测项目所需实验数据要求。
- 了解不同种类数据的预处理基本方法。
- 了解阿里云智能标注平台对不同数据标注的过程。
- 掌握爬虫获取火车站进站闸机人员检测项目数据的基本步骤。
- 了解火车站进站闸机项目中阿里云 OSS 存储实例创建的目的。
- 掌握火车站进站闸机项目中阿里云 OSS 实例创建的过程。

任务分析

在互联网上收集一些包括人脸、身份证、火车票的图片数据，存于本地用于本次任务的实验数据。准备任务所需的图片，开源的人脸口罩、身份证以及火车票图片各一张。

本任务需要在 PAI-DSW 中编写 Python 代码将图片上传至阿里云 OSS 存储中，并调用阿里云 OSS 中的图片数据。因此，需要创建项目对应的阿里云 OSS 实例。

知识准备

1. 数据的收集方法

本项目通过在互联网开源数据集上收集一些火车站闸机入口旅客的人脸、身份证、火车票的图片数据。可以将搜集到的数据制作成数据集，并在后面的项目中使用。通过爬虫代码获取本项目数据的方法如下。

（1）发送请求。向所要爬取的网址 url 发送 requests 请求，最常用的请求方式包括 get 请求和 post 请求。为了保证服务器能够完整返回 html 文档，get 方法必要时需要添加 header 信息。代码示例：

```
html=requests.get(url, header)
```

（2）获取响应。根据请求的方法，得到请求的网页内容，一般包含二进制数据（图片、视频）。代码示例：

```
print(html.text)
```

（3）解析内容。如果是 HTML 代码则可以使用网页解析器进行解析，由于返回的 HTML 代码是字符串，可以用正则表达式进行解析，建议图片类型使用正则表达式进行解析，文字类型使用 XPath 进行解析；如果是 JSON 数据则可以转换成 JSON 对象进行解析；如果是二进制数据则可以保存到文件进行进一步的处理。此步骤需要耐心地在 HTML 文档中寻找所需数据的格式，寻找规律进行解析。

（4）保存数据。一般是通过一个循环将要下载的数据保存到本地。获取本项目的数据，经历了发送请求、获取响应、解析内容和保存数据的过程。

2. 数据预处理方法

通过爬虫程序获取到的原始数据需要做相应的数据预处理才能使用，本项目在编写 Python 代码调用阿里云视觉智能开放平台的相关 API 时，对上传的图片进行了缩放的基本预处理。使得图片可以满足相关 API 的使用要求。以下是图片、语音及文本数据的预处理方法。

1）图像数据预处理方法

（1）数据增强，即增加数据集的质量。主要方法：颜色增强，平移变换，水平、垂直翻转，旋转，仿射变换，高斯噪声，模糊处理等，如图 3-1 所示为图像数据增强前后的效果对比。

图 3-1　图像数据增强前后效果对比图

（2）修改图片尺寸，即收集到的图片大小有可能不一样，所以，得到原始的数据集图片时，需要统一修改图片尺寸，从而避免在使用数据时出现问题。

2）语音数据预处理

（1）端点检测，即找到语音信号的起始点与结束点，使有效信号和无用信号进行分离，常用的方法是双门眼检测法。

（2）预加重与去加重，即通过频率转换之后的语音信号集中在低频带，因此预先添加原始语音的高频信号，使信号的频谱变得平坦，提高识别效率。在输出端做去加重。

（3）分帧与加窗，即对整段语音信号进行分帧，利用带通滤波器过滤。

（4）重采样，即根据奈奎斯特采样定理进行重采样，保证语音中的所有信息发送到特征识别环节。

3）文本数据预处理方法

（1）分词。可以采用开源的词库或者自己设计分词算法，将连续的字序列按照一定的规范重新组合成词序列。

（2）文本清洗。采集好的数据中有一些多余的符号、停用词、不必要的标签等，需要按照规则对其进行清洗。

（3）特征提取。通常会采用词频—逆向文件频率等方式实现对文本特征的提取，用于评估一个词对一个文件集或者一个语料库的重要程度。

3. 如何在 PAI 平台注册数据集

当需要对数据量非常大的数据进行数据预处理的时候，数据集就变得重要了。值得注意的是，本任务中所需的相关 API 均内嵌着机器学习的模型框架，其中，模型框架的参数需要在后台进行训练。在训练期间需要大量图片进行识别时，就需要建立数据集来帮助完成识别。下面将介绍通过阿里云 PAI 平台，使用新建数据集的方式注册数据集。

如果原始数据（图像、文本、视频、语音等）存储在 OSS 中，可以通过新建数据集的方式注册数据集。系统会遍历指定目录下的同类型文件，并将生成的清单文件存储在指定的 OSS 目录中。

（1）在 PAI 控制台首页，选择【AI 资产管理】→【数据集管理】标签，进入数据集管理页面，如图 3-2 所示。

图 3-2 进入数据集管理页面

（2）在数据集管理页面，单击【注册数据集】标签，进入注册数据集页面，如图 3-3 所示。

图 3-3 进入注册数据集页面

（3）存储路径可以根据自己的实际情况进行设置。存储路径查看方式如图 3-4 所示。

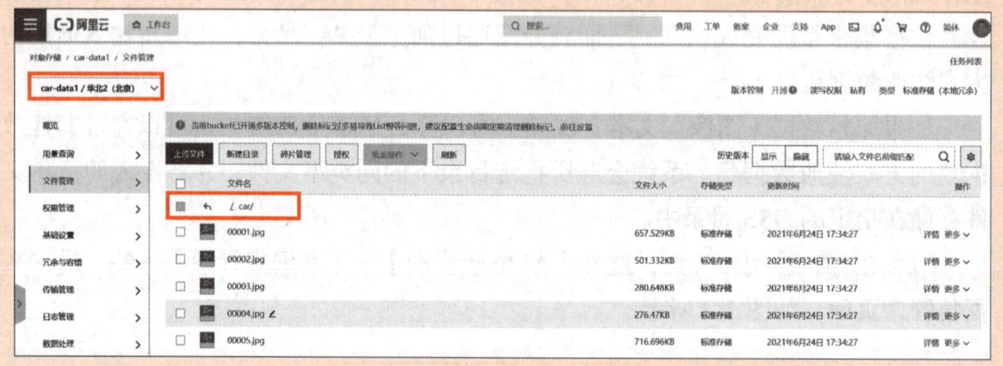

图 3-4 存储路径

（4）根据页面中的提示配置参数注册数据集，如图 3-5 所示。根据自己的数据集类型选择注册图片数据集、文本数据集或视频数据集，然后选择图片数据的 OSS 存储路径。单击【提交】按钮后进入数据集管理页面。

（5）在数据集管理页面，如图 3-6 所示，单击【导出数据集】标签，打开导出的数据集可查看生成的清单文件，如图 3-7 所示。

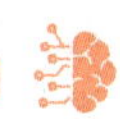

图 3-5　新建数据集的方式注册数据集

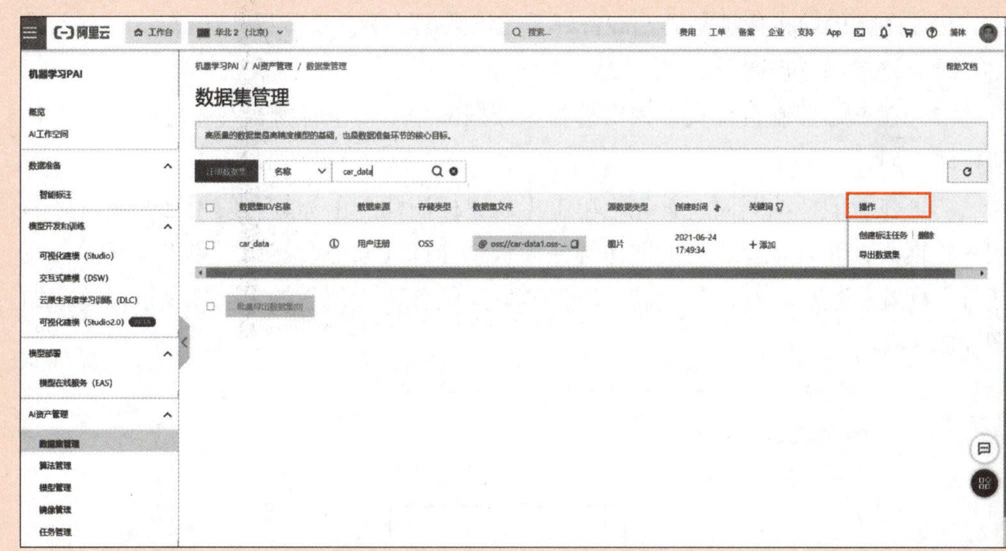

图 3-6　导出数据集

图 3-7　数据集清单

4. 数据标注的概念及方法

数据标注是利用标注工具通过手动或自动方式对人工智能学习数据进行加工，把需要机器识别和分辨的数据贴上标签，再让计算机不断地学习这些数据的特征，最终实现自主识别。数据标注一般通过分类、画框、标注等方式，对语音、图片、文本数据进行处理来提高训练的准确度，具体方法包括通过画框、描点等方法对数据打标签。

数据标注是大部分人工智能算法得以有效运行的关键环节。当用户使用 Python 调用阿里云视觉智能开放平台的相关 API 时，可以直接获得分析或识别结果，不需要做数据处理的工作，但技术人员在这些 API 的开发过程中，需要通过机器学习方法对标注后的图片进行反复训练才能提升这些 API 的应用效果。因此，数据标注的结果会直接影响 API 的应用效果，并直接影响用户体验。

数据标注的类型通常包括：图像标注、语音标注、文本标注、视频标注等类型。下面详细介绍目前最常用的两种标注，即图像标注和文本标注。并讲解如何通过阿里云智能标注数据集的功能完成标注工作。

1）图像标注

标注图像的前提条件是已经准备好了图像数据，标注图像操作步骤如下。

（1）登录 PAI 控制台。

（2）在 PAI 控制台首页，依次选择【数据准备】→【智能标注】标签，进入智能标注页面。

（3）在智能标注页面，首先，单击【创建标注任务】标签，使用已经注册好的图片数据集，并且选择合适的图像标注模板创建标注任务；然后，单击【我的标注任务】标签；最后，在任务列表，单击待标注任务操作列下的【去标注】标签，如图 3-8 所示。

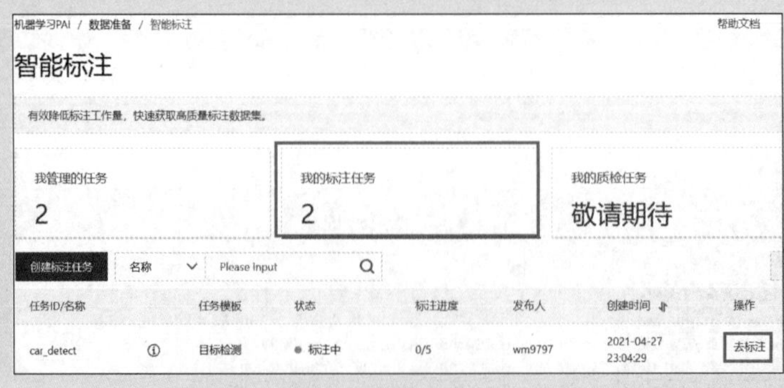

图 3-8 智能标注页面

跳转到标注页面，在标注页面可进行图像标注，如图 3-9 所示为图像综合标注

模板的标注界面。

（4）首先在标注页面单击图片上方的图标，选择标注工具。然后在图片右侧的标签区域，选中图片的标签。选中标签后，如果没有手动切换标签，将一直以相同的标签进行标注。最后在图像中使用标注工具拖动鼠标进行标注，标注完后单击【提交】按钮进行保存。

图 3-9 标注图片

（5）如果无可标注内容，则单击标注页面右下方【跳过】按钮。通过单击标注页面左下方的【上一张】或【下一张】按钮浏览题目，并标注所有题目。或者也可以通过标注页面左侧的任务列表缩略图浏览并标注题目。

（6）图片标注完成后可以生成结果数据集。在 PAI 控制台首页，依次选择【数据准备】→【智能标注】标签进入智能标注页面，单击【我管理的任务】标签，在任务列表中单击对应标注任务操作列下的【生成结果数据集】标签，如图 3-10 所示。

（7）在标注任务配置的输出数据集位置的 OSS 路径中，可以查看标注结果（manifest 文件）。标注结果 manifest 文件的每行数据由题目和标注结果一起生成，每行数据的 JSON 结构如图 3-11 所示。其中包含了标注颜色、边界点坐标、标注类型等标签信息。

2）文字标注

标注文本的前提条件是已经准备好了数据，并且已经创建了标注任务或管理员

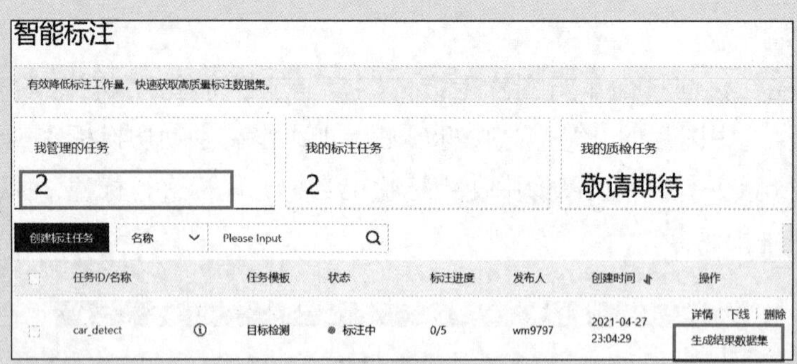

图 3-10　查看图片标注结果

文件(F)　编辑(E)　格式(O)　查看(V)　帮助(H)

{"data":{"picUrl":"oss://data-shuju-chuli.oss-cn-shanghai-internal.aliyuncs.com/pic/图片/图片.jpg"},"label-87b4m17om29oh87qcf":{"results":[{"data":[{"id":"OFciiQ6e_zFpPPDNm35Yk","type":"image/polygonLabel","value":{"points":[[777.5552099533437,1182.5318818040435],[437.3748055987558,1258.127527216174],[243.0729009986249,1436.3172628304822],[172.7486667095343,1673.9035769828927],[280.6927899336038,1879.091757387247],[539.8075140085523,2051.881804043546],[880.1244721874623,2116.6780715396576],[912.5267439301948,2338.06531881804],[1112.323511365893,2548.6531881804044],[1587.7361433619471,2618.8491446345256],[1927.9041337325054,2554.052877138414],[2160.0866209322303,2435.259720062208],[2289.6170860043076,2240.8709175738722],[2327.3155968381384,1760.2986003110418],[2283.9980833284476,1236.5287713841367],[2235.429848669098,885.5489891135303],[2078.74369500927,793.7542768273715],[1597.8030962202374,761.3561430793156],[1075.1629398399975,804.5536547433903],[788.3132079225979,917.9471228615863]]},"labelColor":"#ee5050","labels":["cup"]},{"id":"6Lr_OCBl2p-KaorCpbu0_","type":"image/rectangleLabel","value":{"rotation":0,"x":2823.2038817343814,"width":1183.7800565950524,"y":1424.499415989961,"height":1010.1577406458472},"labelColor":"#46d7b6","labels":["orange"]}],"id":"2703923","type":"image"}]}}

图 3-11　图像综合标注模板标注结果

分配了标注任务。创建标注任务中，标注模板选择文本类模板，如图 3-12 所示。

文本分类标注操作步骤如下。

（1）登录 PAI 控制台。

（2）在 PAI 控制台首页，选择【数据准备】→【智能标注】标签，进入智能标注页面。

（3）在智能标注页面，单击【我的标注任务】标签。然后，在任务列表单击待标注任务操作列下的【去标注】标签，如图 3-13 所示。

（4）跳转到标注页面，在文本标注页面可进行文本标注，如图 3-14 所示。在进行文本标注时，首先要理解文本的内容，然后根据文本内容在文本右侧的标签区域选择合适的标签，选择完标签后单击【提交】按钮进行保存，这样就完成了一条文本内容的标注。

（5）如果无可标注内容，则单击标注页面右下方【跳过】按钮。通过单击标注

表 3-12　文本类标注模板

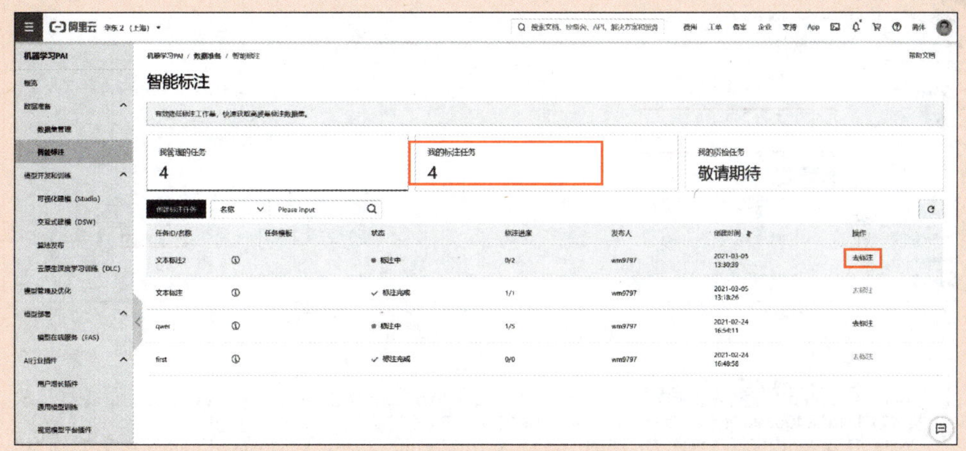

图 3-13　智能标注页面

页面左下方的【上一张】或【下一张】按钮浏览题目，并标注所有题目。或者也可以通过标注页面左侧的任务列表缩略图浏览并标注题目。

（6）标注完成后可以生成结果数据集。在 PAI 控制台首页，依次选择【数据准备】→【智能标注】标签进入智能标注页面，单击【我管理的任务】标签。在任务列表，单击对应标注任务操作列下的【生成结果数据集】标签，如图 3-15 所示。在弹出【您确定要生成结果数据集吗？】对话框，单击【确认】按钮。

（7）在标注任务配置的输出数据集位置的 OSS 路径中，可以查看标注结果（manifest 文件）。标注结果 manifest 文件的每行数据由题目和标注结果一起生成，每行数据的 JSON 结构如图 3-16 所示。

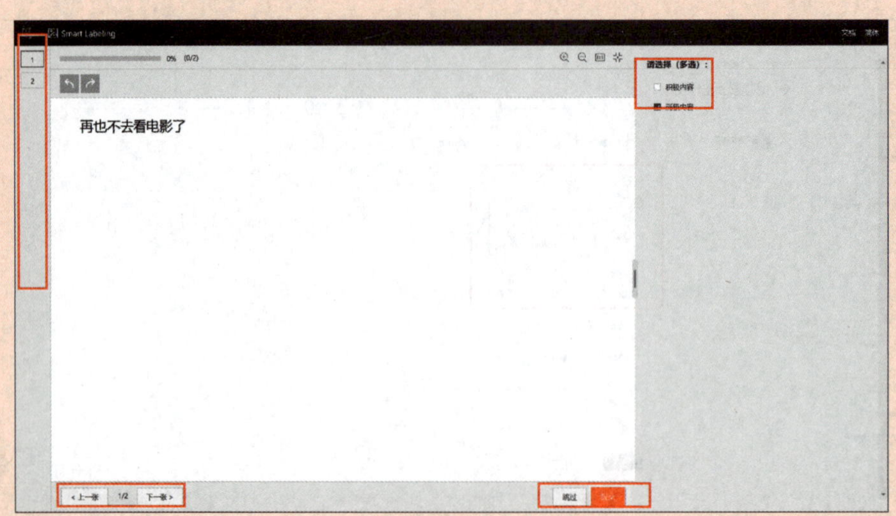

图 3-14　标注文本

图 3-15　查看文本标注结果

{"data":{"content":"再也不去看电影了"},"label-1dooqqmv9zp7z6hf0s":{"results":[{"data":[{"data":["消极内容"],"id":2405594,"type":"survey/multivalue"}],"id":"2405594","type":"survey"}]}}
{"data":{"content":"今天天气真好"},"label-1dooqqmv9zp7z6hf0s":{"results":[{"data":[{"data":["积极内容"],"id":2405595,"type":"survey/multivalue"}],"id":"2405595","type":"survey"}]}}

图 3-16　文本标注结果

5. 使用 Python 代码对 OSS 进行读写

通常，可以直接使用 OSS 的 Python API 读写 OSS 中的数据，PAI-DSW 已预装 OSS2 Python 包，可以使用如下方法读写 OSS 数据。

1）鉴权及初始化

```
import oss2
auth = oss2.Auth('<your_AccessKey_ID>', '<your_AccessKey_Secret>')
```

```
bucket = oss2.Bucket(auth, 'http://oss-cn-beijing-internal.
aliyuncs.com', '<your_bucket_name>')
```

2）读写 OSS 数据

```
# 读取一个完整文件
result = bucket.get_object('<your_file_path/your_file>')
print(result.read())
# 按 Range 读取数据
result = bucket.get_object('<your_file_path/your_file>', byte_
range=(0, 99))
# 写数据至 OSS
bucket.put_object('<your_file_path/your_file>', '<your_object_
content>')
```

其中，<your_file_path/your_file> 表示待读写的文件路径，<your_object_content> 表示待读写的内容，需要根据实际情况修改。

任务 3-1-1　对项目数据进行标注和预处理

在现实场景中，检测火车站进站闸机人员，需要受检人员面对摄像头拍摄，从而进行人脸识别，并用硬件设备读取身份证或火车票。计算机接收到采集的人脸识别、身份证、火车票数据后，在后台对比相关信息，判断该火车票是不是持此身份证的人员所购买，不符合则不予进站。同时，在疫情期间，如果没有正确佩戴口罩，将发出提示信息。

综合真实场景和本项目模拟场景，会发现真实场景的身份证和火车票，由硬件设备读取信息，而模拟场景使用文字识别技术。实验数据均为人脸、身份证、火车票等真实图片，并通过以下步骤完成实验数据的准备。

（1）将收集的图片保存至本地文件夹下面。

（2）选取图像清晰、大小适中的三张图片，一张人员戴口罩图片、一张身份证图片，一张火车票图片。本次任务将准备如图 3-17 所示的数据图片。

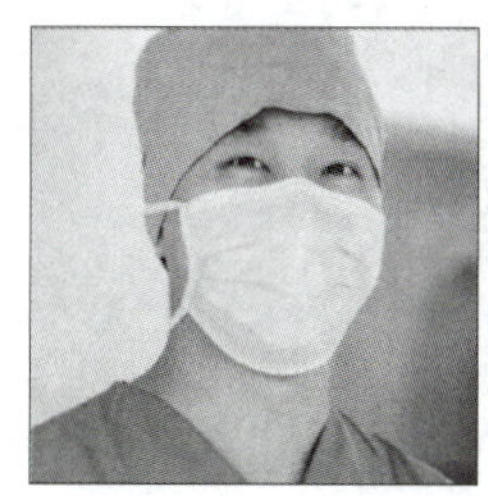

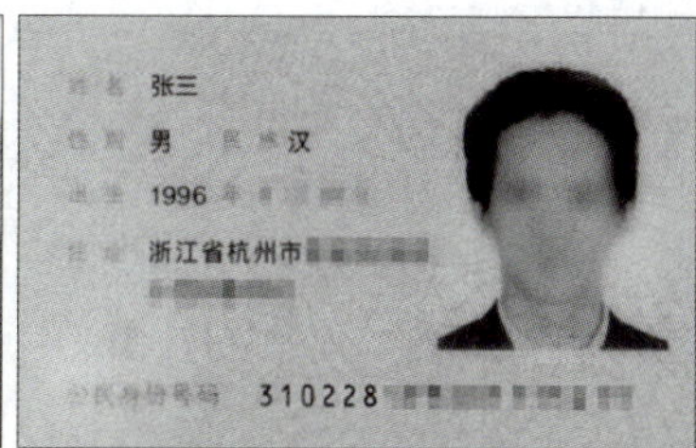

图 3-17　戴口罩照片、身份证照片、火车票照片

在每个 API 调用过程中后台都会对输入的数据打标签并生成相应的标注文件。虽然本任务没有用到数据标注，但是，在了解 PAI 平台的智能标注后，需要了解数据标注完成后得到输出的标注文件。数据标注完成后的文件类型有以下三种。

（1）XML：针对视觉任务中监督学习提供标签数据的数据集，通常使用的标注格式为 XML，如图 3-18 所示。该文件内包含标注图片的名称、格式、位置、尺寸、标注物的名称以及标注物的位置信息。

```
<annotation>
	<folder>JPEGImages</folder>
	<filename>00002.jpg</filename>
	<path>F:\Ali_Project\Project_code\2021_1_7code\VOCdevkit\VOC2021
\JPEGImages\00002.jpg</path>
	<source>
		<database>Unknown</database>
	</source>
	<size>
		<width>480</width>
		<height>364</height>
		<depth>3</depth>
	</size>
	<segmented>0</segmented>
	<object>
		<name>person</name>
		<pose>Unspecified</pose>
		<truncated>0</truncated>
		<difficult>0</difficult>
		<bndbox>
			<xmin>185</xmin>
			<ymin>62</ymin>
			<xmax>279</xmax>
			<ymax>199</ymax>
		</bndbox>
	</object>
</annotation>
```

图 3-18　XML 类型标注文件示例

（2）JSON：Labelme 标注工具可以输出 JSON 类型的标注文件，每一个标注区域都有自己特定的属性与位置信息，如图 3-19 所示。

```
{
  "version": "4.2.9",
  "flags": {},
  "shapes": [
    {
      "label": "car2",
      "points": [
        [
          574.1573033707865,
          344.56179775280896
        ],
        [
          1505.6179775280898,
          1111.9775280898875
        ]
      ],
      "group_id": null,
      "shape_type": "rectangle",
      "flags": {}
    }
  ],
  "imagePath": "00004.jpg",
  "imageData": "/9j/4AAQSkZ..........",
  "imageHeight": 1386,
  "imageWidth": 2100
}
```

图 3-19　JSON 类型标注文件示例

（3）CSV：CSV 文件以纯文本形式存储表格数据（数字和文本），字段间的分隔符最常见的是逗号或制表符，如图 3-20 所示，此例中前几列为属性，最后一列为类别，属于二值分类。例如，大批量数据标注之后可以保存为 CSV 格式。

5	3.5	1.6	0.6	1
5.1	3.8	1.9	0.4	1
4.8	3	1.4	0.3	1
5.1	3.8	1.6	0.2	1
4.6	3.2	1.4	0.2	1
5.3	3.7	1.5	0.2	1
5	3.3	1.4	0.2	0
7	3.2	4.7	1.4	0
6.4	3.2	4.5	1.5	0
6.9	3.1	4.9	1.5	0
5.5	2.3	4	1.3	0

图 3-20　CSV 类型标注文件示例

任务 3-1-2　通过创建 OSS 实例存储项目图片数据

完成本次任务需要提前在阿里云 OSS 中创建相应图片数据的存储空间，即创建对应项目的阿里云 OSS 存储实例。在创建实例之前需要先开通阿里云 OSS 存储服务。

完成火车站进站闸机人员检测数据准备后，需要开通并创建相应的 OSS 云存储实例，下面将分步骤讲解如何创建阿里云 OSS 存储实例。

（1）根据附录 3 里的步骤，进入 OSS 介绍界面，如图 3-21 所示。会出现需要开通 OSS 服务的提示，单击【立即开通】按钮。

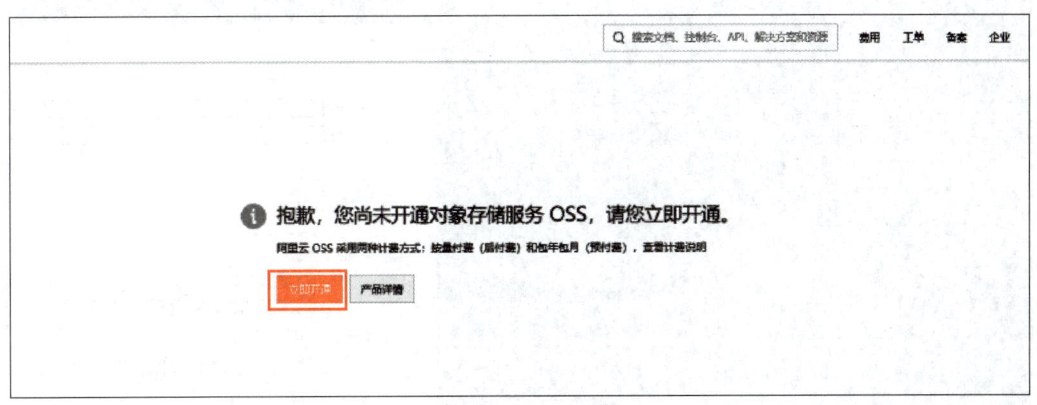

图 3-21　OSS 开通提示界面

（2）在成功开通 OSS 界面后，如图 3-22 所示。单击【管理控制台】按钮打开 OSS 管理界面。

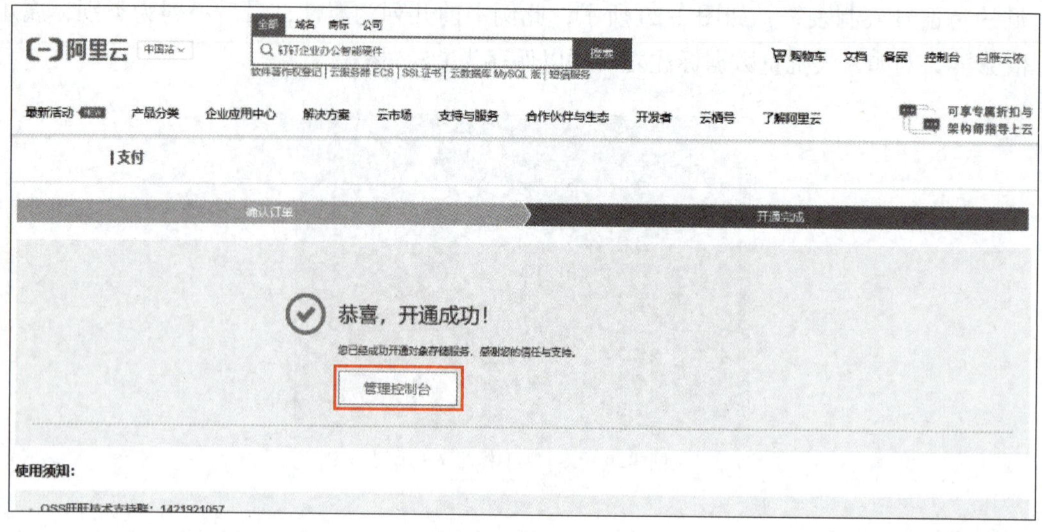

图 3-22　OSS 开通成功界面

（3）如图 3-23 所示，在开通 OSS 云存储服务之后，单击【创建 Bucket】标签，会弹出一个创建 Bucket 的表单，需要填写自定义项目的 Bucket 名称和已购买服务器的地址。填写完成之后，单击【确定】按钮完成创建。

创建 OSS 实例存储

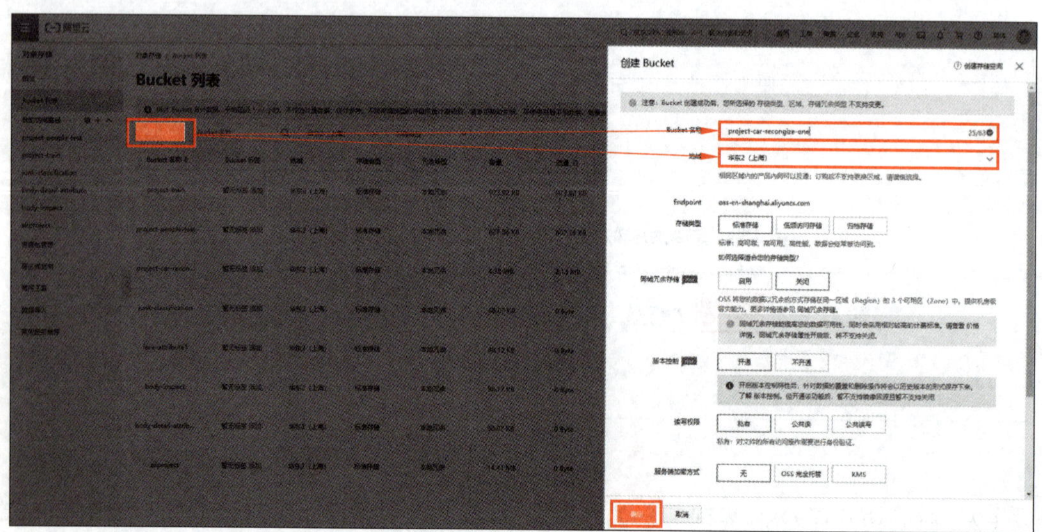

图 3-23　OSS 实例创建

任务 3-2 为火车站进站闸机项目准备 PAI-DSW 开发环境

任务目标

- 了解 PAI-DSW 不同版本的特点及共同的功能特点。
- 掌握火车站进站闸机项目中 PAI-DSW 实例创建的过程。
- 掌握火车站进站闸机项目中 PAI-DSW 图片上传步骤。
- 掌握火车站进站闸机项目中 PAI-DSW 代码环境配置过程。

任务分析

完成了 OSS 存储实例创建后，需要准备最后一个项目环境，即准备 PAI-DSW 平台环境。在准备 PAI-DSW 平台环境的任务中，需要完成 PAI-DSW 实例的创建、启动、上传实验图片及配置实验代码环境这 4 个步骤。

知识准备

PAI-DSW 是 PAI 平台上的交互式云端机器学习开发环境，可以提供交互式编程环境，适用于不同水平的开发者。在 PAI-DSW 的云端开发环境中，无须任何配置即可进入 Notebook 编写、调试及运行 Python 代码，基于 PAI-DSW 可以跳过复杂的 Python 配置，直接编写 Python 代码。本项目使用 PAI-DSW 在云上进行编写和实现，下面了解一下 PAI-DSW 的基础知识。

1. PAI-DSW 对实例的管理

PAI-DSW 对实例的管理包含 4 个方面：创建实例、启动实例、停止实例和删除实例。创建实例会在接下来的任务中讲到，下面分别讲解停止实例、启动实例和删除实例。

1）停止实例

（1）按照附录 5 中的步骤，进入交互式建模（DSW）环境。

（2）在 Notebook 建模服务页面，单击待停止实例操作列下的【停止】标签。

（3）在执行停止操作的确认对话框，选择停止方式。PAI-DSW 实例支持两种停止方式。

- 保存环境然后停止：如果对默认环境进行了修改，例如，安装了软件包或 pip包，建议选择该方式。

- 直接停止：如果未修改默认环境，通常选择直接停止。

实例停止后，其状态变为停止，此时对于后付费实例，系统停止计费。退出 PAI-DSW 时，确保实例处于停止状态，否则可能产生不必要的费用。

2）启动实例

如果实例处于停止状态，则可以手动启动。

（1）按照附录 5 步骤，进入交互式建模（DSW）环境。

（2）在 Notebook 建模服务页面，单击待启动实例操作列下的启动。

实例启动后，其状态变为运行中，此时对于后付费实例，系统开始计费。完成训练后，建议及时停止实例，以免产生不必要的费用。

3）删除实例

如果不再进行训练，则可以删除实例。实例删除后，其数据无法恢复。

（1）按照附录 5 步骤，进入交互式建模（DSW）环境。

（2）在 Notebook 建模服务页面，单击待删除实例操作列下的删除。

（3）在删除对话框，单击【确定】按钮。

2. PAI-DSW 的开发环境概述

进入实例后 PAI-DSW 的开发环境描述如下。

如图 3-24 所示，是进入实例后的 Jupyterlab 编译环境，其中，区域①是顶部菜单栏，区域②是左侧工具栏，区域③是工具内容，区域④是主工作区，区域⑤是资源水位。

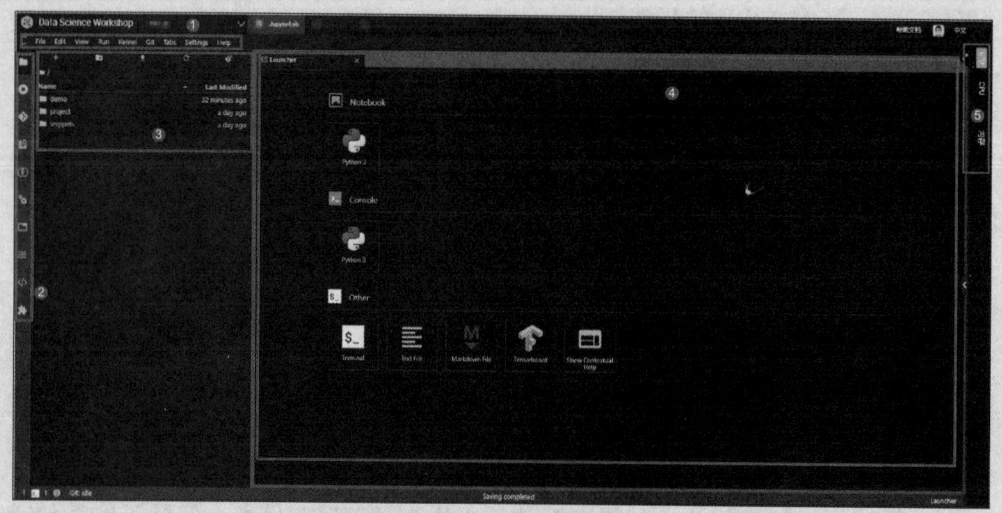

图 3-24　DSW 编译环境

同时，为了更熟练地使用 PAI-DSW，下面介绍几个 PAI-DSW 的特点。

（1）DSW 支持资源实时监控。用户在进行项目开发时，计算资源一直在使用，通过显示 CPU 或 GPU 的使用情况提醒用户用了多少计算资源。

（2）DSW 支持不同来源的数据接入，包括 MaxCompute 和 OSS，同时支持编写和运行 SQL 语句。

（3）DSW 支持多种资源型号，包括纯 CPU 及多种 GPU 算力，本项目的实现主要使用 CPU 完成。

（4）为方便开发复杂项目，DSW 预置了常用的大数据开发包和算法库，且支持自定义安装第三方库。

3. 在 PAI-DSW 中对第三方库操作的基本命令

1）安装

安装第三方库的命令如下：

```
pip install--user <yourLibraryName>
```

需要将 <yourLibraryName> 替换为待安装的第三方库名称。例如，使用 pip install --user sklearn 命令，安装 sklearn 库。

2）查看

查看第三方库的命令如下：

```
pip list
```

查看所有已安装的第三方库。

3）卸载

```
pip uninstall<yourLibraryName>
```

需要将 <yourLibraryName> 替换为已安装的第三方库名称。

注意：① 只能卸载自己安装的第三方库。因为 tensorflow-gpu 不支持卸载，所以只能使用更新命令安装固定版本的 tensoflow-gpu，且新版本必须与 CUDA 版本（预付费实例的 CUDA 版本为 10，后付费实例的 CUDA 版本为 9）兼容。

② pip install--upgrade --user TensorFlow-gpu=<versionNumber>

需要将 <versionNumber> 替换为待安装的 tensorflow-gpu 版本号。

注意不要升级系统 pip，否则可能导致无法安装。

③ PAI-DSW 提供的开发环境包括 Python 2、Python 3、PyTorch 及 TensorFlow 2.0。安装第三方库时，默认安装至 Python 3，如果需要安装至其他环境，则必须手

动切换环境后，再进行安装。

```
# 安装至 Python 2 环境
source activate python2
pip install--user <yourLibraryName>
# 安装至 TensorFlow 2.0 环境
Source activate tf2
pip install--user <yourLibraryName>
```

需要将 <yourLibraryName> 替换为待安装的第三方库名称。

（1）按照附录 2 步骤登录阿里云官网，依次选择【产品】→【人工智能】→【机器学习平台 PAI】标签，然后单击【前往控制台】标签，选择左侧选项栏【模型开发和训练】下的【交互式建模 DSW】，然后单击【Notebook 建模服务】下的【创建实例】，填写实例名称，本项目实例名称定为【project2】，然后按照如图 3-25 所示的配置参数进行选择，最后单击【确认订单】按钮。

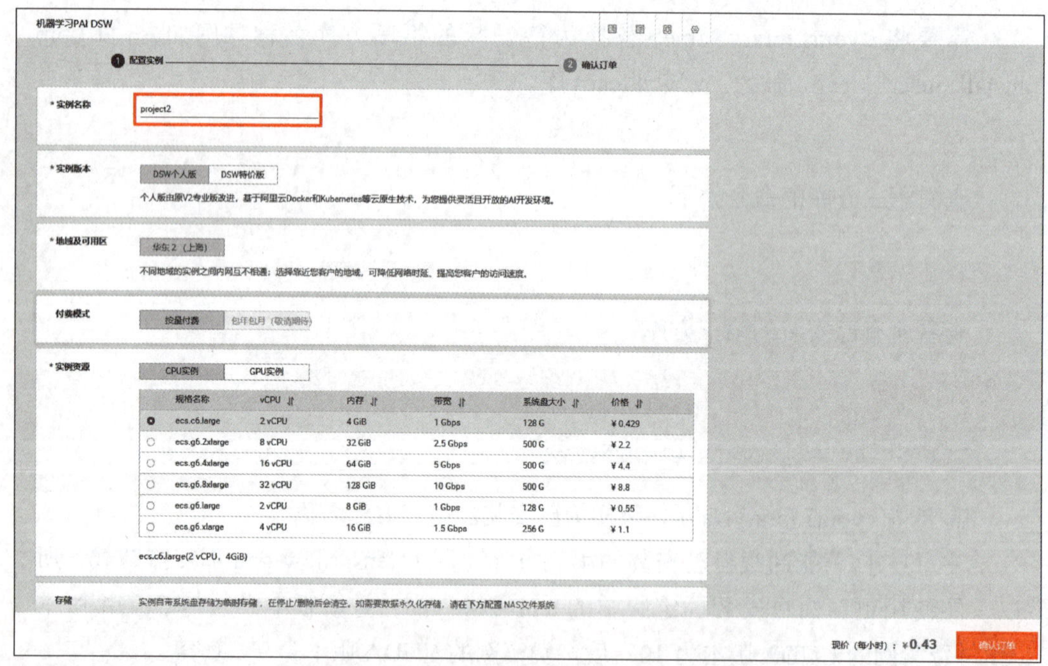

图 3-25　配置火车站进站闸机模型实例的参数

（2）在单击【确认订单】按钮后的界面勾选【服务协议】处的【机器学习 PAI DSW 服务条款】复选框，然后单击右下角的【创建实例】按钮，如图 3-26 所示。

（3）启动火车站进站闸机模型实例。如图 3-27 所示，单击页面中实例名称为“project2”的【启动】按钮。

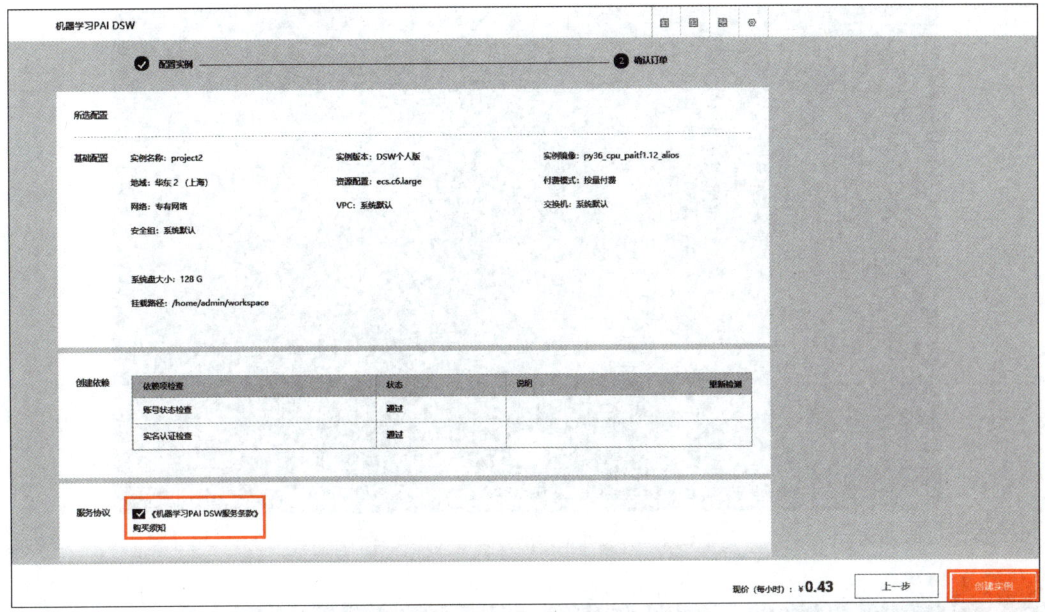

图 3-26　火车站进站闸机模型实例的创建

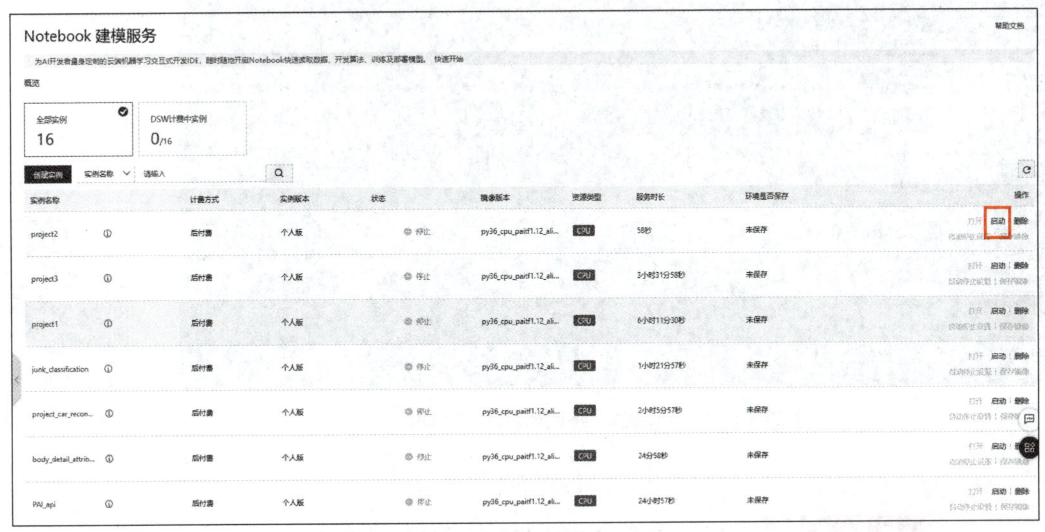

图 3-27　火车站进站闸机模型实例的启动

（4）上传实验图片。如图 3-28 所示，在 PAI 平台 DSW 上，上传本项目需要识别的图片。单击左上角的上传按钮，将本地准备好的图片数据上传。

（5）配置实验代码环境。打开 DSW 实例后，单击界面【other】选项栏下的【terminal】选项，进入命令行界面，分别输入命令“pip install aliyun-python-sdk-core”“pip install aliyun-python-sdk-facebody”“pip install aliyun-python-sdk-ocr”安装阿里云 SDK 核心库、阿里云人体人脸识别 SDK、阿里云文字识别 SDK，如图 3-29 所示。

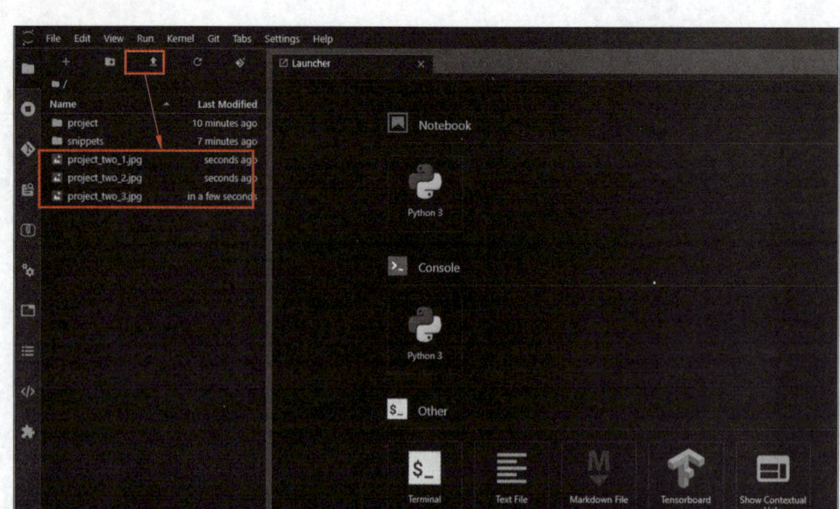

图 3-28　上传火车站进站闸机实践项目图片

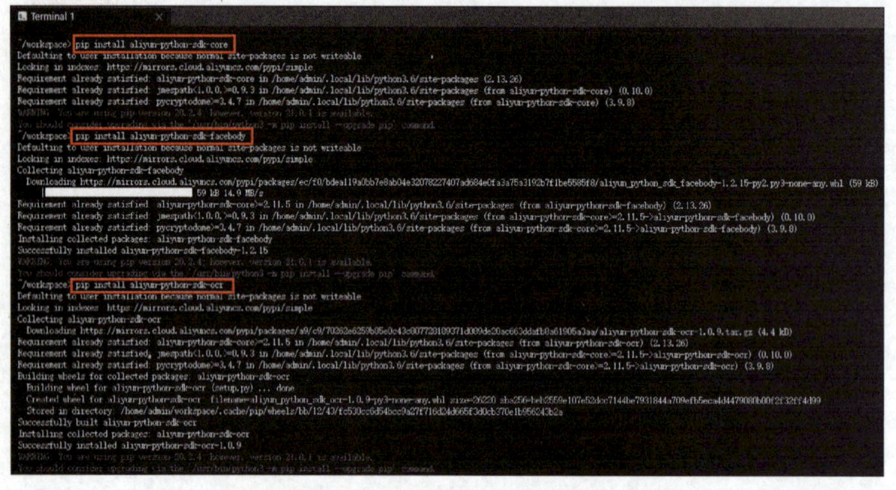

图 3-29　安装火车站进站闸机模型实例的 SDK

PAI-DSW
实例创建过程

任务 3-3　编写火车站进站闸机模型 Python 代码

任务目标

- 了解人脸口罩检测、身份证识别、驾驶证识别、人脸比对 1∶1 API 相关参数。
- 掌握 PAI-DSW 中编写 Python 代码导入包。
- 掌握 PAI-DSW 中编写 Python 代码定义项目变量。

• 掌握 PAI-DSW 中编写 Python 代码上传图片至 OSS 并获取 URL。

• 掌握 PAI-DSW 中编写 Python 调用人脸口罩检测、身份证识别、驾驶证识别、人脸比对 1：1 API。

任务分析

完成了 PAI-DSW 平台环境准备后，本任务正式开始编写火车站进站闸机模型的 Python 代码。与实际场景不同，模拟的进站闸机会通过摄像头获取人脸、身份证、火车票图片数据并交由后台统一识别。然后将识别完成后的数据进行比对，通过比对结果判断是否开放闸机口。本项目模拟的系统会率先识别是否佩戴口罩，将佩戴口罩作为进站的首要条件。

本任务要求在 PAI-DSW 使用 Python 代码调用需要学习的图像及文字识别 API，模拟火车站进站闸机模型的实验功能。

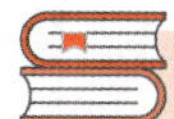

知识准备

本项目主要通过 Python 代码调用阿里云视觉智能开放平台中的 API，实现火车站进站闸机模型的创建，下面介绍与项目相关的 API 的参数。

1. 人脸口罩检测 API

其中，API 识别代码的请求参数，表示了使用该 API 时所需要的参数，如图 3-30 所示。

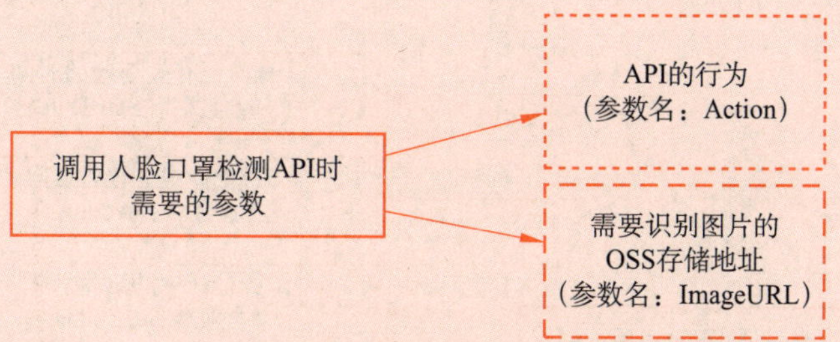

图 3-30　人脸口罩检测 API 的请求参数

API 识别代码的返回数据，表示了使用该 API 后，获得的返回数据及数据的返回形式。如图 3-31 所示。

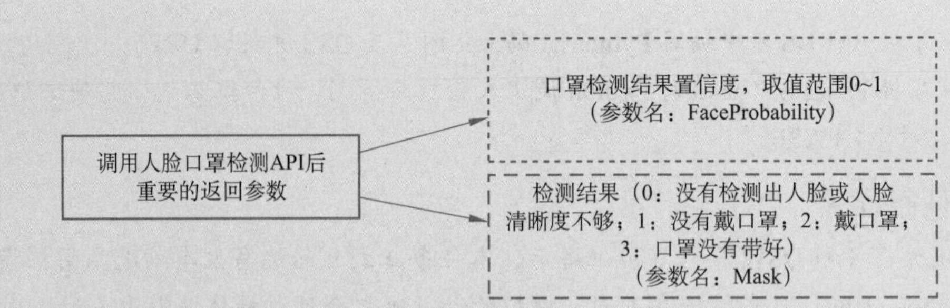

图 3-31　人脸口罩检测 API 的返回数据

2. 身份证识别 API

其中，API 识别代码的请求参数，表示了使用该 API 时所需要的参数，如图 3-32 所示。

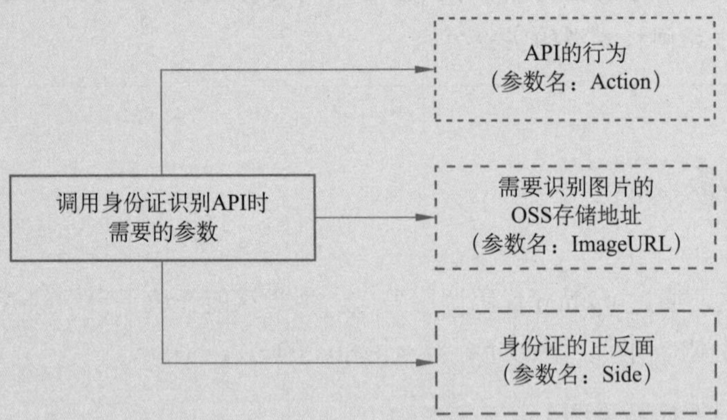

图 3-32　身份证识别 API 的请求参数

API 识别代码的返回数据，表示了使用该 API 后，获得的返回数据及数据的返回形式，如图 3-33 所示。

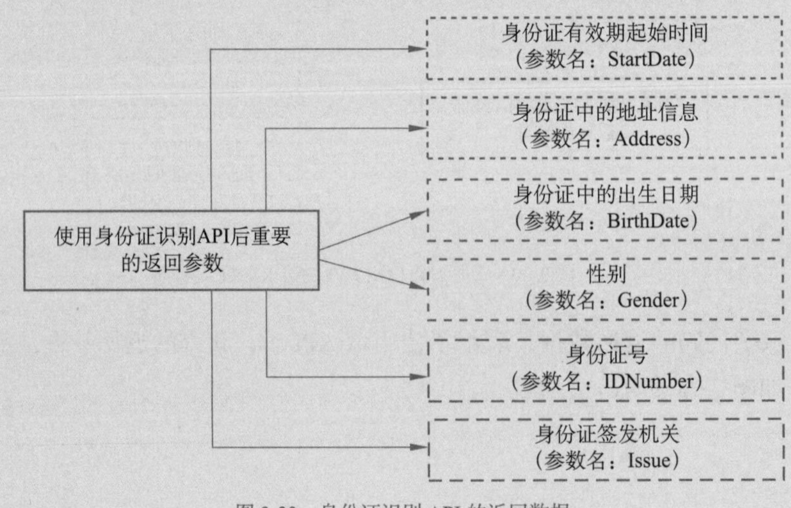

图 3-33　身份证识别 API 的返回数据

3. 火车票识别 API

其中，API 识别代码的请求参数，表示了使用该 API 时所需要的参数，如图 3-34 所示。

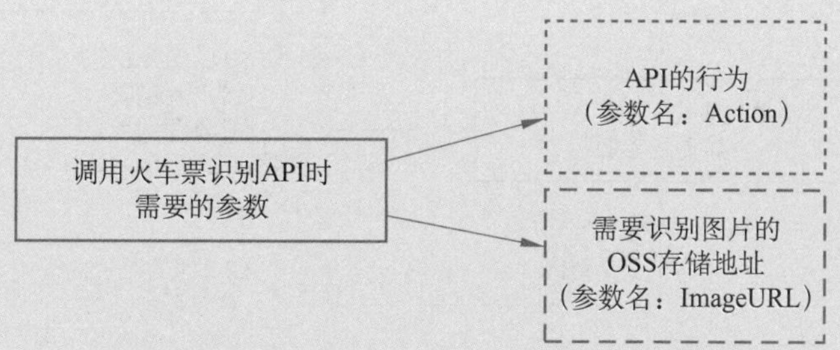

图 3-34　火车票识别 API 的请求参数

API 识别代码的返回数据，表示了使用该 API 后，获得的返回数据及数据的返回形式，如图 3-35 所示。

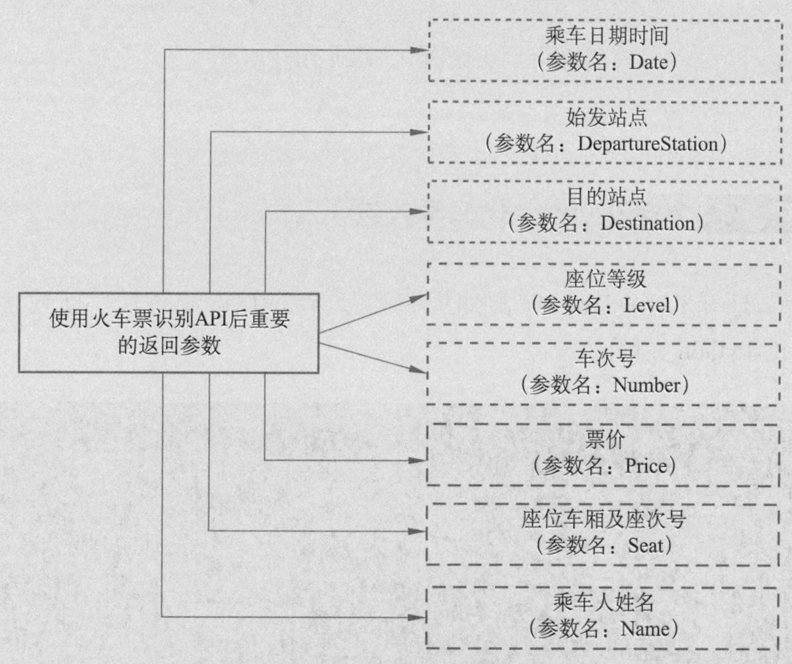

图 3-35　火车票识别 API 的返回数据

4. 人脸比对 1：1 API

其中，API 识别代码的请求参数，表示了使用该 API 时所需要的参数，如图 3-36 所示。

API 识别代码的返回数据，表示了使用该 API 后，获得的返回数据及数据的返回形式，如图 3-37 所示。

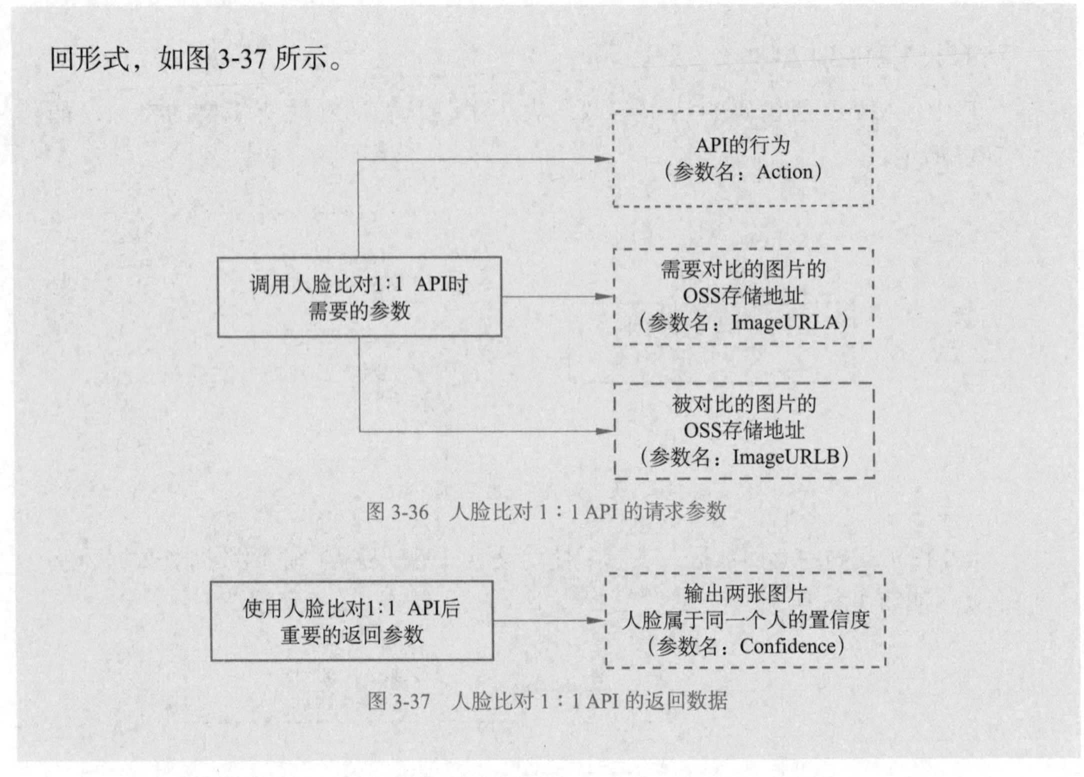

图 3-36 人脸比对 1：1 API 的请求参数

图 3-37 人脸比对 1：1 API 的返回数据

任务 3-3-1 编写 Python 代码导入包

（1）首先打开 PAI-DSW，单击如图 3-38 所示的 Python 图标，新建名为“Train_Recognize”的 Python 文件。

图 3-38 新建项目 Python 文件

（2）打开 Python 文件 Train_Recognize，输入本项目所需导入包的代码，如下代码所示。

```
from aliyunsdkcore.client import AcsClient
from aliyunsdkcore.acs_exception.exceptions import ServerException,
ClientException
from aliyunsdkfacebody.request.v20191230.DetectMaskRequest import
DetectMaskRequest
from aliyunsdkfacebody.request.v20191230.CompareFaceRequest import
CompareFaceRequest
from aliyunsdkocr.request.v20191230.RecognizeIdentityCardRequest import
RecognizeIdentityCardRequest
from aliyunsdkocr.request.v20191230.RecognizeTrainTicketRequest import
RecognizeTrainTicketRequest
import json
import oss2
import cv2
```

其中，第 1 句是导入阿里云核心包；第 2 句是导入阿里云服务器和客户端异常包来判断可能发生的异常情况；第 3 句是导入阿里云人体人脸识别中人脸口罩检测的核心包；第 4 句是导入阿里云人体人脸识别中人脸比对 1∶1 的核心包；第 5 句是导入阿里云文字识别中身份证识别的核心包；第 6 句是导入阿里云文字识别中火车票识别的核心包；第 7 句是导入 JSON 包解析 API 返回数据；第 8 句是导入 OSS2 包，实现对阿里云 OSS 存储的调用；第 9 句是导入 CV2 包，实现实验中图片的相关处理。

任务 3-3-2 编写 Python 代码定义项目变量

完成任务 3-3-1 代码包导入之后，需要定义项目中的变量。如下代码表示本项目所需配置的变量。

```
file_path = []
up_filename = []
file_path.append('./project_two_1.jpg')
file_path.append('./project_two_2.jpg')
file_path.append('./project_two_3.jpg')
endpoint = 'http://oss-cn-shanghai.aliyuncs.com'
access_key_id = 'LTAI4GEAFghc2o6p2452MBua'
access_key_secret = 'E3hW4PRW9sZJ3SNh7k6cY1WrMggFdZ'
bucket_name = 'project-train'
up_filename.append('project_two_1.jpg')
up_filename.append('project_two_2.jpg')
up_filename.append('project_two_3.jpg')
```

其中，第 1 句创建图片文件的本地路径列表，用来存储图片的本地路径；第 2 句创建上传至 OSS 存储中的图片名列表；第 3、4、5 句将人脸、火车票、身份证图片的地址添加进第一句代码创建的列表中；第 6 句定义阿里云使用节点变量；第 7 句创建 access_key_id 变量，其中 access_key_id 是阿里云鉴权、登录 ID；第 8 句创建 access_key_secret 变量，其中 access_key_secret 是阿里云鉴权、登录 secret；第 9 句创建 bucket_name 变量，其中 bucket_name 是 OSS 实例创建的 bucket 名字；第 10、11、12 句将 OSS 中需要上传的图片名称添加到 up_filename 变量中，即目标图片名称。若图片不在 Bucket 根目录，需携带文件访问路径，例如 example/example.jpg。

任务 3-3-3 编写 Python 代码上传图片至 OSS 并获取 URL

（1）完成项目变量的定义后，需要将图片上传至定义的阿里云 OSS 云存储 Bucket 中，并获取该图片的 URL（uniform resource locator，统一资源定位符）。在完成此步骤之前，需要先将实验图片进行处理，缩放图片大小，使其小于上传的上限。下面的代码展示了如何对图片进行缩放处理。

```
def file_resize(img, file_path):
    img_resize = []
    print('原图片1: ' + '长: ' + str(img[0].shape[0]) + '    ' + '宽: ' + str(img[0].shape[1]) + '\n')
    print('原图片2: ' + '长: ' + str(img[1].shape[0]) + '    ' + '宽: ' + str(img[1].shape[1]) + '\n')
    print('原图片3: ' + '长: ' + str(img[2].shape[0]) + '    ' + '宽: ' + str(img[2].shape[1]) + '\n')
    img_resize.append(cv2.resize(img[0], (550, 550),))
    img_resize.append(cv2.resize(img[1], (720, 450),))
    img_resize.append(cv2.resize(img[2], (700, 450),))
    print('改变后图片1: ' + '长: ' + str(img_resize[0].shape[0]) + '    ' + '宽: ' + str(img_resize[0].shape[1])+'\n')
    print('改变后图片2: ' + '长: ' + str(img_resize[1].shape[0]) + '    ' + '宽: ' + str(img_resize[1].shape[1]) + '\n')
    print('改变后图片3: ' + '长: ' + str(img_resize[2].shape[0]) + '    ' + '宽: ' + str(img_resize[2].shape[1]) + '\n')
    cv2.imwrite(file_path[0], img_resize[0])
    cv2.imwrite(file_path[1], img_resize[1])
    cv2.imwrite(file_path[2], img_resize[2])
    return img_resize
```

上述代码自定义了一个 file_resize 方法用来缩放图片。第 1 句定义 file_resize 方法，传入的参数为需要缩放的图片及图片路径；第 2 句定义了一个列表，用来存储处理后的图片；第 3、4、5 句分别输出三张需要上传图片的大小；第 6、7、8 句分别通过 CV2 包中的 cv2.resize 方法对图片进行缩放；第 9、10、11 句分别输出两张图片缩放后的大小；第 12、13、14 句分别通过 CV2 包中的 cv2.imwrite 方法对缩放后的图片原路径进行保存；第 15 句表示返回缩放完成的图像列表。

（2）完成实验图片的缩放后，需要创建 bucket 对象，只有创建了 bucket 对象，才能够通过代码调用 OSS 存储下的 bucket 文件。如下代码展示了如何创建 bucket 对象。

```
auth = oss2.Auth(access_key_id, access_key_secret)
bucket = oss2.Bucket(auth, endpoint, bucket_name)
```

第 1 句实现创建 auth 对象，为 OSS 鉴权、登录；第 2 句实现创建 bucket 对象。

（3）完成实验图片的缩放并创建了 bucket 对象后，需要将图片上传至自定义的阿里云 OSS 云存储 Bucket 中，并获取该图片的 URL。将处理后的实验图片上传至阿里云 OSS 云存储中并获取 URL 的 Python 代码如下。

```
def Up_file_return_URL(bucket, up_filename, file_path, style = 'image'):
    url = []
    try:
        bucket.put_object_from_file(up_filename[0], file_path[0])
        bucket.put_object_from_file(up_filename[1], file_path[1])
        bucket.put_object_from_file(up_filename[2], file_path[2])
        print('上传成功\n')
        url.append(bucket.sign_url('GET', up_filename[0], 10 * 60, 
params={'x-oss-process': style}))
        url.append(bucket.sign_url('GET', up_filename[1], 10 * 60, 
params={'x-oss-process': style}))
        url.append(bucket.sign_url('GET', up_filename[2], 10 * 60, 
params={'x-oss-process': style}))
    except:
        print('上传失败\n')
        pass
    return url
```

上述代码自定义了一个 Up_file_return_URL 方法用来获取上传至 OSS 后图片生成的 URL。第 1 句定义 Up_file_return_URL 方法，传入的参数为创建的 bucket 对象、上传至 OSS 中的图片名称、图片的路径、后续生成 URL 所需要的参数；第 2 句定义列表变量储存图片获取到的 URL；第 3 句采用 try 语句尝试上传实验图片，接收服务器异常；第 4、5、6 句分别向创建完成的 OSS 中上传实验图片；第 7 句打印上传成功的标志；第 8、9、10 句分别生成实验图片带签名的 URL，并指定过期时间为 10 分钟（过期时间单位为秒）。第 11 句表示如果上传失败，执行下面程序；第 12 句打印上传失败的标志；第 13 句继续执行；第 14 句返回图片的 URL。

任务 3-3-4 识别进站人员身份证、火车票以及是否佩戴口罩信息

（1）在获取到实验图片的 URL 之后，就可以调用相应 API 来识别实验图片信息。但在调用相应 API 之前，需要先申请授权 API 调用。如何授权 API 调用的 Python 代码如下。

```
client = AcsClient(access_key_id, access_key_secret, 'cn-shanghai')
```

（2）申请授权 API 调用之后，就可以调用身份证识别、火车票识别、人脸口罩检测 API，来识别进站人员身份证、火车票、是否佩戴口罩信息，从而完成火车站进站闸机人员信息采集的第一步。调用身份证识别、火车票识别、人脸口罩检测 API 的 Python 代码如下。

```
request_Mask = DetectMaskRequest()
request_people_ID = RecognizeIdentityCardRequest()
request_train_ID = RecognizeTrainTicketRequest()
request_Mask.set_accept_format('json')
request_people_ID.set_accept_format('json')
request_people_ID.set_Side(“face”)
request_train_ID.set_accept_format('json')
request_Mask.set_ImageURL(url[0])
request_people_ID.set_ImageURL(url[1])
request_train_ID.set_ImageURL(url[2])
response_Mask = client.do_action_with_exception(request_Mask)
response_people_ID = client.do_action_with_exception(request_people_ID)
response_train_ID = client.do_action_with_exception(request_train_ID)
```

其中，第 1 句调用人脸口罩检测 API；第 2 句调用身份证识别 API；第 3 句调用火车票识别 API，第 4 四句定义人脸口罩检测 API 的数据返回形式为 JSON 形式；第 5 和第 6 句分别定义了身份证识别 API 的数据返回形式为 JSON 形式，以及身份证识别正反面参数；第 7 句定义了火车票识别 API 的数据返回形式为 JSON 形式；第 8、9、10 句分别对应三种 API 上传图片的 URL；第 11、12、13 句向阿里云对应 API 发起请求并得到返回结果。

（3）完成身份证识别、火车票识别、人脸口罩检测 API 的调用后，需要将对应 API 的返回结果进行解析，分离出有效信息。查看身份证识别、火车票识别、人脸口罩检测 API 的返回结果的 Python 代码如下。

```
response_Mask_dict = json.loads(response_Mask)
response_people_ID_dict = json.loads(response_people_ID)
response_train_ID_dict = json.loads(response_train_ID)
if (response_Mask_dict['Data']['Mask'] == 0):
  print('没有检测出该乘客人脸，或该乘客人脸清晰度不够！！！' + '\n')
elif (response_Mask_dict['Data']['Mask'] == 1):
```

```
    print('检测出该乘客没有戴口罩！！！' + '\n')
elif (response_Mask_dict['Data']['Mask'] == 2):
    print('检测出该乘客戴口罩！！！' + '\n')
else:
    print('检测出该乘客口罩没有带好！！！' + '\n')
print('姓名：' + str(response_people_ID_dict['Data']['FrontResult']
['Name']))
print('性别：' + str(response_people_ID_dict['Data']['FrontResult']
['Gender']))
print('民族：' + str(response_people_ID_dict['Data']['FrontResult']
['Nationality']))
print('身份证号：' + str(response_people_ID_dict['Data']['FrontResult']
['IDNumber']))
b = str(str(response_people_ID_dict['Data']['FrontResult']['BirthDate']))
[0:4]
c = str(str(response_people_ID_dict['Data']['FrontResult']['BirthDate']))
[4:6]
d = str(str(response_people_ID_dict['Data']['FrontResult']['BirthDate']))
[6:]
print('出生日期：' + '{0}年{1}月{2}日'.format(b, c, d))
print('地址信息：' + str(response_people_ID_dict['Data']['FrontResult']
['Address']) + '\n')
print('终点站为：' + str(response_train_ID_dict['Data']['Destination']))
print('车厢号为：' + str(response_train_ID_dict['Data']['Seat']))
print('列车号为：' + str(response_train_ID_dict['Data']['Number']))
print('票价为：' + str(response_train_ID_dict['Data']['Price']))
print('座位等级为：' + str(response_train_ID_dict['Data']['Level']))
print('火车出发时间为：' + str(response_train_ID_dict['Data']['Date']))
print('乘客姓名为：' + str(response_train_ID_dict['Data']['Name']))
print('始发站为：' + str(response_train_ID_dict['Data']
['DepartureStation']) + '\n')
```

第 1、2、3 句分别是将人脸口罩检测、身份证识别、火车票识别 API 返回的 JSON 格式的数据转化为字典格式；第 4～11 句通过条件语句解析人脸口罩检测 API 返回的结果。第 12～19 句使用 print 输出语句，解析身份证识别 API 返回的结果。第 20～27 句同样使用 print 输出语句，解析火车票识别 API 返回的结果。最终得到进站旅客人脸、身份证、火车票三个方面的基本信息，完成识别进站人员身份证、火车票以及是否佩戴口罩信息的基本功能。

任务 3-3-5 对比进站人员人脸与身份证信息并判断是否开放闸机

火车站的进站闸机检测不仅要通过硬件读卡器检测出乘客的身份证信息以及火车票

信息，更重要的是判断是否是乘客本人乘坐本次列车。这就需要用身份证上留存的照片信息，与现场摄像头拍的照片进行 1∶1 人脸识别，以确保乘客身份信息正确且为本人乘车。

（1）完成进站人员身份证、火车票、是否佩戴口罩信息检测后，需要添加人脸比对 1∶1 API，将身份证数据库中留存的照片信息和采集到的人脸进行对比。并结合乘客人脸、身份证、火车票识别出的三个方面基本信息，完成火车站进站闸机模型项目代码编写。人脸比对 1∶1 API 的 Python 调用代码与其他 API 的不同之处如下（相应的 OSS 的授权、图片的上传、URL 的获取、API 返回值的获取方法与项目 3 任务 3-3-3 和任务 3-3-4 代码一致，不再赘述）。

```
from aliyunsdkfacebody.request.v20191230.CompareFaceRequest import
CompareFaceRequest
request_face_compare = CompareFaceRequest()
response_face_compare_dict = json.loads(response_face_compare)
print('同一个人的概率为：'+ str(response_face_compare_dict['Data']
['Confidence']))
```

第 1 句导入阿里云人脸人体识别中人脸比对 1∶1 API 的核心包；第 2 句调用阿里云人脸比对 1∶1 API；第 3 句将人脸比对 1∶1 API 返回的 JSON 格式的数据转化为字典的形式；第 4 句解析人脸比对 1∶1 API 的返回结果。

（2）完成人脸比对 1∶1 API 返回结果解析后，下面部分代码将展示通过 Python 条件语句对比进站人员人脸与身份证信息，返回乘客身份检测结果。

```
if(response_face_compare_dict['Data']['Confidence'] >= 70):
  print('乘客身份核实成功！！！' + '\n')
else:
  print('乘客身份核实失败！！！' + '\n')
```

通过项目 3 任务 3-3-4 主要学习如何检测乘客人脸、身份证、火车票三个方面基本信息。实际情况是要基于硬件设备读取的信息，通过对比进站人员人脸与身份证信息的一致性，判断乘客身份是否属实，再判断乘客是否可以通过闸机。

（3）在 PAI-DSW 中编写完整代码，如图 3-39 所示。

（4）单击图 3-39 中的▶按钮，得出如图 3-40 所示的结果。

本任务结果是基于实验数据的模拟识别结果，真实场景中识别出的结果如果是允许通过，则计算机将信息发送给闸机的控制部分，开启闸机；如果由于信息不匹配给出不允许通过的结果，则通过蜂鸣器和语音提示等方法告知乘客和工作人员，可以提示重复操作或进行人工核验。

火车站进站闸机检测项目运行过程

以上任务实现详见电子实验手册（中级）“实验 3 利用 PAI 平台建立火车站进站闸机模型”中步骤 1（火车站进站闸机模型及应用部署的 PAI-DSW 实现步骤）中的（5）～（16）。

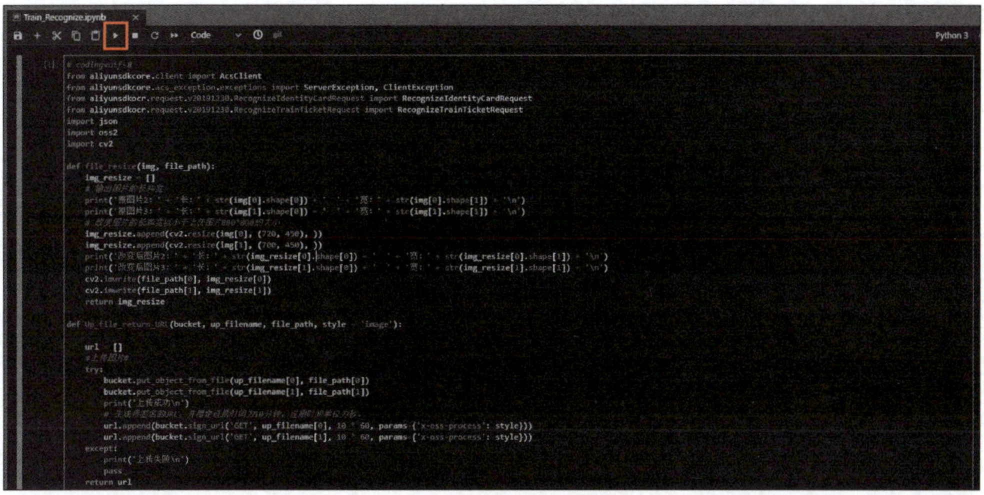

```
# coding=utf-8
from aliyunsdkcore.client import AcsClient
from aliyunsdkcore.acs_exception.exceptions import ServerException, ClientException
from aliyunsdkocr.request.v20191230.RecognizeIdentityCardRequest import RecognizeIdentityCardRequest
from aliyunsdkocr.request.v20191230.RecognizeTrainTicketRequest import RecognizeTrainTicketRequest
import json
import oss2
import cv2

def file_resize(img, file_path):
    img_resize = []
    # 输出图片的长和宽
    print('原图片2: ' + '长: ' + str(img[0].shape[0]) + '  ' + '宽: ' + str(img[0].shape[1]) + '\n')
    print('原图片3: ' + '长: ' + str(img[1].shape[0]) + '  ' + '宽: ' + str(img[1].shape[1]) + '\n')
    # 改变图片的长宽或缩小于上传图片800*800的大小
    img_resize.append(cv2.resize(img[0], (720, 450), ))
    img_resize.append(cv2.resize(img[1], (700, 450), ))
    print('改变后图片2: ' + '长: ' + str(img_resize[0].shape[0]) + '  ' + '宽: ' + str(img_resize[0].shape[1]) + '\n')
    print('改变后图片3: ' + '长: ' + str(img_resize[1].shape[0]) + '  ' + '宽: ' + str(img_resize[1].shape[1]) + '\n')
    cv2.imwrite(file_path[0], img_resize[0])
    cv2.imwrite(file_path[1], img_resize[1])
    return img_resize

def Up_file_return_URL(bucket, up_filename, file_path, style = 'image'):

    url = []
    #上传图片#
    try:
        bucket.put_object_from_file(up_filename[0], file_path[0])
        bucket.put_object_from_file(up_filename[1], file_path[1])
        print('上传成功\n')
        # 生成带签名的URL，并指定过期时间为10分钟。过期时间单位为秒。
        url.append(bucket.sign_url('GET', up_filename[0], 10 * 60, params={'x-oss-process': style}))
        url.append(bucket.sign_url('GET', up_filename[1], 10 * 60, params={'x-oss-process': style}))
    except:
        print('上传失败\n')
        pass
    return url
```

图 3-39　运行火车站进站闸机实例

```
原图片1: 长: 550  宽: 550

原图片2: 长: 450  宽: 720

原图片3: 长: 450  宽: 700

改变后图片1: 长: 550  宽: 550

改变后图片2: 长: 450  宽: 720

改变后图片3: 长: 450  宽: 700

上传成功

检测出该乘客有戴口罩！！！

姓名: 张
性别: 男
民族: 汉
身份证号: 310228
出生日期: 1996年
地址信息: 浙江省杭州市

终点站为: 天津
车厢号为: 19车043号
列车号为: K1082
票价为: 323
座位等级为: 新空调硬座
火车出发时间为: 2016年06月06日23:08
乘客姓名为: 田
始发站为: 乌鲁木齐南

同一个人的概率为: 3.526603937149048
乘客身份核实失败！！！
```

图 3-40　运行火车站进站闸机实例结果

项目总结

本项目通过 PAI-DSW 平台以 Python 代码的编写形式，完整地讲述了火车站进站闸机人员检测相关的图像和文字识别技术。在项目搭建的过程中，向读者讲述了阿里云 OSS 的创建，PAI-DSW 的创建、上传文件、编写 Python 代码和执行文件等相关操作，最后在 PAI-DSW 上运行出火车站进站闸机模型项目的实验结果。项目按照模拟的火车站进站闸机的工作方式，将整个项目 Python 代码分解成若干小段，由浅入深地讲解了如何通过编写 Python 代码将人脸口罩检测 API、身份证识别 API、火车票识别 API、人脸比对 1：1 API 等多个能力统一调度、配合，以最终完成项目实验要求。本项目较上一个项目的难度有所增加，既锻炼了读者的 OSS 实例创建、PAI-DSW 基本环境的准备这些必备技能，也提升了 Python 代码的基本编写能力。对读者来说，重点是学习如何使各个 API 之间有合理的顺序和内在逻辑，是开发复杂的综合性项目的基础。

练习题

1.（多选题）数据标注的类型通常包括（　　）。

A. 图像标注　　B. 语音标注

C. 文本标注　　D. 视频标注

2.（单选题）cv2.imwrite 方法的作用是（　　）。

A. 读取图像　　B. 显示图像

C. 保存图像　　D. 复制图像

3.（多选题）使用爬虫在互联网上搜集数据时，请求得到的 HTML 文档要使用网页解析器进行解析，下列属于网页解析器的是（　　）。

A. re　　B. Requests

C. Xpath　　D. Ajax

4.（多选题）一般地，原始数据需要做相应的数据预处理才能使用，下列属于文本数据预处理方法的是（　　）。

A. 文本清洗　　B. 预加重与去加重

C. 分帧与加窗　　D. 特征提取

5.（判断题）根据奈奎斯特采样定理进行重采样，保证语音中的所有信息发送到特征识别环节，以上属于语音数据预处理里的预加重与去加重。（　　）

项目4

数据分析及人工智能应用的实现——以旅游景点人流车流检测场景为例

项目概述

1. 项目背景

智能交通系统是将先进的数据通信传输技术、电子传感技术、控制技术、大数据技术及人工智能技术等有效地集成并运用于交通系统的综合性应用系统。其目标在于提高交通运输效率，保障交通安全，缓解交通拥堵，减少空气污染。智能交通系统对于数据模型、数据挖掘处理技术的运用实现了智慧交通的系统性、实时性，信息交流的交互性以及服务的广泛性。

疫情期间，国内旅游景点普遍限制游客数量并采用预约方式，为了保证旅游的质量以及游客的安全，可以对景区人流量进行实时检测，在超出限制时，向旅客发出错峰游览的提示信息，以预防景区内安全隐患的发生。同时，旅游景区道路也常常不堪重负，为了减轻堵车现象发生，许多导航App在规划行程时，用红色、黄色、绿色区分标注出道路的拥挤程度。人们可以提前通过地图导航App软件了解道路拥堵状况，选择绕开拥堵路段，地图导航App是通过汇总当前道路车流量检测结果，判断当前道路不同路段车流量大小，利用不同颜色对当前道路进行标注。

2. 项目架构

本项目以PAI-DSW为实验平台，通过Python程序代码调用阿里云视觉智能开放平台中的相关API，从人体检测和机动车检测两个方面出发，模拟上述场景中旅游景点人流车流检测。向景点游客提示拥挤人群和堵车道路的精确位置，以此来预防旅游景点安全隐患和堵车情况的发生。最后，分别通过 Excel 和阿里云 Quick BI 工具绘图展示一段时间内的人流量和车流量的变化趋势，通常 Excel 可以在离线模式下完成数据可视化，而 Quick BI 支持在线模式下的数据可视化。

3. 项目知识

本项目的重点是学习数据分析和数据可视化方法，即调用 SDK 识别大量图片后，将获得的数据信息进行分析和可视化展示。涉及的知识内容包括任务 4-1 中的数据清洗方法；任务 4-2 中的利用 Python 调用阿里 SDK 包的方法；任务 4-3 中的人体检测、机动车检测 API 关键参数知识；任务 4-4 中使用 Excel 和 Quick BI 对数据进行可视化展示的方法。

学习目标

1. 知识目标

- 了解人流车流检测项目数据的基本要求。
- 了解人体检测、机动车检测 API 的 Python 调用原理。
- 重点了解 Excel 和 Quick BI 进行数据可视化的基础知识。

2. 技能目标

- 能够在 PAI-DSW 中编写 Python 代码调用人体检测、机动车检测 API。
- 能够使用 Excel 和 Quick BI 进行数据分析及可视化展示。

项目导图

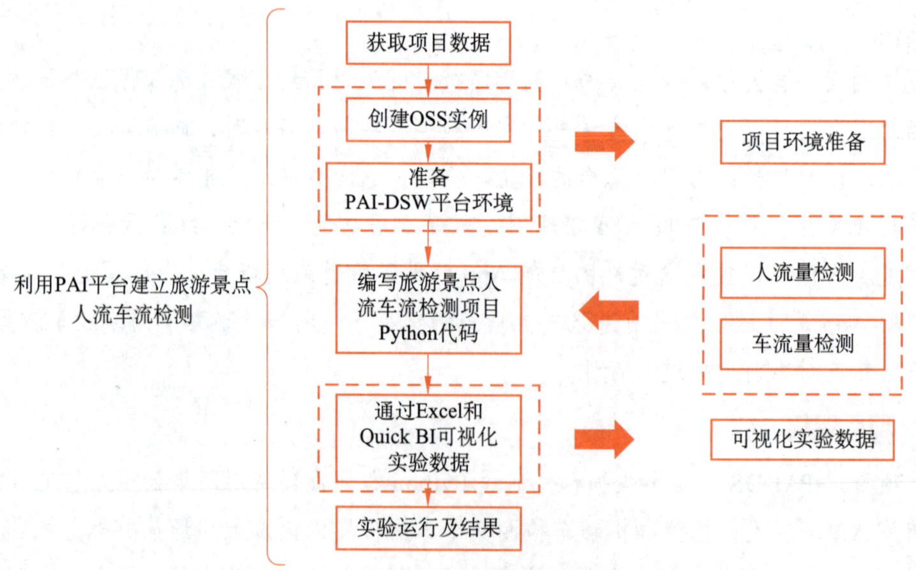

任务 4-1 人流车流检测数据的清洗

任务目标

- 了解旅游景点人流检测项目所需实验数据要求。
- 了解数据清洗的种类及相关代码。
- 掌握获取旅游景点人流检测项目数据的基本步骤。
- 了解人流车流检测项目中阿里云 OSS 存储实例创建的过程。

任务分析

在互联网上收集一些包括行人、车流的数据，存储于本地用于本任务的实验数据。选取大小适中、图像清晰的开源图片，行人、车流图片各一张。

本任务需要在 PAI-DSW 中编写 Python 代码将图片上传至阿里云 OSS 存储中，并调用阿里云 OSS 中的图片数据。因此，需要创建项目对应的阿里云 OSS 实例。

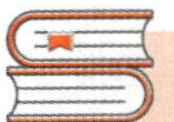

知识准备

获取到人流量、车流量的数据后，需要对数据进行预处理，相关预处理的方法在项目 3 中已有介绍。采集完成的人流车流图片数据被识别后，输出的结果以表格形式存储，用于后续处理。但是在这些表格数据中，仍会出现无法识别的数据。如图 4-1 所示，在获取到的车流数据中，日期记录的格式如果不进行约定和统一，就有可能无法识别其中的符号。

因此，在使用这些数据之前，还需要对表格数据进行数据清洗。使用 Python 代码对表格进行数据清洗有以下几种方法。

```
time,volumn
2018/1/18 0:30,514
2018/1/18 0:35,490
2018/1/18 0:40,444
2018/1/18 0:45,467
2018/1/18 0:50,483
2018/1/18 0:55,467
2018/1/18 1:00,511
2018/1/18 1:05,473
2018/1/18 1:10,550
2018/1/18 1:15,723
2018/1/18 1:20,821
2018/1/18 1:25,778
```

图 4-1 获取到的车流数据示例

1. 读取数据并查看数据结构

Python 程序语言读取 Excel 文件的函数有 read_excel()，也常用 read_csv() 读取 csv 文件。

读取数据并查看数据结构代码如图 4-2 所示。

```
[7]: import numpy as np
     import pandas as pd

     data = pd.read_csv('./data.csv',encoding='utf-8')
     data.head()
```

图 4-2　读取数据并查看数据结构代码

如图 4-2 所示代码可以对刚读入数据的基本结构进行检查，Python 编程语言提供了 head() 方法打印输出前 5 行数据，目的是对读入的数据有一个大致的了解。图 4-2 代码输出结果如图 4-3 所示。

	time	volumn
0	2018/1/18 0:30	514.0
1	2018/1/18 0:35	490.0
2	2018/1/18 0:40	444.0
3	2018/1/18 0:45	467.0
4	2018/1/18 0:50	483.0

图 4-3　读取数据的基本结构

如果拿到的数据没有列头，Python 编程语言读取 csv 文件提供的列头参数。那么就可以通过手动设置列头参数来读取 csv 文件，代码如图 4-4 所示，其输出结果如图 4-5 所示。

```
[8]: # 增加列头
     column_names= ['time', 'volumn']
     df = pd.read_csv('./data.csv', names = column_names)
     print(df.head())
```

图 4-4　增加列头代码

	time	volumn
0	time	volumn
1	2018/1/18 0:30	514
2	2018/1/18 0:35	490
3	2018/1/18 0:40	444
4	2018/1/18 0:45	467

图 4-5　增加表列头

2. 用默认值填充缺失值

用默认值填充缺失值的一种常见方法是用一个字符串填充缺少的值。例如，可

以使用 .fillna('missing') 将所有缺失值替换为 missing，如图 4-6 所示。

```
[25]: # volumn [illegible]
      data['volumn'] data['volumn'].fillna('missing')
      data.head(30)
```

图 4-6　填充默认值为 missing

输出结果如图 4-7 所示。

12	2018/1/18 1:30	1039
13	2018/1/18 1:35	missing
14	2018/1/18 1:40	1000
15	2018/1/18 1:45	962
16	2018/1/18 1:50	111
17	2018/1/18 1:55	889
18	2018/1/18 2:00	878
19	2018/1/18 2:05	849
20	2018/1/18 2:10	1094
21	2018/1/18 2:15	1035
22	2018/1/18 2:20	missing
23	2018/1/18 2:25	1011

图 4-7　字符串填充默认值

也可以使用任一个数字代替默认值，如使用 0 替代默认值，如图 4-8 所示。输出结果如图 4-9 所示。

```
[29]: # volumn [illegible]
      data['volumn'] data['volumn'].fillna(0)
      data.head(30)
```

图 4-8　填充默认值为数字

3. 默认值删除

直接将默认值所在行删除，这种方式比填充默认值更简单，但是会损失部分不必要损失的数据。例如，某一行有 10 列数据，其中，只有 1 列数据缺失，删除行操作会损失其他 9 列数据。除了删除所有缺失值所在行以外，也可以指定删除某列的缺失值，如图 4-10 所示。

如图 4-10 所示的代码中，subset 参数决定想要检查的列。如果想要检查多个列，可以使用列名的列表形式作为参数。输出结果如图 4-11 所示。

12	2018/1/18 1:30	1039.0
13	2018/1/18 1:35	0.0
14	2018/1/18 1:40	1000.0
15	2018/1/18 1:45	962.0
16	2018/1/18 1:50	111.0
17	2018/1/18 1:55	889.0
18	2018/1/18 2:00	878.0
19	2018/1/18 2:05	849.0
20	2018/1/18 2:10	1094.0
21	2018/1/18 2:15	1035.0
22	2018/1/18 2:20	0.0
23	2018/1/18 2:25	1011.0

图 4-9　自定义数字填充默认值

```
[42]:
      data data.dropna()

      data data.dropna(subset=['volumn'])
      data.head(30)
```

图 4-10　默认值删除

12	2018/1/18 1:30	1039.0
14	2018/1/18 1:40	1000.0
15	2018/1/18 1:45	962.0
16	2018/1/18 1:50	111.0
17	2018/1/18 1:55	889.0
18	2018/1/18 2:00	878.0
19	2018/1/18 2:05	849.0
20	2018/1/18 2:10	1094.0
21	2018/1/18 2:15	1035.0
23	2018/1/18 2:25	1011.0

图 4-11　行删除

为了防止过多不必要的数据浪费，可以在进行默认值删除操作时增加一些限制。删除空行，也就是删除一整行的值都为 NA 的数据，如图 4-12 所示。

```
data.dropna(how='all')
```

图 4-12　删除空行

在一行中至少有几个非空值数据才可以保留此行，而不用被删掉。参数 thresh 表示行数据中最少含非空值数据的个数。在下面的例子中，一行数据中至少要有 5 个非空值才不会被删除，如图 4-13 所示。

图 4-13 删除空行（非空值 =5）

4. 重复数据移除

数据采集过程中由于各种原因数据可能会有重复值，通过 duplicated() 方法可以判断是否有重复值，如图 4-14 所示。

```
[50]: #判断重复值
      data.duplicated()
```

图 4-14 判断重复值代码

当前值与之前值相同时判断为 True，与之前所有值都不相同则判断为 False，输出结果如图 4-15 所示。

通过 drop_duplicates() 方法删除相同项，如图 4-16 所示。

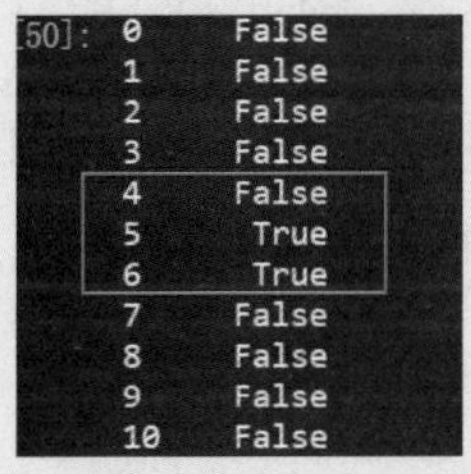

图 4-15 相同值判断

图 4-16 删除相同项

输出结果如图 4-17 和图 4-18 所示。

[56]:

	time	volumn
0	2018/1/18 0:30	514.0
1	2018/1/18 0:35	490.0
2	2018/1/18 0:40	444.0
3	2018/1/18 0:45	467.0
4	2018/1/18 0:50	483.0
5	2018/1/18 0:50	483.0
6	2018/1/18 0:50	483.0
7	2018/1/18 0:55	467.0
8	2018/1/18 1:00	511.0
9	2018/1/18 1:05	473.0
10	2018/1/18 1:10	550.0

图 4-17 相同数据删除前

[57]:

	time	volumn
0	2018/1/18 0:30	514.0
1	2018/1/18 0:35	490.0
2	2018/1/18 0:40	444.0
3	2018/1/18 0:45	467.0
4	2018/1/18 0:50	483.0
7	2018/1/18 0:55	467.0
8	2018/1/18 1:00	511.0
9	2018/1/18 1:05	473.0
10	2018/1/18 1:10	550.0

图 4-18 相同数据删除后

在实际场景中，旅游景点人流量、车流量检测，需要通过道路摄像头拍摄人流车流视频，上传到后台进行帧识别，最终得出识别结果。视频的每一帧，就相当于一张图片。因此，可以通过识别人流车流的图片对实际场景进行模拟。本项目可以尝试在互联网上收集一些旅游景点人流车流的图片数据。可以将搜集到的数据制作成数据集，并在后面的实验项目中使用。

获取本项目数据的步骤与项目 3 的步骤相同，都拥有发送请求、获取响应、解析内容和保存数据这 4 步。除了在互联网上搜集相应的数据外，还可以通过查询开放数据源来搜集数据。开放数据源一般是针对行业的数据库。如果想找交通领域的数据源，可以查询政府、高校、企业是否有开放的数据源，也可以直接用搜索引擎检索交通开放数据源。实际上，很多研究都是基于开放数据源进行的，相同的数据集更能对比出分析算法的好坏。

如图 4-19 所示是采集用于车辆检测数据的图片示例，用于做机动车目标检测。

本项目以 PAI-DSW 为实验平台，编写 Python 程序代码调用阿里云视觉智能开放平台中的相关 API，从人体检测、机动车检测两个方面出发，模拟上述项目中旅游景点人流车流检测的关键功能。

本项目模拟场景中，人流和车流的信息来源都以图片数据为主，可以通过以下几个步骤完成实验数据的准备。

（1）将收集的人流和车流图片保存至本地文件夹内。

（2）选取图像清晰、大小适中的两张图片，一张为人流量图片、一张为车流量图片。本项目所用到的景点入口处的图片如图 4-20 所示，道路车流量的图片如图 4-21 所示。

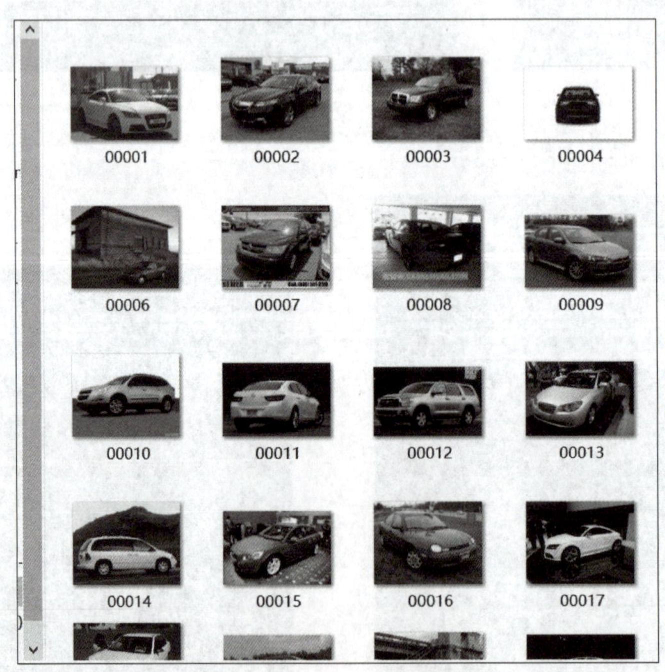

图 4-19　机动车综合数据集示例

图 4-20 景点入口处人流量图片示例

图 4-21 道路车流量图片示例

在识别到人流和车流数据后，需要将获取到的数据做成数据集，以方便在后面机器学习模型训练中使用。

与项目 3 相同，需要先创建阿里云 OSS 实例，第一步是开通阿里云 OSS 服务。按照项目 3 开通步骤进行开通并完成实例创建，这里不再赘述。

任务 4-2 为人流车流检测项目准备 PAI-DSW 平台环境

任务目标

- 掌握人流车流检测项目中 PAI-DSW 实例创建的过程。
- 掌握人流车流检测项目中 PAI-DSW 图片上传步骤。
- 掌握人流车流检测项目中 PAI-DSW 代码环境配置过程。

任务分析

根据项目导图，在完成了 OSS 存储实例创建后，需要准备最后一个项目环境，即准备 PAI-DSW 平台环境。在准备 PAI-DSW 平台环境的任务中，需要完成 PAI-DSW 实例的创建、启动、上传实验图片及配置实验代码环境这 4 个步骤。

知识准备

本项目通过编写 Python 代码的方式调用阿里云视觉智能开放平台中的人体检测、机动车检测 API。使用阿里云 SDK（software development kit，软件开发包），可以方便编写 Python 代码调用阿里云 API，但是在使用之前需要安装相应的阿里云 Python SDK。阿里云 SDK 提供 Java、Python、PHP 等多种编程语言的 SDK。在线调用 API 和动态生成 SDK 的区别主要是调用 API 可以实现一种特定功能，而动态生成 SDK 可以是多个功能的集合。

（1）根据需要的 SDK 进行下载或者参考安装命令，如图 4-22 所示。

n SDK 使用说明 >>

对象存储 OSS	2.4.0	历史版本 ▲	前往下载
SDK核心库	2.6.0	历史版本 ▼	源码GitHub
		PIP安装命令：pip install aliyun-python-sdk-core	
云服务器	4.9.0	历史版本 ▼	源码GitHub
		PIP安装命令：pip install aliyun-python-sdk-ecs	
CDN	2.6.3	历史版本 ▼	源码GitHub
		PIP安装命令：pip install aliyun-python-sdk-cdn	
阿里云关系型数据库	2.1.3	历史版本 ▼	源码GitHub
		PIP安装命令：pip install aliyun-python-sdk-rds	
云监控	5.0.8	历史版本 ▼	源码GitHub
		PIP安装命令：pip install aliyun-python-sdk-cms	

图 4-22 Python SDK 相关安装命令

（2）读者可以在本地或者 DSW 中下载需要用到的 SDK。在命令窗口中进行下载和安装的方法如图 4-23 所示。

（3）在命令窗口输入相应安装命令，如图 4-24 所示。

图 4-23　在命令窗口中下载和安装 SDK

图 4-24　在命令窗口中安装阿里云 SDK 核心库

```
pip install aliyun-python-sdk-core # 安装阿里云 SDK 核心库
pip install aliyun-python-sdk-ecs # 安装管理 ECS 的库
```

（4）安装阿里云 SDK 核心库成功界面如图 4-25 所示。

```
>\site-packages (from cryptography<3.3,>=2.9.2->aliyun-python-sdk-core) (1.14.0)

Requirement already satisfied: six>=1.4.1 in c:\programdata\anaconda3\lib\site-p
ackages (from cryptography<3.3,>=2.9.2->aliyun-python-sdk-core) (1.15.0)
Requirement already satisfied: pycparser in c:\programdata\anaconda3\lib\site-pa
ckages (from cffi!=1.11.3,>=1.8->cryptography<3.3,>=2.9.2->aliyun-python-sdk-cor
e) (2.20)
Building wheels for collected packages: aliyun-python-sdk-core
  Building wheel for aliyun-python-sdk-core (setup.py) ... done
  Created wheel for aliyun-python-sdk-core: filename=aliyun_python_sdk_core-2.13
.30-py3-none-any.whl size=532934 sha256=426f62e774847a1e2ba554ead98d1aa30b9c06b5
17499dee9b98dfb6a080e69a
  Stored in directory: c:\users\administrator\appdata\local\pip\cache\wheels\8e\
73\bf\c04d90c656eda1a8bde0ee81f40ed89ad6a76c1bea24ac7837
Successfully built aliyun-python-sdk-core
Installing collected packages: jmespath, aliyun-python-sdk-core
Successfully installed aliyun-python-sdk-core-2.13.30 jmespath-0.10.0

(base) C:\Users\Administrator>_




微软拼音 半 :
```

图 4-25　安装阿里云 SDK 核心库成功界面

本任务介绍创建并启动 PAI-DSW 实例（创建人流车流预测的 PAI-DSW 实例并启动），上传实验需要的图片，配置实验代码环境，为项目进行环境准备步骤如下。

（1）按照附录 1 的链接登录阿里云官网，依次选择【产品】→【人工智能】→【机器学习平台 PAI】标签，然后单击【前往控制台】按钮，选择左侧选项栏【模型开发和训练】下的【交互式建模 DSW】标签，然后单击【Notebook 建模服务】下的【创建实例】按钮，填写实例名称 project 3，然后按照配置参数进行选择，最后单击【确认订单】按钮。

（2）在【确认订单】后的界面勾选【服务协议】处的【机器学习 PAI-DSW 服务条款】复选框，然后单击右下角的【创建实例】按钮。

（3）启动本项目人流车流预测的实例。上述步骤与项目 3 的内容相似，这里不再赘述。

（4）上传实验图片：如图 4-26 所示，在 PAI 平台 DSW 上，上传准备好的图片数据（即本次项目需要识别的人流和车流图片）。单击左上角的上传按钮，将本地准备好的图片数据上传。

（5）配置实验代码环境。打开 DSW 实例后，单击打开界面的【other】选项栏下的【terminal】选项，打开命令行界面后分别输入“pip install aliyun-python-sdk-core”“pip install aliyun-python-sdk-facebody”“pip install aliyun-python-sdk-objectdet” 安装阿里云 SDK 核心库、阿里云人脸 SDK、阿里云人体 SDK、阿里云目标检测 SDK，如图 4-27 所示。

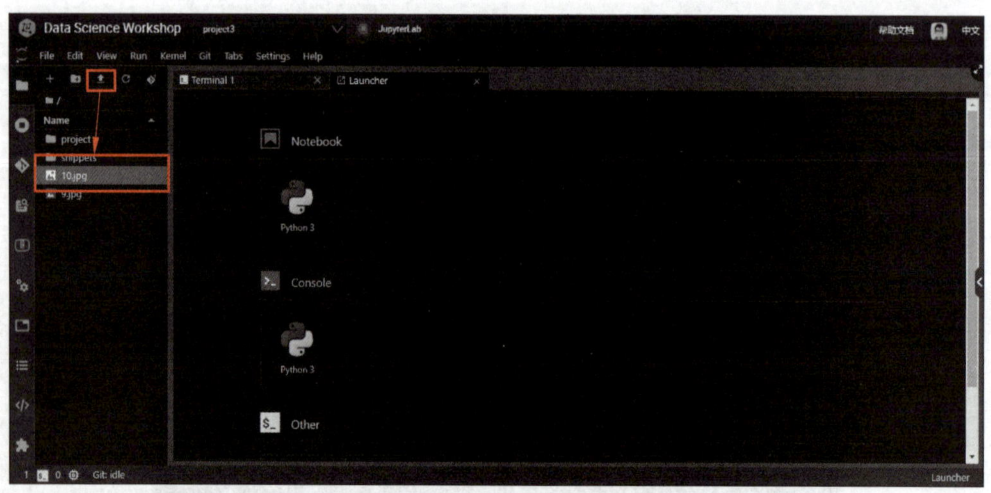

图 4-26　上传人流量和车流量图片

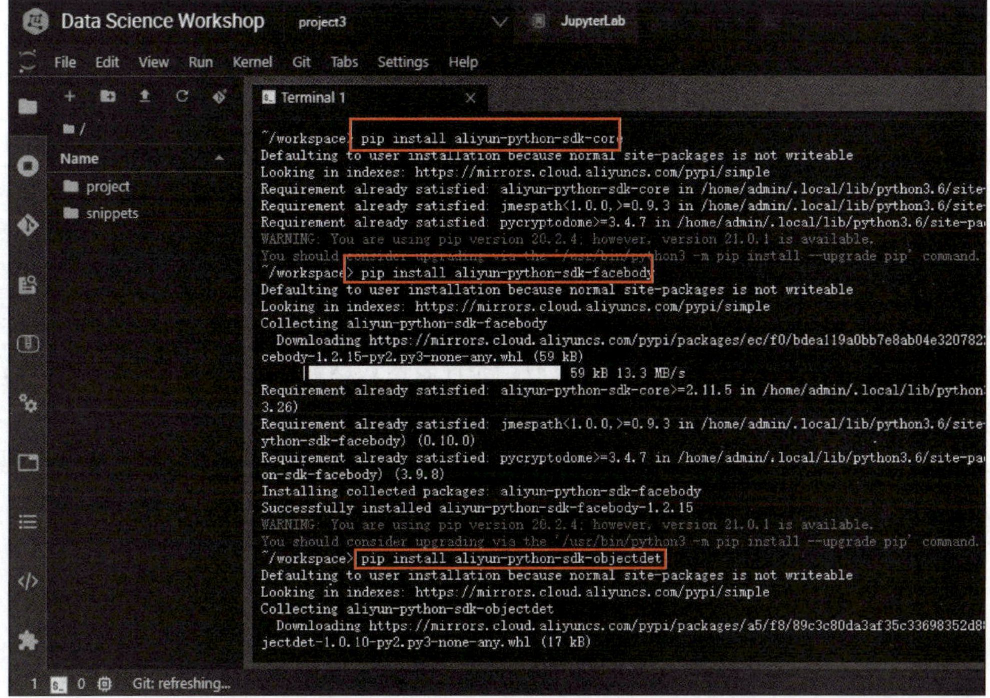

图 4-27　安装人流量和车流量预测实例的 SDK

任务 4-3　编写人流车流检测项目 Python 代码

任务目标

- 了解人体检测、机动车检测 API 的相关参数。
- 掌握阿里云 PAI-DSW 中编写 Python 代码调用人体检测、机动车检测 API。

任务分析

完成了 PAI-DSW 平台环境准备后，通过编写 Python 代码调取阿里云视觉智能开放平台人体检测、机动车检测 API，并上传阿里云 OSS 中的人流车流图片进行检测，完成项目场景模拟的效果。

本任务要求通过 PAI-DSW 编写旅游景点人流车流检测项目的 Python 代码，模拟旅游景点人流车流检测的核心技术。下面将分步骤讲解 PAI-DSW 平台中如何编写 Python 代码完成本任务。

知识准备

1. 本项目使用的 Python 关键语句

1）条件语句

（1）if 语句

```
if expression:
  expr_true_suite
```

if语句的expr_true_suite代码块只有当条件表达式expression结果为真时才执行，否则将继续执行紧跟在该代码块后面的语句。

单个 if 语句中的 expression 条件表达式可以通过布尔操作符 and、or 和 not 实现多重条件判断。

（2）if-else 语句

```
if expression:
  expr_true_suite
else:
  expr_false_suite
```

Python 提供与 if 搭配使用的 else，如果 if 语句的条件表达式 expression 为假，那么程序将执行 else 语句后的代码。

（3）if-elif-else 语句

```
if expression1:
  expr1_true_suite
elif expression2:
  expr2_true_suite
  …
  Elifex
  pressionN:
  exprN_true_suite
else:
  expr_false_suite
```

其中 if 和 else 的用法与之前一致，elif 语句即为 else if，用来检查多个表达式（即从 expression2 开始到 expressionN）是否为真，并在为真时执行特定代码块中的代码。

2）异常处理

异常就是运行期检测到的错误。计算机语言针对可能出现的错误定义了异常类型，某种错误引发对应的异常时，异常处理程序将被启动，从而恢复程序的正常运行。Python 中有多种异常处理的方法。下面仅介绍本任务中所用到的 try-except 语句异常处理代码。

```
try:
   检测范围
except Exception[as reason]:
   出现异常后的处理代码
```

try 语句按照如下方式工作。

首先，执行 try 子句（在关键字 try 和关键字 except 之间的语句）如果没有异常发生，忽略 except 子句，try 子句执行后结束。如果在执行 try 子句的过程中发生了异常，那么 try 子句余下的部分将被忽略。如果异常的类型和 except 之后的名称相符，那么对应的 except 子句将被执行。最后执行 try 语句之后的代码。如果异常没有与任何的 except 匹配，那么这个异常将会传递给上层的 try 中。

2. API 参数

本任务实现的关键功能是通过编写 Python 代码调用阿里云视觉智能开放平台中的 API，下面对本任务中所使用的 API 参数进行介绍。

1）人体检测 API

API 识别代码的请求参数表示了使用该 API 时所需要的参数，如图 4-28 所示。

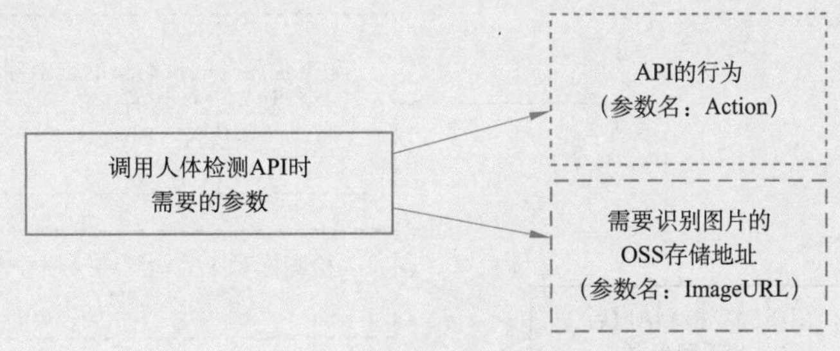

图 4-28　人体检测 API 的请求参数

API 识别代码的返回数据，表示使用该 API 后，获得的返回数据及数据的返回形式，如图 4-29 所示。

2）机动车检测 API

API 识别代码的请求参数，表示使用该 API 时所需要的参数，如图 4-30 所示。

API 识别代码的返回数据，表示使用该 API 后，获得的返回数据及数据的返回形式，如图 4-31 所示。

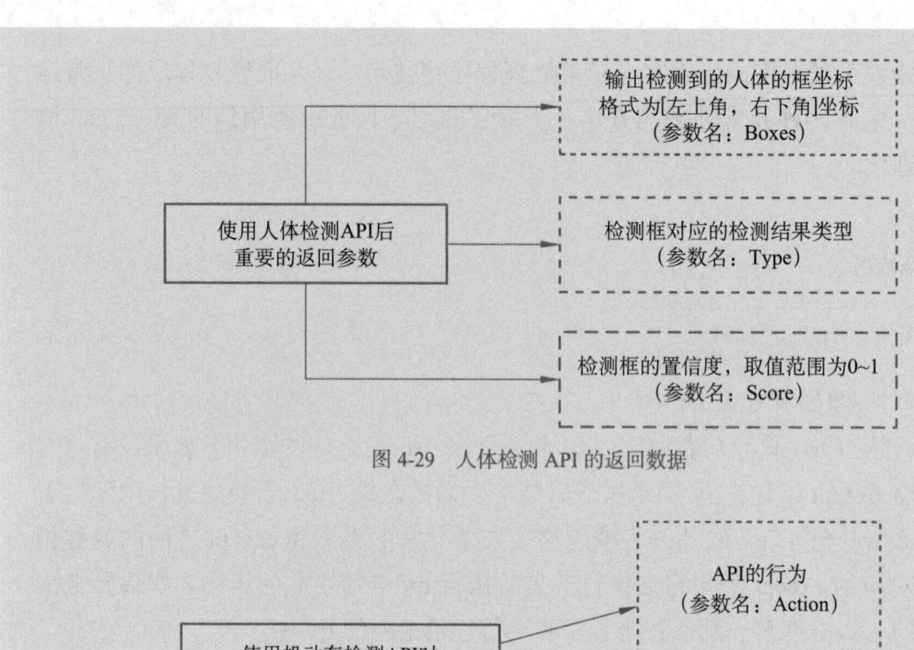

图 4-29　人体检测 API 的返回数据

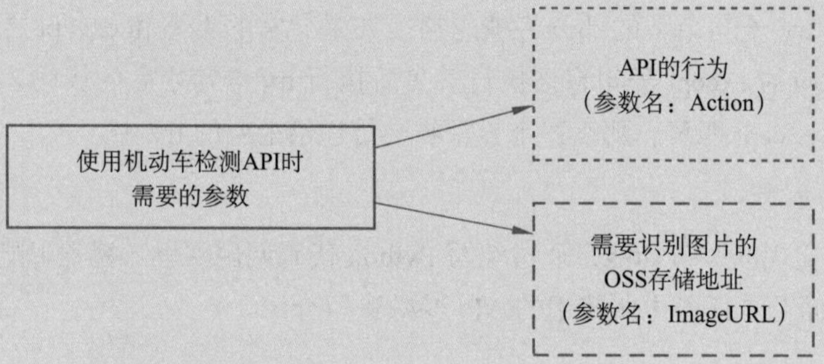

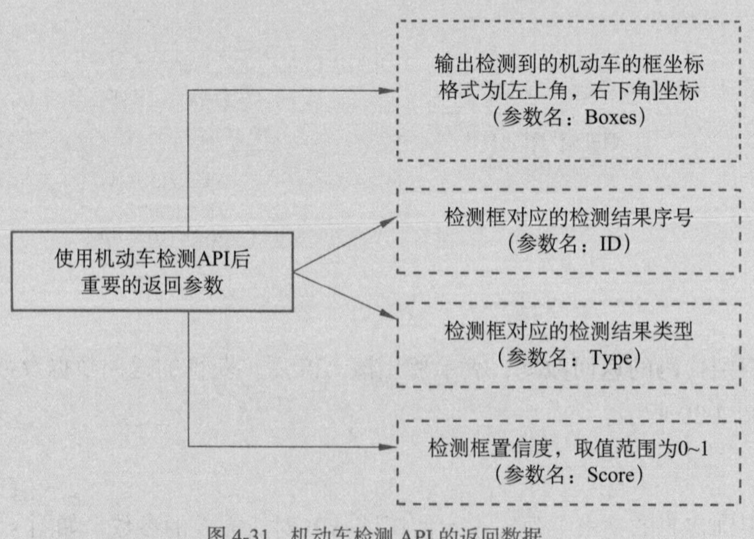

图 4-30　机动车检测 API 的请求参数

图 4-31　机动车检测 API 的返回数据

任务 4-3-1 编写 Python 代码导入包

（1）与项目 3 类似，首先打开 PAI-DSW，单击 Python 图标，新建名为 DetectPerson 的 Python 文件。

（2）打开 Python 文件 DetectPerson.py，输入本项目所需导入包的代码，如下所示。

```
from  aliyunsdkcore.client import AcsClient
from aliyunsdkcore.acs_exception.exceptions import ServerException,
ClientException
from aliyunsdkfacebody.request.v20191230.DetectPedestrianRequest import
DetectPedestrianRequest
from aliyunsdkobjectdet.request.v20191230.DetectVehicleRequest import
DetectVehicleRequest
import json
import oss2
import cv2
```

其中，第 1 句是导入阿里云核心包；第 2 句是导入阿里云服务器和客户端异常包来判断可能发生的异常情况；第 3 句是导入阿里云人体人脸识别中人体检测的核心包；第 4 句是导入阿里云图像理解中机动车检测的核心包；第 5 句是导入 JSON 包解析 API 返回数据；第 6 句是导入 OSS2 包，实现阿里云 OSS 存储的调用；第 7 句是导入 CV2 包，实现实验中图片的相关处理。上述所有 Python 包均为本任务使用的代码包，将上述代码输入打开的 python 文件 DetectPerson.py 中，完成代码包导入。

任务 4-3-2 编写 Python 代码定义项目变量

完成上述代码包导入之后，需要定义项目中的变量。输入如下所示的代码。

```
file_path = []
up_filename = []
file_path.append('./9.jpg')
file_path.append('./10.jpg')
endpoint = 'http://oss-cn-shanghai.aliyuncs.com'
access_key_id = 'LTAI4GEAFghc2o6p2452MBua'
access_key_secret = 'E3hW4PRW9sZJ3SNh7k6cY1WrMggFdZ'
bucket_name = 'aliproject'
up_filename.append('./9.jpg')
up_filename.append('./10.jpg')
```

第 1 句创建图片文件的本地路径列表，用来存储图片的本地路径；第 2 句创建上传至 OSS 存储中的图片名列表；第 3、4 句分别将需要识别的人流车流图片的地址添加进第

1 句所创建的列表中；第 5 句定义阿里云使用的节点变量；第 6 句创建 access_key_id 变量，其中，access_key_id 是阿里云鉴权、登录 ID；第 7 句创建 access_key_secret 变量，其中，access_key_secret 是阿里云鉴权、登录 secret；第 8 句创建 bucket_name 变量，其中，bucket_name 是 OSS 实例创建的 bucket 名字；第 9、10 句将 OSS 中图片需要上传的名称添加到 up_filename 变量中，即目标图片名称。若图片不在 bucket 根目录，需携带文件访问路径，如 example/example.jpg。

任务 4-3-3　编写 Python 代码上传图片至 OSS 并获取 URL

（1）完成项目变量的定义后，与项目 3 相同，需要将图片上传至定义的阿里云 OSS 云存储 Bucket 中，并获取该图片的 URL。在完成此步骤之前，需要先将实验图片进行处理，缩放图片大小，使其小于上传的上限。如下展示了如何对图片进行缩放处理。

```
def file_resize(img, file_path):
    img_resize = []
    print('原图片 1: ' + '长: ' + str(img[0].shape[0]) + '    ' + '宽: ' +
str(img[0].shape[1]) + '\n')
    print('原图片 2: ' + '长: ' + str(img[1].shape[0]) + '    ' + '宽: ' +
str(img[1].shape[1]) + '\n')
    img_resize.append(cv2.resize(img[0], (550, 550), ))
    img_resize.append(cv2.resize(img[1], (600, 426), ))
    print('改变后图片 1: ' + '长: ' + str(img_resize[0].shape[0]) + '    ' +
'宽: ' + str(img_resize[0].shape[1])+'\n')
    print('改变后图片 2: ' + '长: ' + str(img_resize[1].shape[0]) + '    ' +
'宽: ' + str(img_resize[1].shape[1]) + '\n')
    cv2.imwrite(file_path[0], img_resize[0])
    cv2.imwrite(file_path[1], img_resize[1])
    return img_resize
```

上述代码自定义了一个 file_resize 方法用来缩放图片。第 1 句定义 file_resize() 方法，传入的参数为需要缩放的图片及图片路径；第 2 句定义了一个列表，用来存储变形后的图片；第 3、4 句分别输出两张需要上传图片的大小；第 5、6 句分别通过 CV2 包中的 cv2.resize 方法对图片进行缩放；第 7、8 句分别输出两张图片缩放后的大小；第 9、10 句分别通过 CV2 包中的 cv2.imwrite() 方法对缩放后的图片原路径保存；第 11 句表示返回缩放完成的图像列表。

（2）完成实验图片的缩放后，需要创建 bucket 对象，只有创建了 bucket 对象，才能够通过代码调用 OSS 存储下的 bucket 文件。如下代码展示了如何创建 bucket 对象，这个步骤与项目 3 中对应的步骤相同。

```
auth = oss2.Auth(access_key_id, access_key_secret)
bucket = oss2.Bucket(auth, endpoint, bucket_name)
```

第 1 句实现创建 auth 对象，为 OSS 鉴权、登录；第 2 句实现创建 bucket 对象。

（3）完成图片的缩放并创建了 bucket 对象后，需要将图片上传至自定义的阿里云 OSS 云存储 Bucket 中，并获取该图片的 URL。如下代码展示了如何将处理后的图片上传至阿里云 OSS 云存储中并获取 URL。

```
def up_file_return_URL(bucket, up_filename, file_path, style = 'image'):
  url = []
  try:
    bucket.put_object_from_file(up_filename[0], file_path[0])
    bucket.put_object_from_file(up_filename[1], file_path[1])
    print('上传成功\n')
    url.append(bucket.sign_url('GET', up_filename[0], 10*60, params={'x-
oss-process': style}))
    url.append(bucket.sign_url('GET', up_filename[1], 10*60, params={'x-
oss-process': style}))
  except:
    print('上传失败\n')
    pass
  return url
```

代码自定义了一个 up_file_return_URL() 方法用来获取图片上传至 OSS 后生成的 URL。第 1 句定义 up_file_return_URL() 方法，传入的参数为创建的 bucket 对象、上传至 OSS 中的图片名称、图片的路径、后续生成 URL 所需要的参数；第 2 句定义列表变量储存图片获取到的 URL；第 3 句采用 try 语句尝试上传实验图片，接收服务器异常；第 4、5 句分别向创建完成的 OSS 中上传实验图片；第 6 句打印上传成功的标志；第 7、8 句分别生成实验图片带签名的 URL，并指定过期时间为 10 分钟（过期时间单位为秒）；第 9 句表示如果上传失败，执行下面程序；第 10 句打印上传失败的标志；第 11 句继续执行；第 12 句返回图片的 URL。

任务 4-3-4 编写旅游景点人流量检测 Python 代码

（1）在获取图片的 URL 之后，就可以调用相应 API 来识别实验图片信息。但在调用相应 API 之前，需要先申请授权 API 调用。与项目 3 相同，如下语句表示如何进行授权。

```
client = AcsClient(access_key_id, access_key_secret, 'cn-shanghai')
```

（2）申请授权 API 调用之后，就可以调用人体检测 API 完成人体数量识别的要求。如下代码表示如何编写 Python 代码调用人体检测 API。

```
request = DetectPedestrianRequest()
request.set_accept_format('json')
request.set_ImageURL(url[0])
response = client.do_action_with_exception(request)
```

第 1 句调用人体检测 API；第 2 句定义人体检测 API 的数据返回形式为 JSON 形式；第 3 句向人体检测 API 上传识别图片的 URL；第 4 句向阿里云对应 API 发起请求并得到返回结果。

（3）完成人体检测 API 的调用后，需要将对应 API 的返回结果进行解析，分离出有效信息。如下代码表示如何解析人体检测 API 的返回结果。

```
response_dict = json.loads(response)
response_people_ID_dict = json.loads(response_people_ID)
print('一共检测到'+str(len(response_dict['Data']['Elements']))+'人'+'\n')
```

第 1、2 句是将人体检测 API 返回的 JSON 格式的数据转化为字典格式；第 3 句使用 print 输出语句，解析人体检测 API 返回的结果，完成人体检测。

（4）完成人体检测后，需要将得到的结果与假定的旅游景点上限人数进行比较，并及时告警。如下代码表示如何编写代码进行人数告警。

```
if len(response_dict['Data']['Elements'])<500:
  print("人流量没有达到上限，可以放行")
else:
  print("人流量达到上限，禁止通行")
```

第 1 句通过条件语句判断识别人数是否超过 500；第 2 句表示如果没有超过则放行；第 3 句表示向下执行另一种情况；第 4 句表示如果超过了 500，则输出禁止通行的提示信息。

任务 4-3-5 编写旅游景点车流量检测 Python 代码

（1）本项目设计将人流量、车流量作为判断旅游景区是否拥挤的两大因素。在完成旅游景区人员数量检测后，需要添加旅游景区机动车检测 API 来检测旅游景区的车辆数量。如下代码表示了机动车检测 API 的 Python 调用代码与其他 API 的不同之处（相应的 OSS 授权、图片的上传、URL 的获取、API 返回值的获取与项目 3 的任务 3-3-4 代码一致，不再赘述）。

```
from aliyunsdkobjectdet.request.v20191230.DetectVehicleRequest import
DetectVehicleRequest
request = DetectVehicleRequest()
```

```
response_dict = json.loads(response)
print(' 一共检测到 ' + str(len(response_dict['Data']['DetectObjectInfoList'])) +
' 辆车 ' + '\n')
```

第 1 句导入阿里云图像理解中机动车检测 API 的核心包；第 2 句调用阿里云机动车检测 API；第 3 句将机动车检测 API 返回的 JSON 格式的数据转化为字典的形式；第 4 句解析机动车检测 API 的返回结果。

（2）完成机动车检测 API 返回结果解析后，需要将得到的结果与假定的旅游景点上限车辆数进行比较，并及时告警。

```
if len(response_dict['Data']['DetectObjectInfoList'])<500:
  print（"车流量没有达到上限，可以放行"）
else:
  print（"车流量达到上限，禁止通行"）
```

第 1 句通过条件语句来判断识别车辆数是否超过 500；第 2 句表示如果没有超过则输出放行信息；第 3 句表示执行另一种情况；第 4 句表示如果超过了 500，则输出禁止通行的提示信息。

（3）在 PAI-DSW 中编写完代码后，单击运行图标。人流量检测如图 4-32 所示，车流量检测的输出结果如图 4-33 所示。从输出结果可以看到实验图片中人流量以及车流量检测数值并没有超出上限。

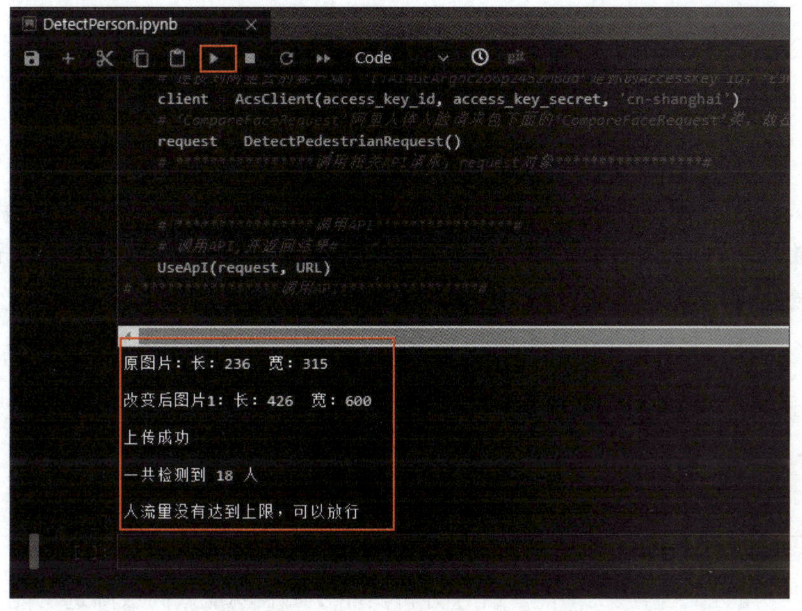

图 4-32　人流量检测运行结果

人流车流检测项目运行过程

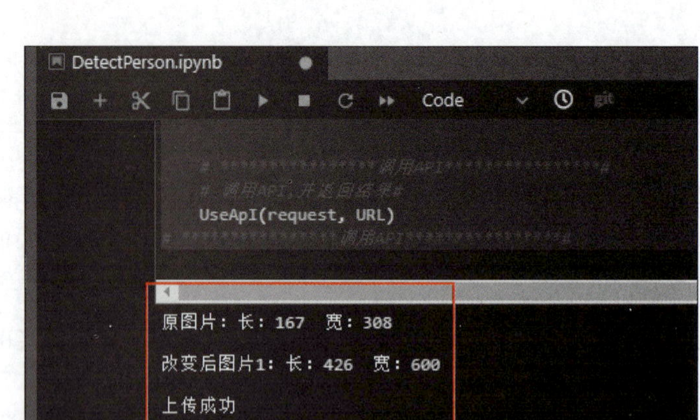

图 4-33 车流量检测运行结果

任务 4-4 通过 Excel 和 Quick BI 进行检测数据的分析与可视化

任务目标

- 掌握 Excel 可视化数据的步骤和方法。
- 掌握阿里云 Quick BI 可视化数据的步骤和方法。

任务分析

在识别出人流车流信息之后，统计一段时间内的人流车流数据，将结果绘制成一张数据表，最后分别通过微软的 Excel 工具和阿里云的 Quick BI 工具来分别展示人体检测、机动车检测的数据趋势。从而直观地看出一天内人流车流的变化情况，也可以预测变化趋势，方便使用者从大量数据中获取有价值的信息进行分析判断。

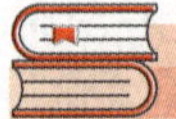

知识准备

1. Excel 对数据进行可视化展示的方法

Excel 的主要功能有数据透视功能、统计分析功能、图表功能、高级筛选功能、自动汇总功能、高级数学计算功能等。

注意：本任务由 Office 2010 版进行展示，读者可以使用其他版本，各版本可能功能区域位置不同，但展示的功能是一致的。

1）数据处理

（1）首先要准备项目必要的实验数据。在 Excel 中打开车流预测 train.xlsx 文件，如图 4-34 所示。

文件 开始 插入 页面布局 公式 数据 审阅 视图 加载项

剪切 复制 格式刷 粘贴 剪贴板 宋体 11 字体 自动换行 合并后居中 对齐方式

G15

	A	B	C	D	E	F	G
1	time	volumn					
2	2018/1/18 0:30	514					
3	2018/1/18 0:35	490					
4	2018/1/18 0:40	444					
5	2018/1/18 0:45	467					
6	2018/1/18 0:50	483					
7	2018/1/18 0:55	467					
8	2018/1/18 1:00	511					
9	2018/1/18 1:05	473					
10	2018/1/18 1:10	550					
11	2018/1/18 1:15	723					
12	2018/1/18 1:20	821					
13	2018/1/18 1:25	778					
14	2018/1/18 1:30	1039					
15	2018/1/18 1:35	991					
16	2018/1/18 1:40	1000					
17	2018/1/18 1:45	962					
18	2018/1/18 1:50	975					
19	2018/1/18 1:55	889					
20	2018/1/18 2:00	878					
21	2018/1/18 2:05	849					
22	2018/1/18 2:10	1094					
23	2018/1/18 2:15	1035					
24	2018/1/18 2:20	1047					
25	2018/1/18 2:25	1011					
26	2018/1/18 2:30	993					
27	2018/1/18 2:35	920					

图 4-34　车流量预测 Excel 文件界面

（2）如图 4-35 所示，由于数据量比较大，可以先对 2018/1/18 这一天的车流量进行可视化。另外，为了方便看出极值，需要对原始数据进行处理，在数据源添加辅助列：最值，在公式栏使用公式提取出最大值和最小值，并按回车键。公式如下：=IF(OR(B2=MAX($B$2:$B$283),B2=MIN($B$2:$B$283)),B2,NA())，其中，$B$2:$B$283 表示从 B2 所在单元格到 B283 所在单元格，刚好是 2018/1/18 一天的数据。

（3）此时默认是没有下拉的，需要进行手动下拉。如图 4-36 所示，鼠标指针悬浮到 C2 单元格右下角，有个十字形图标，然后拖动十字形图标到第 283 行。

（4）如图 4-37 所示，下拉完成后，最值也将显示，最大值显示在第 86 行，最小值显示在第 282 行。

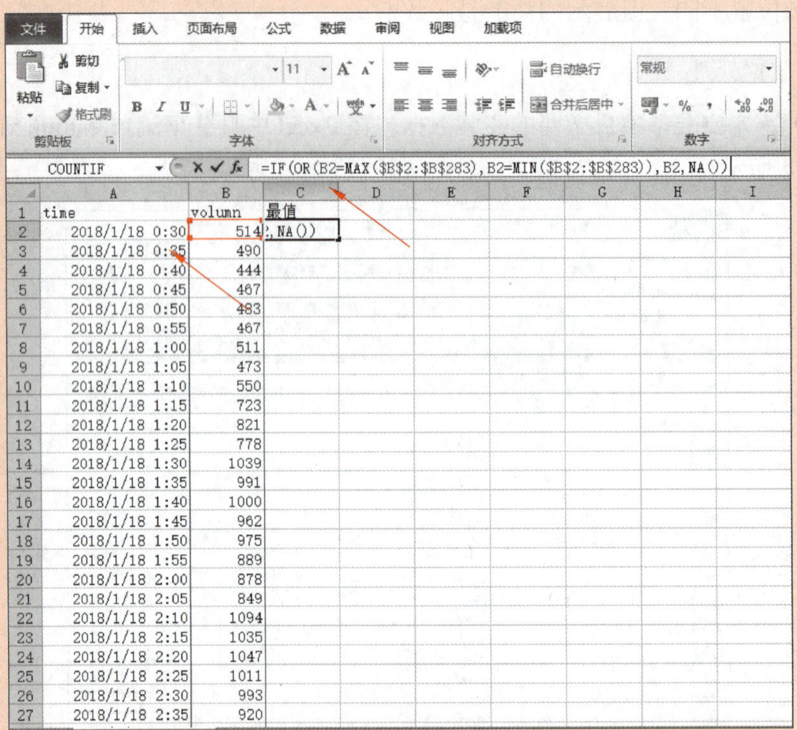

	A	B	C	D	E	F	G	H	I
1	time	volumn	最值						
2	2018/1/18 0:30	514	,NA())						
3	2018/1/18 0:35	490							
4	2018/1/18 0:40	444							
5	2018/1/18 0:45	467							
6	2018/1/18 0:50	483							
7	2018/1/18 0:55	467							
8	2018/1/18 1:00	511							
9	2018/1/18 1:05	473							
10	2018/1/18 1:10	550							
11	2018/1/18 1:15	723							
12	2018/1/18 1:20	821							
13	2018/1/18 1:25	778							
14	2018/1/18 1:30	1039							
15	2018/1/18 1:35	991							
16	2018/1/18 1:40	1000							
17	2018/1/18 1:45	962							
18	2018/1/18 1:50	975							
19	2018/1/18 1:55	889							
20	2018/1/18 2:00	878							
21	2018/1/18 2:05	849							
22	2018/1/18 2:10	1094							
23	2018/1/18 2:15	1035							
24	2018/1/18 2:20	1047							
25	2018/1/18 2:25	1011							
26	2018/1/18 2:30	993							
27	2018/1/18 2:35	920							

图 4-35　求最值界面

C2　=IF(OR(B2=MAX($B$2:$B$283),B2=MIN($B$2:$B$283)),B2,NA())

	A	B	C	D	E	F	G	H	I
1	time	volumn	最值						
2	2018/1/18 0:30	514	#N/A						
3	2018/1/18 0:35	490							
4	2018/1/18 0:40	444							
5	2018/1/18 0:45	467							
6	2018/1/18 0:50	483							
7	2018/1/18 0:55	467							
8	2018/1/18 1:00	511							
9	2018/1/18 1:05	473							
10	2018/1/18 1:10	550							
11	2018/1/18 1:15	723							
12	2018/1/18 1:20	821							
13	2018/1/18 1:25	778							
14	2018/1/18 1:30	1039							
15	2018/1/18 1:35	991							
16	2018/1/18 1:40	1000							
17	2018/1/18 1:45	962							
18	2018/1/18 1:50	975							
19	2018/1/18 1:55	889							
20	2018/1/18 2:00	878							
21	2018/1/18 2:05	849							
22	2018/1/18 2:10	1094							
23	2018/1/18 2:15	1035							
24	2018/1/18 2:20	1047							
25	2018/1/18 2:25	1011							
26	2018/1/18 2:30	993							
27	2018/1/18 2:35	920							

图 4-36　下拉界面

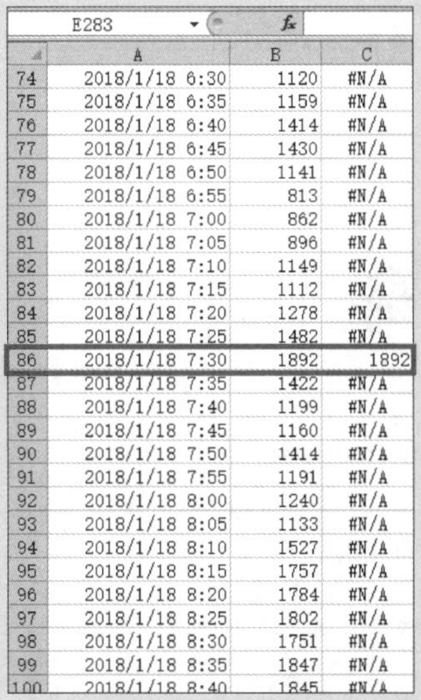

E283

	A	B	C
74	2018/1/18 6:30	1120	#N/A
75	2018/1/18 6:35	1159	#N/A
76	2018/1/18 6:40	1414	#N/A
77	2018/1/18 6:45	1430	#N/A
78	2018/1/18 6:50	1141	#N/A
79	2018/1/18 6:55	813	#N/A
80	2018/1/18 7:00	862	#N/A
81	2018/1/18 7:05	896	#N/A
82	2018/1/18 7:10	1149	#N/A
83	2018/1/18 7:15	1112	#N/A
84	2018/1/18 7:20	1278	#N/A
85	2018/1/18 7:25	1482	#N/A
86	2018/1/18 7:30	1892	1892
87	2018/1/18 7:35	1422	#N/A
88	2018/1/18 7:40	1199	#N/A
89	2018/1/18 7:45	1160	#N/A
90	2018/1/18 7:50	1414	#N/A
91	2018/1/18 7:55	1191	#N/A
92	2018/1/18 8:00	1240	#N/A
93	2018/1/18 8:05	1133	#N/A
94	2018/1/18 8:10	1527	#N/A
95	2018/1/18 8:15	1757	#N/A
96	2018/1/18 8:20	1784	#N/A
97	2018/1/18 8:25	1802	#N/A
98	2018/1/18 8:30	1751	#N/A
99	2018/1/18 8:35	1847	#N/A
100	2018/1/18 8:40	1845	#N/A

（a）最大值显示界面

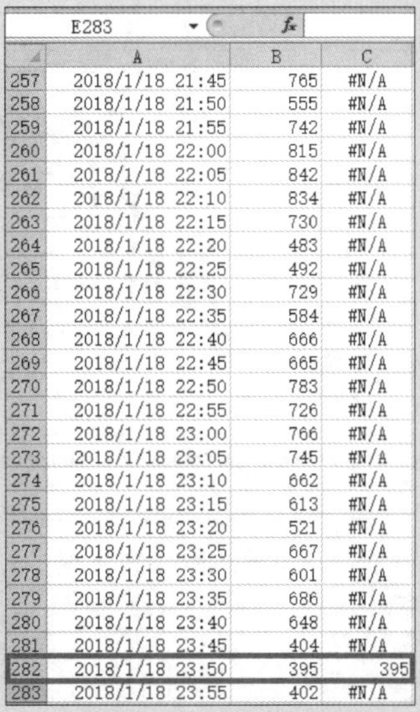

E283

	A	B	C
257	2018/1/18 21:45	765	#N/A
258	2018/1/18 21:50	555	#N/A
259	2018/1/18 21:55	742	#N/A
260	2018/1/18 22:00	815	#N/A
261	2018/1/18 22:05	842	#N/A
262	2018/1/18 22:10	834	#N/A
263	2018/1/18 22:15	730	#N/A
264	2018/1/18 22:20	483	#N/A
265	2018/1/18 22:25	492	#N/A
266	2018/1/18 22:30	729	#N/A
267	2018/1/18 22:35	584	#N/A
268	2018/1/18 22:40	666	#N/A
269	2018/1/18 22:45	665	#N/A
270	2018/1/18 22:50	783	#N/A
271	2018/1/18 22:55	726	#N/A
272	2018/1/18 23:00	766	#N/A
273	2018/1/18 23:05	745	#N/A
274	2018/1/18 23:10	662	#N/A
275	2018/1/18 23:15	613	#N/A
276	2018/1/18 23:20	521	#N/A
277	2018/1/18 23:25	667	#N/A
278	2018/1/18 23:30	601	#N/A
279	2018/1/18 23:35	686	#N/A
280	2018/1/18 23:40	648	#N/A
281	2018/1/18 23:45	404	#N/A
282	2018/1/18 23:50	395	395
283	2018/1/18 23:55	402	#N/A

（b）最小值显示界面

图 4-37　显示界面

2）数据的可视化展示

（1）如图 4-38 所示，选中 2018/1/18 这一天所有单元格，依次单击【插入】→【散点图】标签，选择第二个选项【带有平滑线和数据标记的散点图】。

（2）散点图如图 4-39 所示。

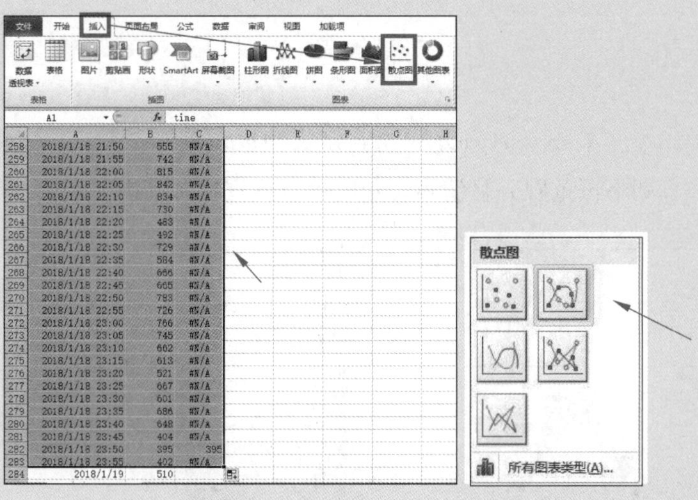

（a）单击散点图界面　　（b）散点图界面

图 4-38　选择散点图

（3）可以看到该图还不够美观，需要对该散点图做一些调整，如图 4-40 所示，双击横坐标轴位置，出现设置坐标轴格式框，依次单击【对齐方式】→【自定义角度】选项。

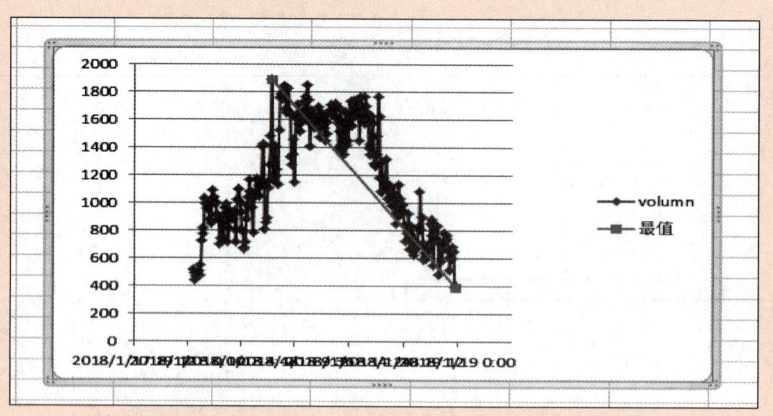

图 4-39　散点图可视化界面

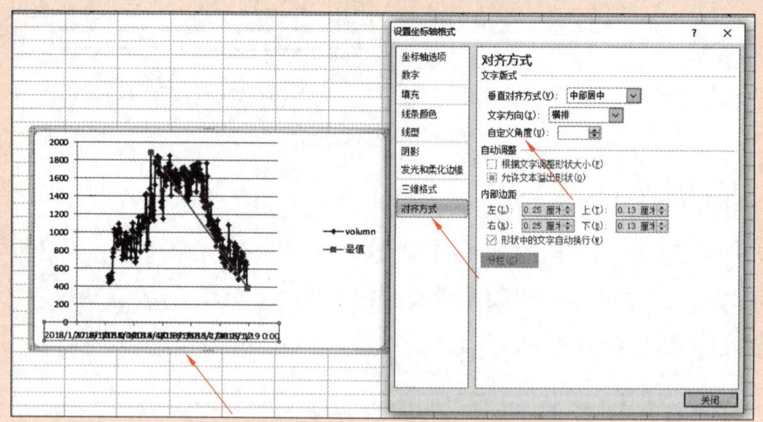

图 4-40　设置坐标轴格式界面

（4）调整角度，如图 4-41 所示，将自定义角度调整到 25°，可以看到横坐标已经发生变化，日期不再重置并且清晰。角度可以根据实际情况进行调整。

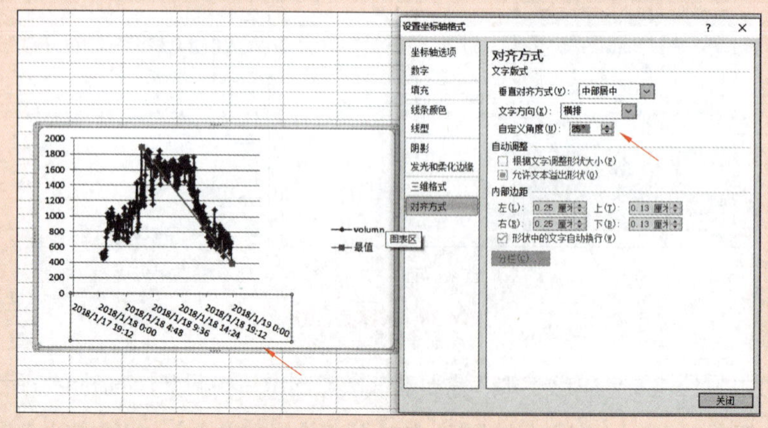

图 4-41　坐标轴格式修改后界面

（5）在图标工具栏中依次单击【设计】→【布局 3】选项，效果如图 4-42 所示。

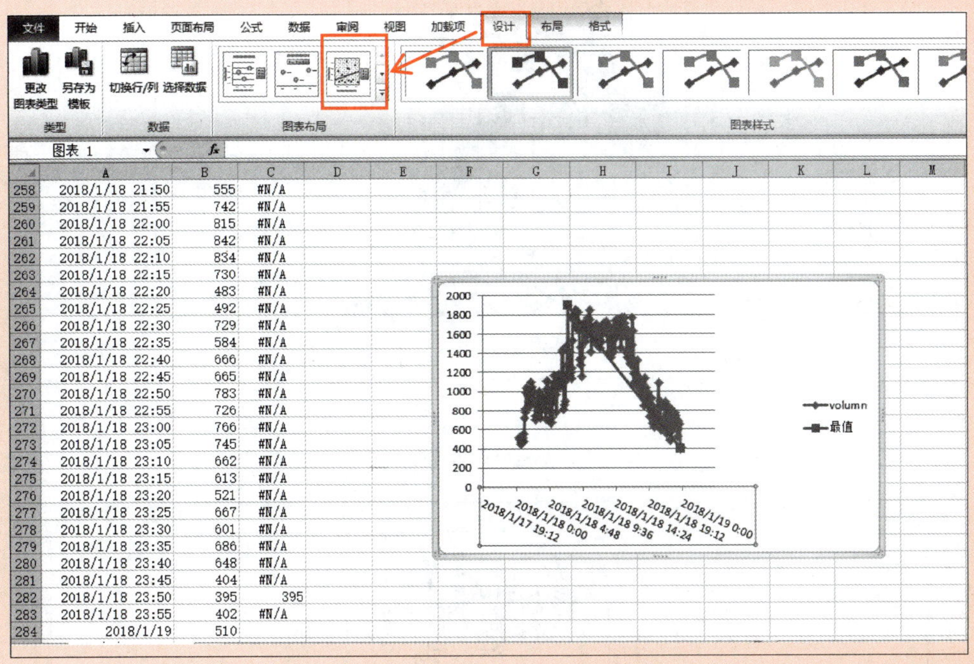

图 4-42 选择设计布局后界面

（6）如图 4-43 所示，修改横坐标标题为 Time of day，纵坐标标题为 Volumn，并且删除多余的辅助线。

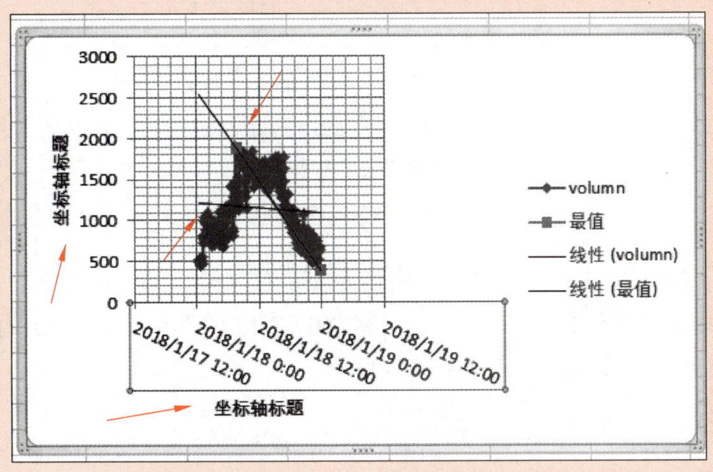

图 4-43 修改坐标轴标题界面

（7）修改后的效果如图 4-44 所示，可以通过放大来查看。

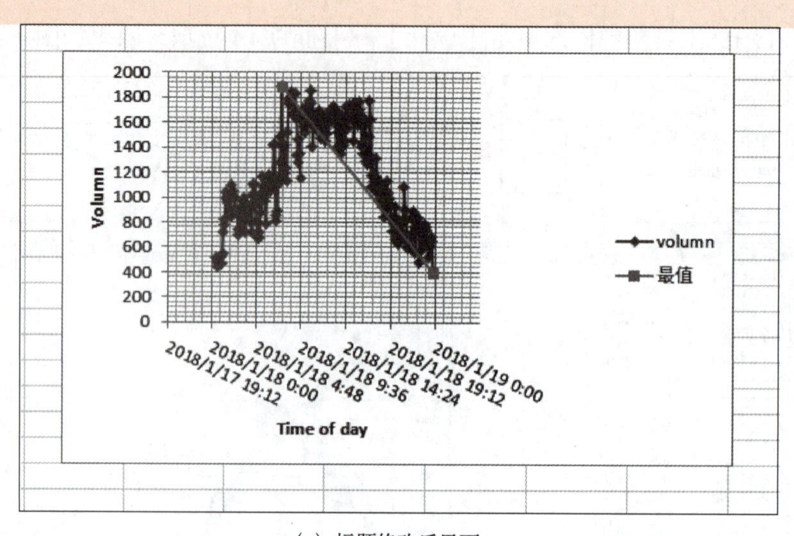

（a）标题修改后界面

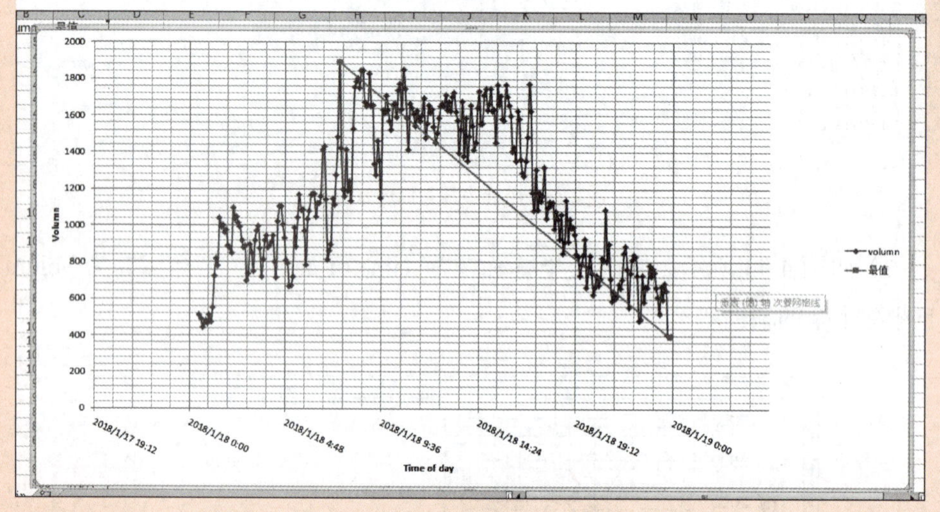

（b）放大效果图界面

图 4-44 修改后的效果图

（8）接下来可以对比每天的车流状况。为了对比每天的车流数据，还需要对原始数据进行一些处理，如图 4-45 所示，将 2018/1/19 的车流数据和相应的最值放到 D、E 单元格中，求最值的方法同上面一样。

```
=IF(OR(D2=MAX($D$2:$D$283),D2=MIN($D$2:$D$283)),D2,NA())
```

（9）继续对横坐标时间轴进行处理，按 Ctrl+F 键出现查找和替换框，单击【替换】按钮，查找内容改为 2018/1/18，替换内容为空，然后单击【全部替换】按钮，time 列就只有时分秒格式的时间了。如图 4-46 所示。

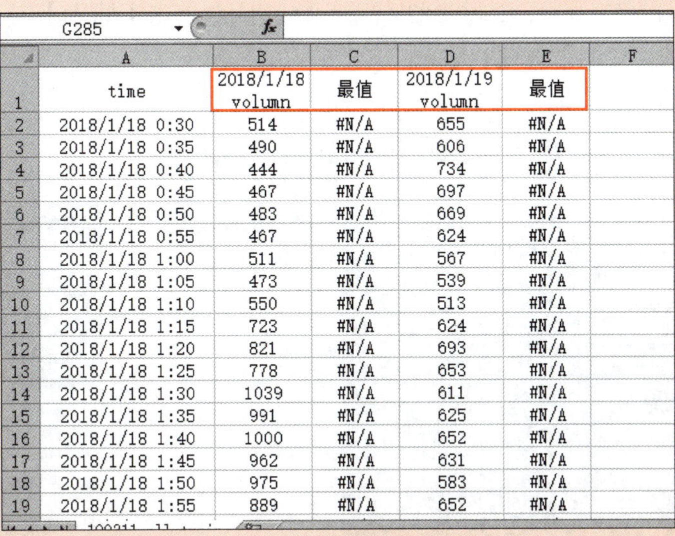

G285

	A	B	C	D	E	F
1	time	2018/1/18 volumn	最值	2018/1/19 volumn	最值	
2	2018/1/18 0:30	514	#N/A	655	#N/A	
3	2018/1/18 0:35	490	#N/A	606	#N/A	
4	2018/1/18 0:40	444	#N/A	734	#N/A	
5	2018/1/18 0:45	467	#N/A	697	#N/A	
6	2018/1/18 0:50	483	#N/A	669	#N/A	
7	2018/1/18 0:55	467	#N/A	624	#N/A	
8	2018/1/18 1:00	511	#N/A	567	#N/A	
9	2018/1/18 1:05	473	#N/A	539	#N/A	
10	2018/1/18 1:10	550	#N/A	513	#N/A	
11	2018/1/18 1:15	723	#N/A	624	#N/A	
12	2018/1/18 1:20	821	#N/A	693	#N/A	
13	2018/1/18 1:25	778	#N/A	653	#N/A	
14	2018/1/18 1:30	1039	#N/A	611	#N/A	
15	2018/1/18 1:35	991	#N/A	625	#N/A	
16	2018/1/18 1:40	1000	#N/A	652	#N/A	
17	2018/1/18 1:45	962	#N/A	631	#N/A	
18	2018/1/18 1:50	975	#N/A	583	#N/A	
19	2018/1/18 1:55	889	#N/A	652	#N/A	

图 4-45 调整数据界面

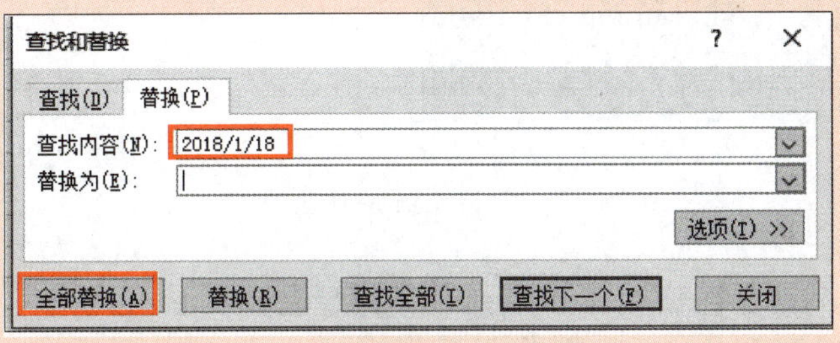

(a) 时间轴处理界面

G9

	A	B	C	D	E
1	time	volumn	最值	2018/1/19 volumn	最值
2	0:30:00	514	#N/A	655	#N/A
3	0:35:00	490	#N/A	606	#N/A
4	0:40:00	444	#N/A	734	#N/A
5	0:45:00	467	#N/A	697	#N/A
6	0:50:00	483	#N/A	669	#N/A
7	0:55:00	467	#N/A	624	#N/A
8	1:00:00	511	#N/A	567	#N/A
9	1:05:00	473	#N/A	539	#N/A
10	1:10:00	550	#N/A	513	#N/A
11	1:15:00	723	#N/A	624	#N/A
12	1:20:00	821	#N/A	693	#N/A
13	1:25:00	778	#N/A	653	#N/A
14	1:30:00	1039	#N/A	611	#N/A
15	1:35:00	991	#N/A	625	#N/A
16	1:40:00	1000	#N/A	652	#N/A
17	1:45:00	962	#N/A	631	#N/A
18	1:50:00	975	#N/A	583	#N/A

(b) 时间轴处理后界面

图 4-46 时间轴处理

（10）如图 4-47 所示，选中 282 行单元格，依次单击【插入】→【折线图】→【带数据标记的折线图】选项。

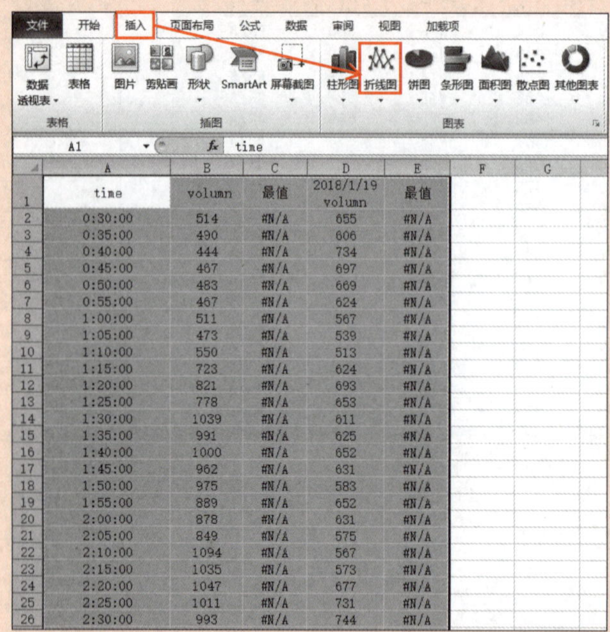

	A	B	C	D	E
1	time	volumn	最值	2018/1/19 volumn	最值
2	0:30:00	514	#N/A	655	#N/A
3	0:35:00	490	#N/A	606	#N/A
4	0:40:00	444	#N/A	734	#N/A
5	0:45:00	467	#N/A	697	#N/A
6	0:50:00	483	#N/A	669	#N/A
7	0:55:00	467	#N/A	624	#N/A
8	1:00:00	511	#N/A	567	#N/A
9	1:05:00	473	#N/A	539	#N/A
10	1:10:00	550	#N/A	513	#N/A
11	1:15:00	723	#N/A	624	#N/A
12	1:20:00	821	#N/A	693	#N/A
13	1:25:00	778	#N/A	653	#N/A
14	1:30:00	1039	#N/A	611	#N/A
15	1:35:00	991	#N/A	625	#N/A
16	1:40:00	1000	#N/A	652	#N/A
17	1:45:00	962	#N/A	631	#N/A
18	1:50:00	975	#N/A	583	#N/A
19	1:55:00	889	#N/A	652	#N/A
20	2:00:00	878	#N/A	631	#N/A
21	2:05:00	849	#N/A	575	#N/A
22	2:10:00	1094	#N/A	567	#N/A
23	2:15:00	1035	#N/A	573	#N/A
24	2:20:00	1047	#N/A	677	#N/A
25	2:25:00	1011	#N/A	731	#N/A
26	2:30:00	993	#N/A	744	#N/A

（a）单击折线图界面

（b）二维折线图界面

图 4-47　选择折线图

（11）最终的效果图如图 4-48 所示，使用最常用的 Excel 办公工具处理数据只能得到比较粗略的可视化效果图。

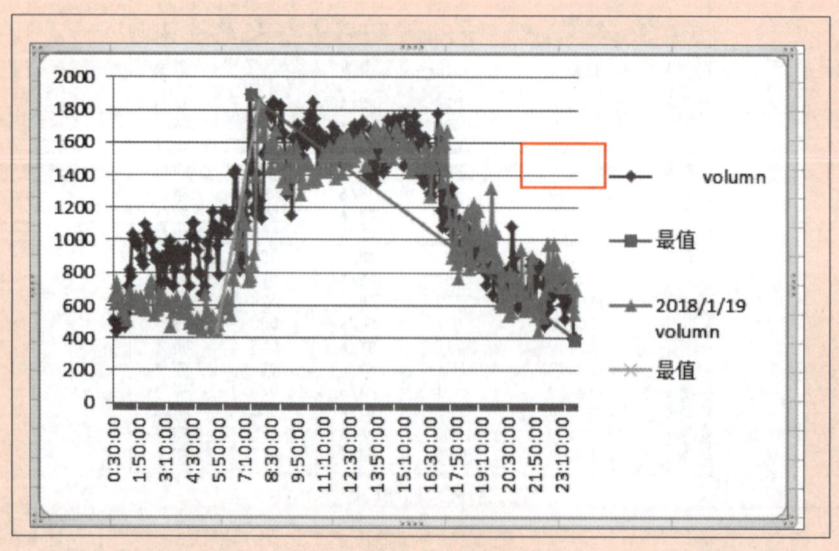

图 4-48　最终效果图界面

2. 利用 Quick BI 对数据进行可视化展示

Quick BI 是用于大数据高效分析与展现的商业分析工具。通过对数据源的连接和数据集的创建，对数据进行即时分析与查询。Quick BI 通过电子表格或仪表板功能，以拖曳的方式进行数据的可视化呈现。目前支持云数据库、关系型数据库、Hadoop 等数据源接入，通过内置高速查询引擎，可以实现亿级数据的秒级计算与查询。同时，为了更好地兼容来自 Excel 的数据，Quick BI 也支持类 Excel 操作的电子表格，并且支持很多类似 Excel 的函数。Quick BI 的使用流程如图 4-49 所示。

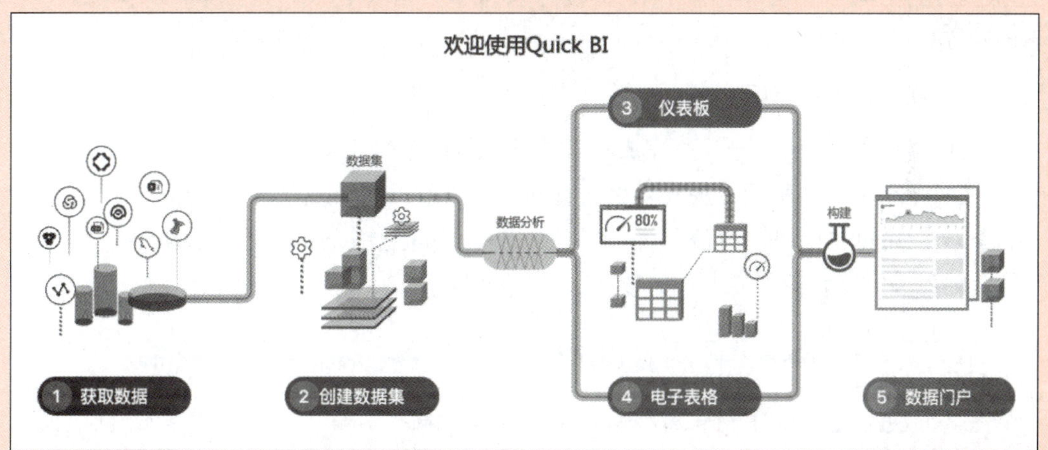

图 4-49　Quick BI 的使用流程图

1）Quick BI 的基础功能

使用 Quick BI 只需通过简单的几步单击即可完成数据集的创建，然后在线完成各类数据的联合分析并形成报表（如日报、周报、月报）。数据的可视化方面支持柱状图、折线图、条形图、面积图、饼图、气泡地图等 30 余种图表格式。Quick BI 是基于 Web 页面的拖曳式工作环境，类似 Excel 的操作方式，可以灵活切换数据分析的视角。

2）Quick BI 支持的图表类型及分析类型

不同的数据需要不同的图表类型来展示，目前 Quick BI 支持 30 余种数据图表，Quick BI 支持的分析类型包括如下。

（1）比较。需要对比各个值之间的差别时，或者需要显示按类别区分度量的简单比较，可用柱状图、条形图、雷达图、漏斗图、交叉表、透视表、极坐标图、旋风漏斗、词云图等进行数据的可视化。

（2）百分比。显示某个部分占整体的百分比，或某个值相对于整体的比例。常用的可视化图表为饼图、漏斗图、仪表盘、矩阵树图等。

（3）相关。显示各个值之间的关系，或比较多个度量值。常用的可视化图表为散点图、矩阵树图、指标看板、树图、来源去向、进度条等。

（4）趋势。显示数据值的趋势（尤其是基于时间变化的趋势，例如，基于年/月/日的变化趋势），或数据指标进展以及可能具有的模式。常用线图、面积图进行可视化分析。

（5）地理图。在地图上直观显示国家或地区的相关数据指标大小和分布范围。使用的数据集必须包含地理数据。可用气泡地图、色彩地图、LBS 地图等进行可视化分析。

3）Quick BI 的使用方法

通过注册阿里云账号，并完成实名认证就可以申请免费使用 Quick BI 产品。

（1）如图 4-50 所示，进入阿里云官网，在当前界面依次单击【产品】→【大数据】→【Quick BI 数据可视化分析】标签，进入 Quick BI 数据可视化分析平台界面。注：阿里云官网页面如发生位置变化，请以文字说明为准。

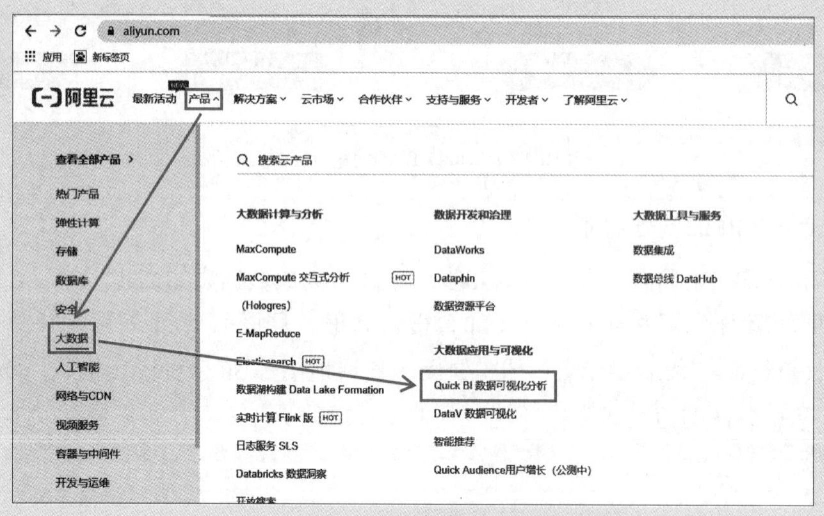

图 4-50　Quick BI 数据可视化分析进入界面

（2）单击【产品试用体验】按钮。

（3）首先创建数据集。在 Quick BI 数据可视化分析平台界面单击【工作空间】标签。如图 4-51 所示，单击【数据源】→【新建数据源】标签，创建新的数据源。

（4）如图 4-52 所示，依次单击【本地上传】→【本地 EXCEL 文件】选项，上传需要进行可视化的数据源，选择待上传文件，并将数据源进行命名，单击【确定】按钮。

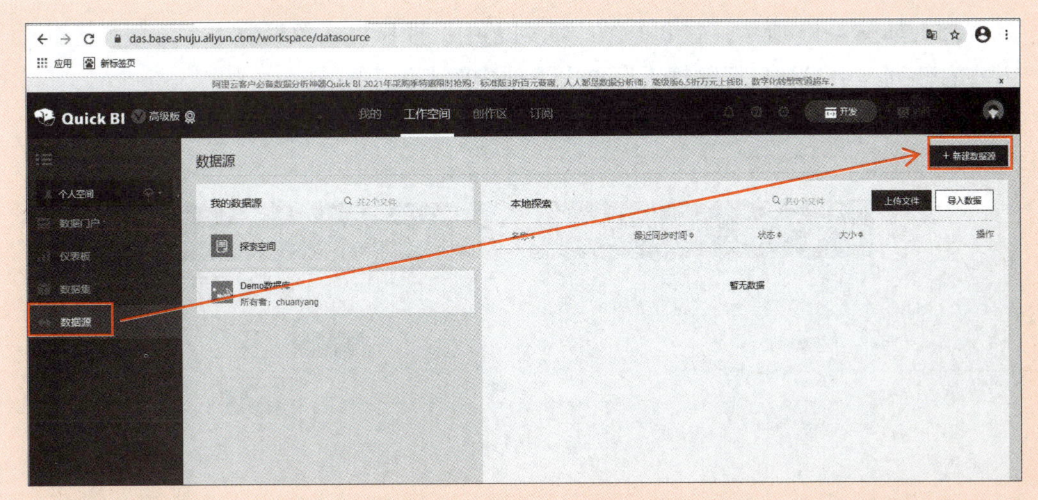

图 4-51　工作空间数据源界面

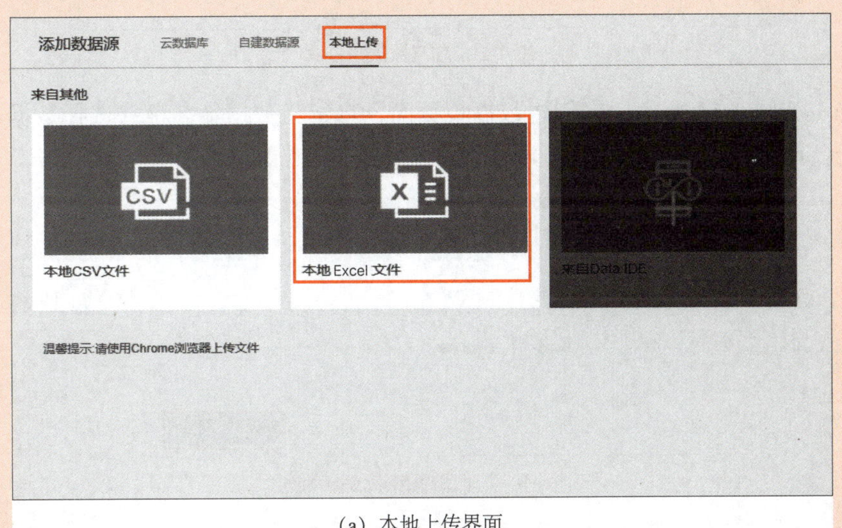

(a) 本地上传界面

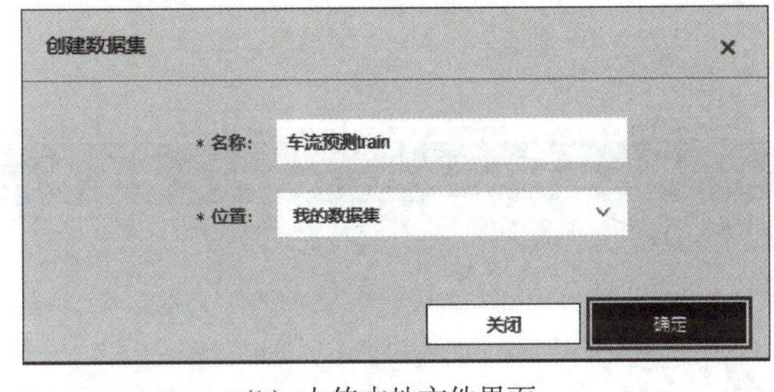

(b) 上传本地文件界面

图 4-52　上传需要进行可视化的数据源

（5）如图 4-53 所示，在我的数据源列表中，选择目标数据源【车流预测 train】并在右侧列表中找到目标数据表，单击【创建数据集】图标。

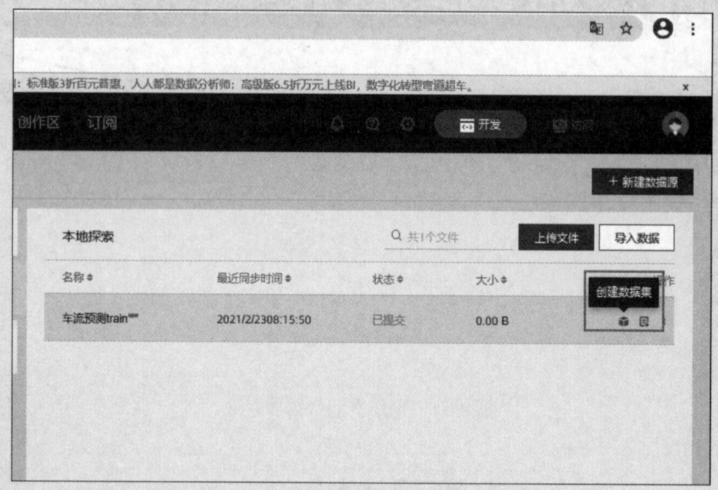

图 4-53　创建数据集界面

（6）如图 4-54 所示，在创建数据集页面，自定义数据集名称并选择数据集存放位置后，单击【确定】按钮。

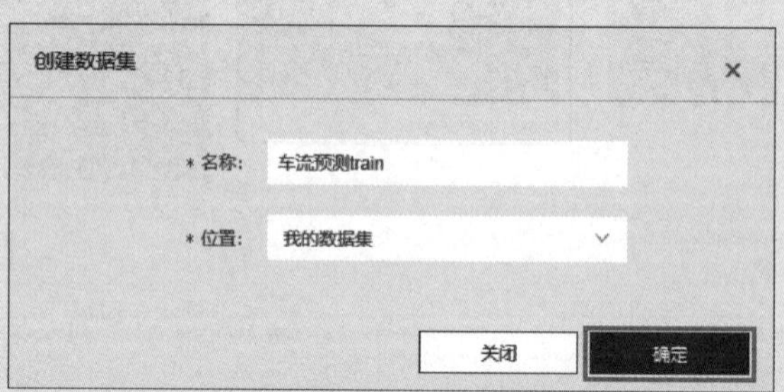

图 4-54　创建数据集位置界面

（7）如图 4-55 所示，依次单击【工作空间】→【数据集】标签。在数据集页面，单击【车流预测 train】名称，进入数据集【编辑】页面。

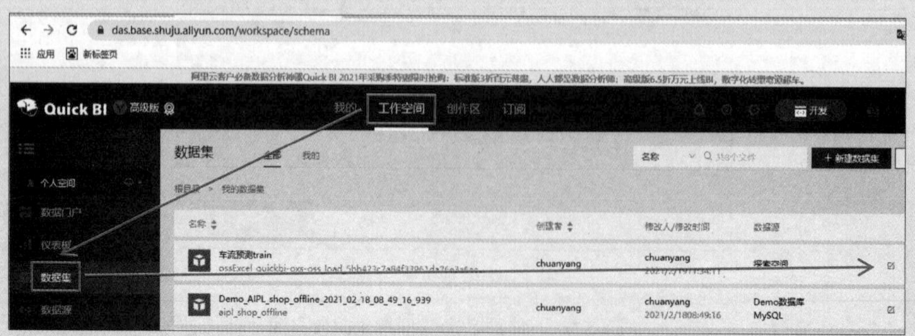

图 4-55　数据集编辑界面

（8）如图 4-56 所示，单击【刷新预览】按钮，可以看到数据集的信息，左侧显示的是维度和度量字段。

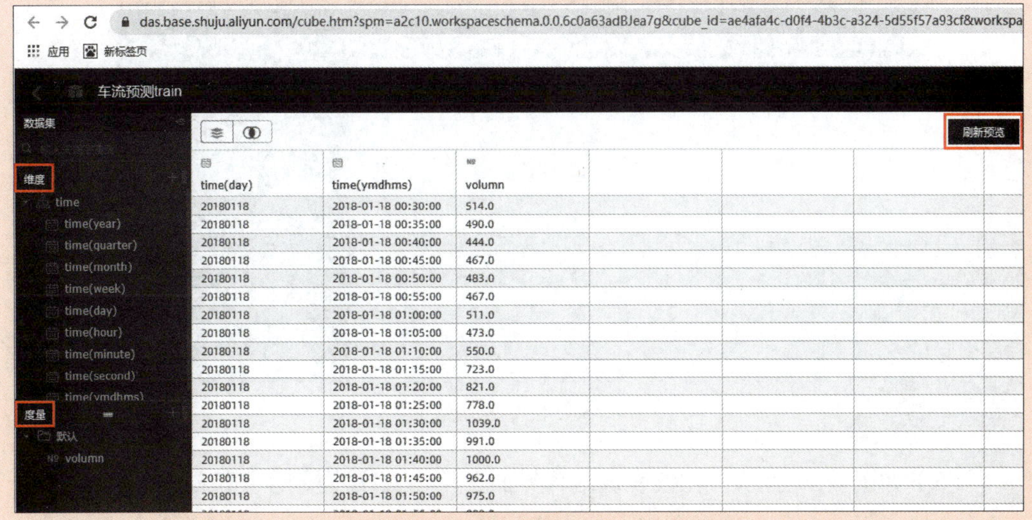

time(day)	time(ymdhms)	volumn
20180118	2018-01-18 00:30:00	514.0
20180118	2018-01-18 00:35:00	490.0
20180118	2018-01-18 00:40:00	444.0
20180118	2018-01-18 00:45:00	467.0
20180118	2018-01-18 00:50:00	483.0
20180118	2018-01-18 00:55:00	467.0
20180118	2018-01-18 01:00:00	511.0
20180118	2018-01-18 01:05:00	473.0
20180118	2018-01-18 01:10:00	550.0
20180118	2018-01-18 01:15:00	723.0
20180118	2018-01-18 01:20:00	821.0
20180118	2018-01-18 01:25:00	778.0
20180118	2018-01-18 01:30:00	1039.0
20180118	2018-01-18 01:35:00	991.0
20180118	2018-01-18 01:40:00	1000.0
20180118	2018-01-18 01:45:00	962.0
20180118	2018-01-18 01:50:00	975.0

图 4-56　查看数据集界面

4）创建仪表板

下面在 Quick BI 中对前面获取和处理后的数据进行可视化展示。

（1）前面已完成数据源和数据集的创建，下面开始新建仪表板。如图 4-57 所示，单击【工作空间】→【仪表板】标签。在仪表板管理页面，单击【新建仪表板】按钮。

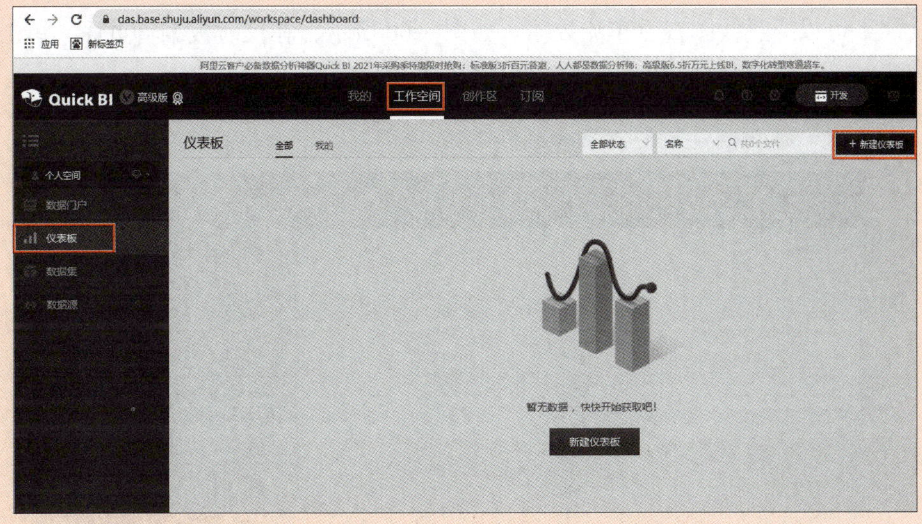

图 4-57　新建仪表板界面

（2）进入仪表板编辑页面，如图 4-58 所示。

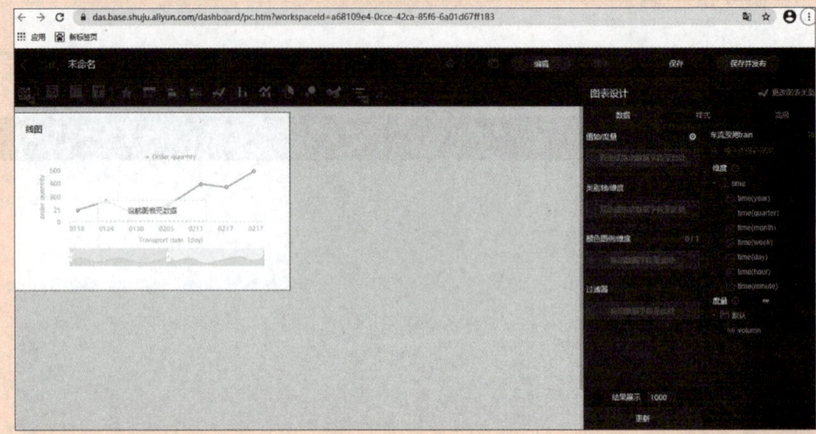

图 4-58　仪表板编辑界面

（3）如图 4-59 所示，在仪表板编辑界面，单击富文本图标。富文本图例会自动显示在仪表板展示区。这里用来添加报表标题。

图 4-59　添加报表标题界面

（4）可以通过线图查看车流数据。如图 4-60 所示，在仪表板编辑页面，单击线图图标，线图图例会自动显示在仪表板展示区。

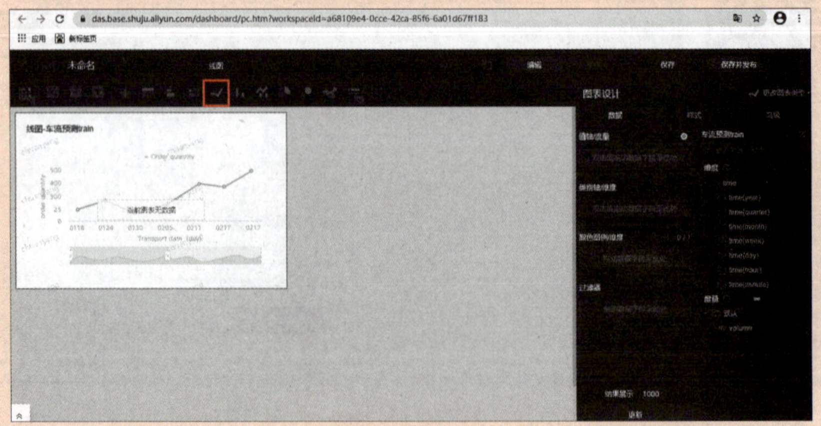

图 4-60　仪表板展示区界面

（5）如图 4-61 所示，在图表设计的【数据】标签，配置线图数据。单击【请选择数据集】标签，选择目标数据集【车流预测 train】。此时可以看到数据集中的信息已导入度量和维度中。

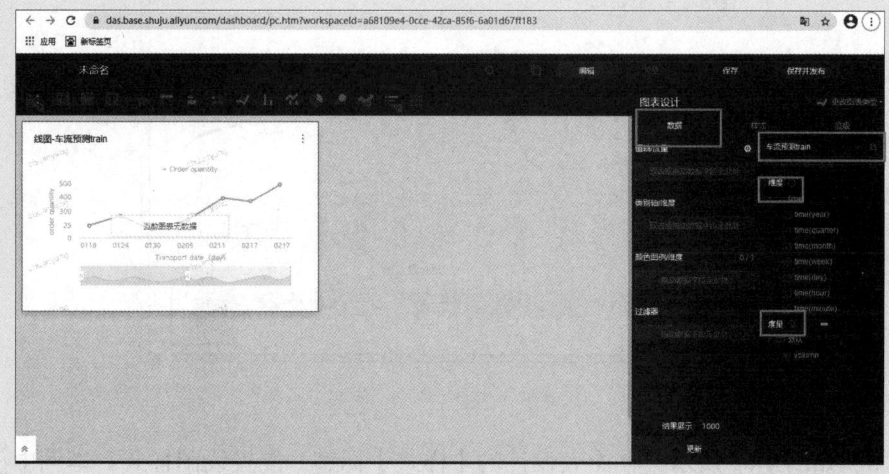

图 4-61　数据页标签界面

（6）选择需要的维度字段和度量字段，双击或拖动至目标区域。如图 4-62 所示，在维度列表中，找到“time(hour)”，并添加到类别轴 / 维度区域。在度量列表中，找到“volumn（求和）”，并添加到值轴 / 度量区域，单击【更新】按钮。

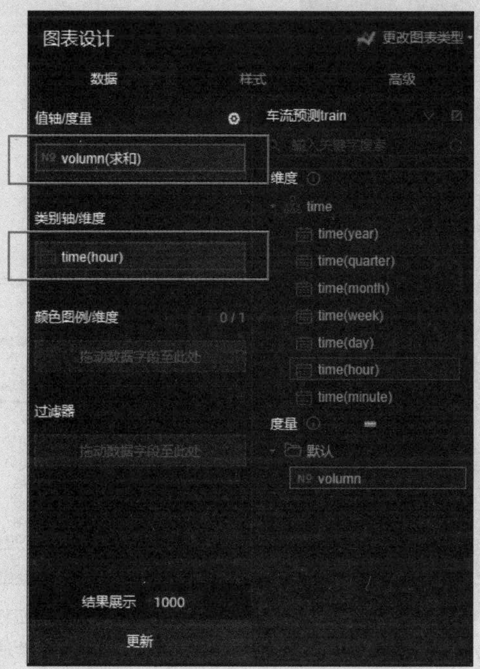

图 4-62　添加度量、维度字段界面

（7）更新后的线图如图 4-63 所示，可以拖动下面的时间轴来观看各个时间段的情况。

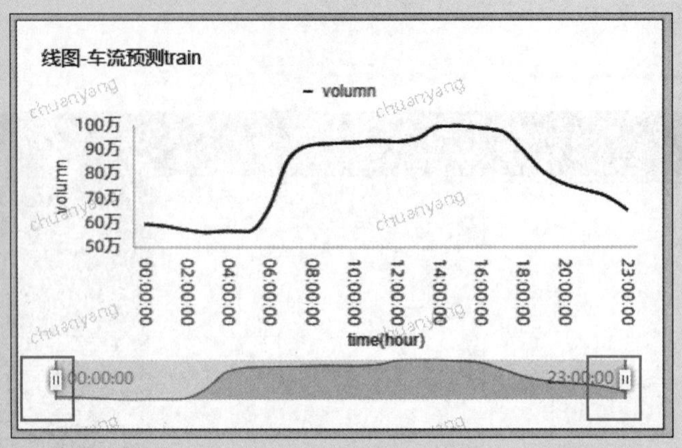

图 4-63　更新后的线图界面

（8）如图 4-64 所示，在图表设计的【样式】标签，配置线图样式。本例中仅给出需要手动设置的配置项，其他配置项保持默认值即可。在【系列设置】标签中依次选中复选框【显示图表标签】、【显示标记点】、【显示最值】，最值的显示可以方便清楚地知道一天当中的车流峰值和低谷，线图会实时进行更新。

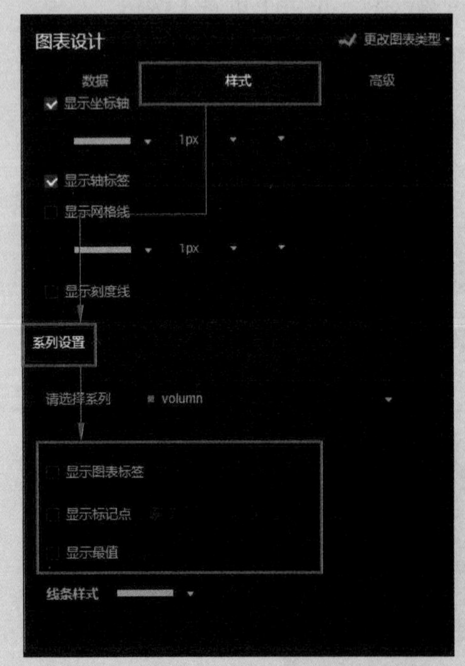

（a）样式页标签界面

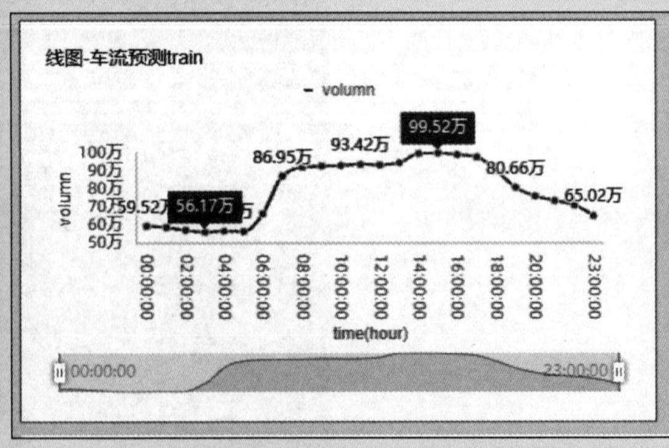

（b）更新后的线图

图 4-64　配置线图样式

（9）如图 4-65 所示，单击【预览】按钮可以看到可视化的效果。

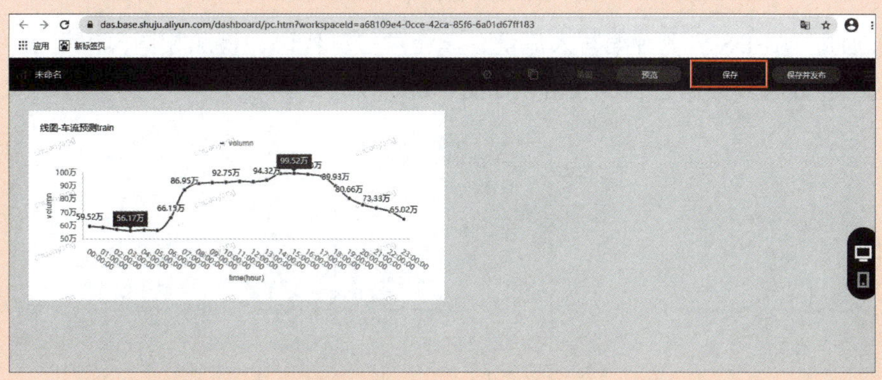

图 4-65 预览后的可视化线图

（10）如图 4-66 所示，在图表设计的【数据】标签，将维度选择为“time(day)”，这样可以看到每天的效果。

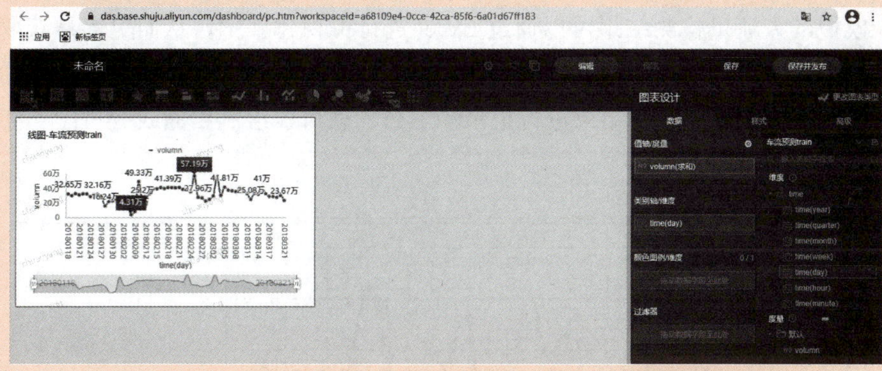

图 4-66 更新维度后的效果图

5）训练和测试数据集可视化展示

重复以上创建数据源、创建数据集、创建仪表板的步骤，利用准备好的训练数据 train 和测试数据 test 进行可视化展示，最终效果如图 4-67 所示。

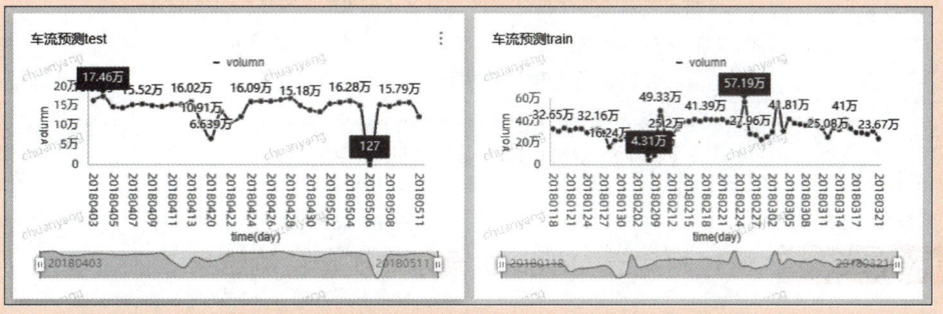

图 4-67 车流预测数据集 train 和 test 可视化效果图

任务 4-4-1 通过 Excel 展示人流量检测结果

（1）通过 PAI-DSW 平台编写人流量、车流量检测代码，检测相同模拟场景一段时间内的人流量，并将其数据绘制成表格，如图 4-68 所示。

时间/小时	人数/个
0	25
1	18
2	20
3	14
4	24
5	29
6	41
7	86
8	107
9	99
10	123

图 4-68　人流量检测结果数据

（2）模拟的人流量检测结果可以通过 Excel 进行可视化展示，从而更容易获取实时的人流量变化规律（用 Excel 进行数据可视化的步骤可参考前面知识准备的内容）。通过分析不同图片中的人流量数据，把结果进行记录和汇总，就可以绘制出曲线分析图，如图 4-69 所示。

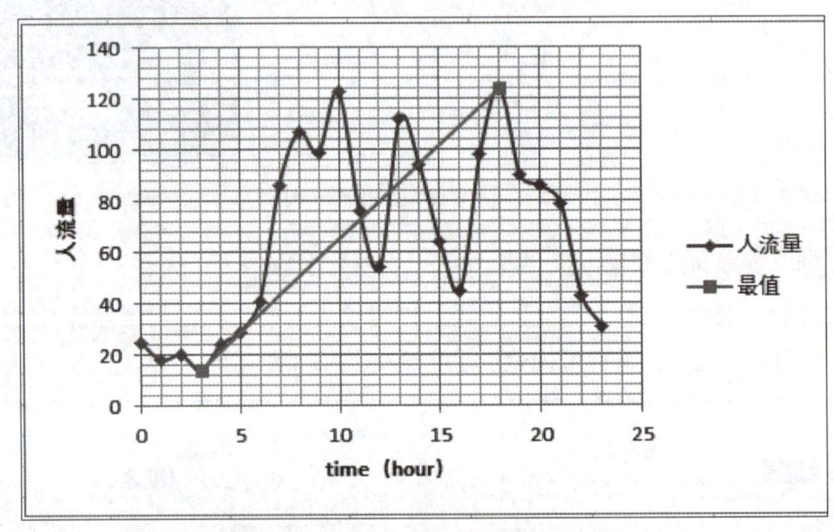

图 4-69　使用 Excel 呈现人流量的可视化结果

任务 4-4-2 通过阿里云 Quick BI 展示车流量检测结果

（1）在相同模拟场景下，检测一段时间内的车流量，并将其数据绘制成表格，如

图 4-70 所示。

（2）车流量检测的结果可以通过 Quick BI 进行可视化展示，从而更容易获取实时的车流量变化规律（用 Quick BI 进行数据可视化的步骤可参考前面知识准备的内容）。通过分析不同图片中的车流数据，把结果进行记录和汇总，就可以绘制出曲线分析图，如图 4-71 所示。

以上任务详见电子实验手册（中级）“实验 4　利用 PAI 平台建立旅游景点人流车流检测”中步骤 1（旅游景点人流车流预测模型及应用部署的 PAI-DSW 实现步骤）中的（5）～（16）。

时间/小时	车辆/辆
0	95
1	121
2	68
3	37
4	44
5	97
6	369
7	881
8	791
9	816
10	818

图 4-70　车流量检测结果数据

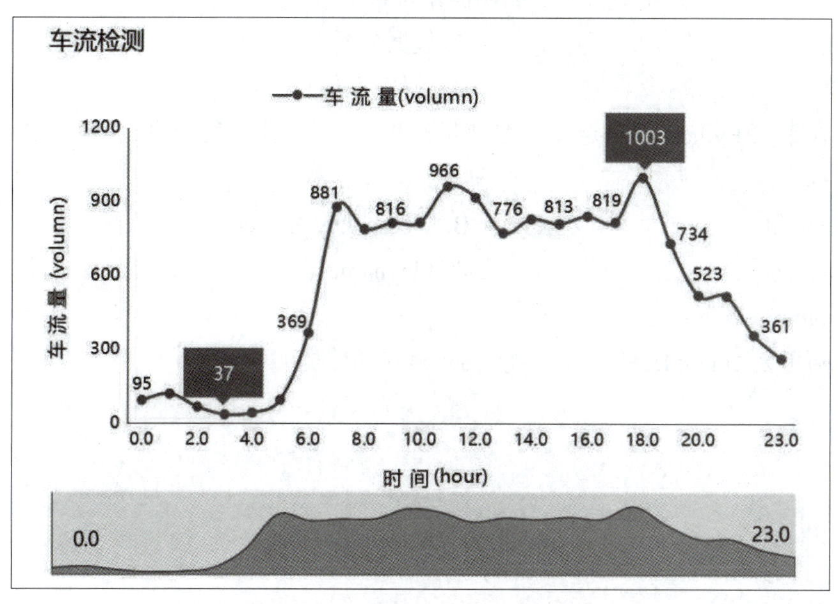

图 4-71　使用 Quick BI 检测车流量的可视化结果

Excel 和 Quick BI 可视化

项目总结

本项目从数据的采集到识别结果的可视化展示，通过 PAI-DSW 平台以 Python 代码的编写形式完成了数据的检测，并分别通过 Excel 和阿里云 Quick BI 工具将检测结果可视化，直观地展示了模拟场景下人流车流检测的分析结果。项目回顾了在 PAI-DSW 中如何编写 Python 代码调取阿里云视觉智能开放平台中多个 API 的方法，同时又学习了如何利用 Excel 和阿里云 Quick BI 工具将检测结果可视化的新知识。本项目较上一个项目场景的难度相对较低，代码量较少，但对数据可视化的能力要求较高。实验要求在完成相关代码调用后，还能用图表的方式直观地展示检测结果。

练习题

1.（单选题）Python 语言读取 Excel 文件的函数为（　　）。

A. read_csv( )　　B. read_excel( )

C. read_json( )　　D. read_xml( )

2.（单选题）安装阿里云 SDK 核心库的命令是（　　）。

A. pip install aliyun-python-sdk-core

B. pip install aliyun-python-sdk-ecs

C. pip install aliyun-python-sdk-facebody

D. pip install aliyun-python-cdn

3.（单选题）阿里云 Quick BI 平台主要的功能是（　　）。

A. 数据可视化　　B. 数据分析

C. 智能画图　　D. 数据存储

4.（单选题）在编写 Python 代码定义项目变量过程中，代表阿里云鉴权、登录 ID 的变量名称是（　　）。

A. access_key_id　　B. access_key_secret

C. bucket_name　　D. file_name

E. project_name

5.（判断题）阿里云 Quick BI 平台不支持 CSV 格式的数据源。（　　）

人工智能算法应用
——以公共区域行人密度检测场景为例

项目概述

1. 项目背景

本项目通过编写 Python 代码的方式搭建机器学习网络模型，利用机器学习的智能视觉算法实现图像识别，完成公共区域行人密度检测的功能，带大家了解人工智能视觉应用 API 内部算法模型的实现过程。

本项目的算法模型采用了 SSD（single shot multiBox detector）算法，通过对大量的行人图片数据进行训练来检测图片中的行人个数，返回该图片中行人的区域位置坐标信息，并通过矩形框将行人框出。通过自动统计图像中的行人个数，与项目设定的人数上限进行比对，判断模拟场景行人密度情况。

2. 项目架构

本项目主要通过 Python 集成开发环境 Pycharm 完成，在完成项目之前，需要配置项目代码运行的环境，准备好有关行人的标注数据集（通过 LabelImg 图像标注工具标注数据）。然后，通过编写 Python 代码搭建好 SSD 神经网络模型，利用提供的神经网络模型预权重参数进行训练。通过对大量的行人标注数据集进行训练，检测图片中是否有行人目标，在返回图片中使用矩形框框出所有行人主体位置，并统计图中所有行人的个数，最后，判断当前行人的密集程度。

3. 项目知识

本项目重点学习的是利用 LabelImg 图像标注工具进行项目数据的标注，以及搭建和配置 Pycharm 平台，这是任务 5-1 和任务 5-2 中重点介绍的知识内容。任务 5-3 中介绍了卷积神经网络和 SSD 算法的基础知识，但并不要求读者能够编写 SSD 神经网络模型的内部实现代码。

学习目标

1. 知识目标

- 了解项目训练数据集的制作方法。
- 了解公共区域行人密度检测项目实现的功能。

2. 技能目标

- 掌握 Pycharm 的基本使用方法（如上传文件、建立 .py 文件、搭建运行环境等）。
- 掌握图片数据集的处理方式、图像标签的标识、Lableme 或 LableImg 软件的使用方法。
- 掌握基本 Python 语言的语法以及相关编程语句，并熟悉项目测试代码编写，模型训练、预测等操作。

项目导图

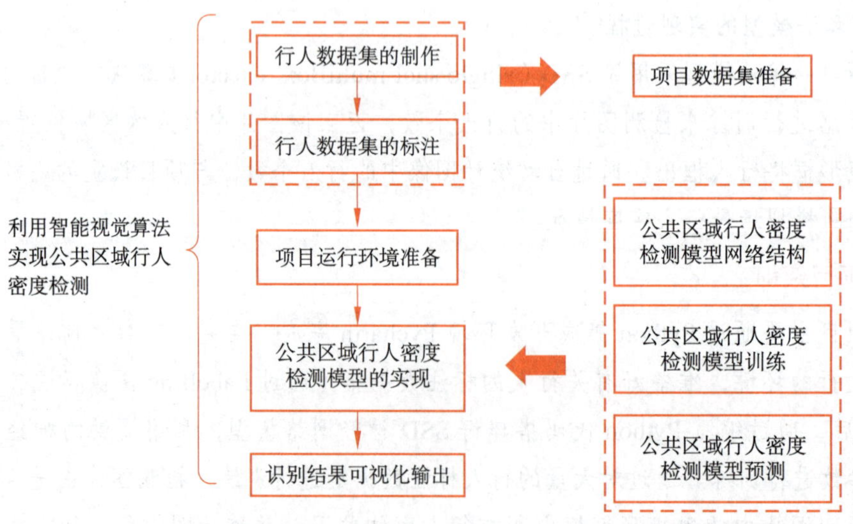

任务 5-1 对行人数据集进行标注

任务目标

- 了解项目所需数据的要求。
- 了解 LabelImg 标注数据后生成的 XML 格式数据。
- 掌握 LabelImg 标注工具对数据进行标注的步骤。
- 掌握项目所需数据集的制作过程。

任务分析

通过互联网搜索含有行人图片的开源数据集，保存至本地，作为标注的原始数据。使用 LabelImg 标注工具对原始数据进行标注，生成数据标签，用于 SSD 神经网络模型的训练学习。

知识准备

对图片数据进行相应的标注，需要使用具体的标注软件。本项目使用 LabelImg 标注软件进行数据标注。LabelImg 软件是一个可执行软件，它以 .exe 文件的形式存在。不用通过命令行安装和打开，直接双击打开即可。

打开 LabelImg 图标后，LabelImg 的界面如图 5-1 所示。可以看到在主界面的左侧有一列按键，从上到下依次是：Open 键，作用是打开一张需要标注的图片；Open Dir 键，作用是打开需要处理的图片文件夹；Change Save Dir 键，作用是选择图片标注完成后生成的 XML 文件存放的位置；Next Image 键，作用是选择下一张图片；Prev Image 键，作用是选择上一张图片；Save 键，作用是保存图片；Create RectBox 键，作用是选择画框标注的按键；Duplicate RectBox 键，作用是复制任意画好的标注；Delete RectBox 键，作用是删除一个标注；Zoom In 键，作用是放大。

图 5-2 所示是通过 LabelImg 标注生成的 XML 文件。这些标注好的 XML 文件中主要保存着对应图片中行人的位置坐标，从图 5-2 所示的文件内容可以看到里面有相应图片数据的图片名、路径、所在文件夹等基础信息：在 <size> 和 </size> 之间是相应图片的宽、高和通道数；在 <name> 和 </name> 之间是图片的标注名称；在 <bndbox> 和 </bndbox> 之间是相应图片上行人的位置坐标。

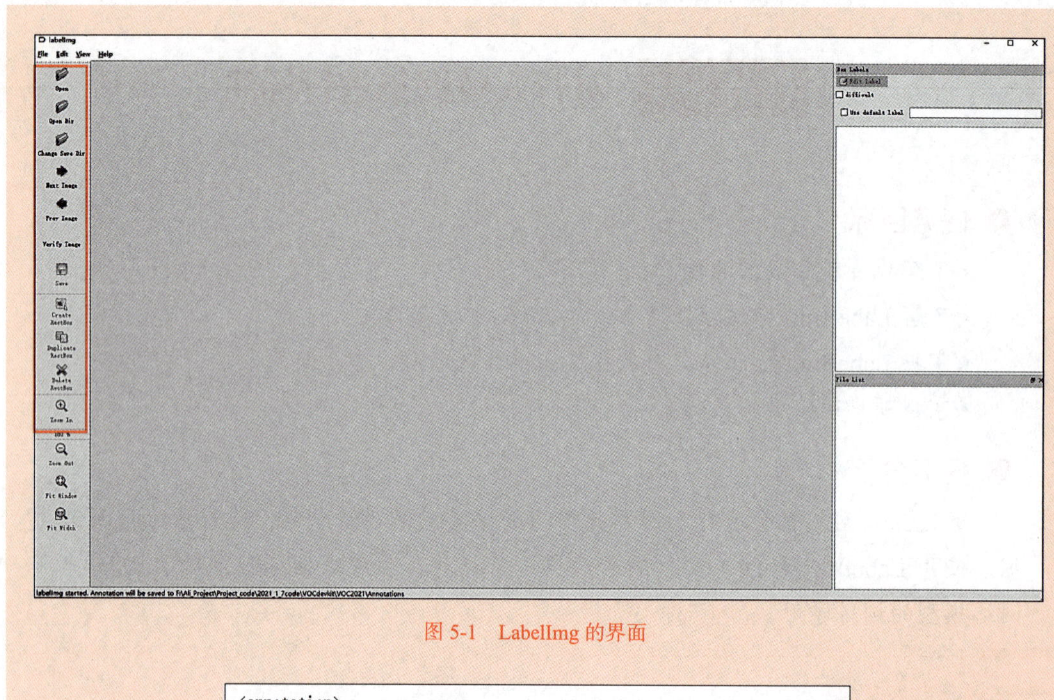

图 5-1　LabelImg 的界面

```
<annotation>
	<folder>JPEGImages</folder>
	<filename>00002.jpg</filename>
	<path>F:\Ali_Project\Project_code\2021_1_7code\VOCdevkit\VOC2021
\JPEGImages\00002.jpg</path>
	<source>
		<database>Unknown</database>
	</source>
	<size>
		<width>480</width>
		<height>364</height>
		<depth>3</depth>
	</size>
	<segmented>0</segmented>
	<object>
		<name>person</name>
		<pose>Unspecified</pose>
		<truncated>0</truncated>
		<difficult>0</difficult>
		<bndbox>
			<xmin>185</xmin>
			<ymin>62</ymin>
			<xmax>279</xmax>
			<ymax>199</ymax>
		</bndbox>
	</object>
</annotation>
```

图 5-2　XML 文件内容

任务 5-1-1　行人检测数据集的制作

本项目需要参考电子实验手册准备的行人开源数据集进行训练，使用 LabelImg 对行人数据集进行标注。但是，从互联网上下载的不同开源数据集，拥有不同的图片名称，对网络模型的学习是不利的，如无法批量读取训练图片。因此，需要采用 Python 编写代码的方式对开源数据集的图片名称进行重命名。

本项目采用的是 VOC（visual object classes）数据集的制作方式，VOC 数据集是一套检测和识别标准化的数据集，其结构如图 5-3 所示。

Annotations	2021/1/31 12:06	文件夹
ImageSets	2021/1/16 17:20	文件夹
JPEGImages	2021/1/31 12:05	文件夹

图 5-3 VOC 数据集结构

如图 5-3 所示，制作 VOC 数据集，需要先建立 3 个文件夹，文件名分别是 Annotations、ImageSets 和 JPEGImages。其中，JPEGImages 文件中放入整理、筛选、重命名好的原始图片；ImageSets 文件夹目前是空文件夹，后续通过代码将图片文件信息写入；Annotations 文件夹中放入人工标注好图片的 XML 文件。

（1）如图 5-4 所示，在 JPEGImages 文件夹中放入需要训练的原始图片，本项目选取部分 VOC 2007 行人数据集，共 1212 张图片数据。首先需要筛选这些行人图片，去除没有行人的图片以及像素模糊的图片。

00001.jpg	2007/1/10 2:15	JPG 图片文件	134 KB
00002.jpg	2007/1/9 19:55	JPG 图片文件	94 KB
00003.jpg	2007/1/10 2:29	JPG 图片文件	99 KB
00004.jpg	2007/1/9 22:08	JPG 图片文件	118 KB
00005.jpg	2007/1/9 20:08	JPG 图片文件	54 KB
00006.jpg	2007/1/10 1:52	JPG 图片文件	84 KB
00007.jpg	2007/1/10 1:03	JPG 图片文件	78 KB
00008.jpg	2007/1/9 22:52	JPG 图片文件	90 KB
00009.jpg	2007/1/10 2:36	JPG 图片文件	97 KB
00010.jpg	2007/1/10 3:13	JPG 图片文件	89 KB

图 5-4 JPEGImages 文件夹中的文件

（2）筛选完成后，这些行人图片数据需要进行重命名和重新排序，以便网络的调取使用。由于图片数据集很大，因此需要编写程序来完成相应的操作。打开 Pycharm，在当前目录下新建 Python 文件，将下面代码输入。

```
# 导入 os 系统包，用来调用文件重命名的函数
import os
# 该部分代码目标是完成文件图片格式的统一化——重命名
# 获得目标（源）文件的路径
ini_file_path = './VOCdevkit/VOC2021/JPEGImages/'
# 循环更改图片文件名字函数，TempFile 是目标文件夹下面的文件列表，ini_test 是目标文件
路径
def rename_file(TempFile,ini_test):
```

```
    # 定义图片重命名的名字，并从 1 开始
    File_num = 1
    # 创建循环，循环目标文件下的所有图片
    for File in TempFile:
        # 将图片名字由整型转化为字符型
        File_num_temp = str(File_num)
        # 转化为字符型的图片名字，如将 "1" 转化为 "00001"
        other_url = File_num_temp.zfill(5)
        # 拼接字符型和后缀名，组成完整的文件名
        FileNew = other_url+'.jpg'
        # 输出旧的文件名和新的文件名
        print("Old: ",File,"New: ",FileNew)
        # 判断旧文件名和新文件名是否一致
        if (FileNew != File):
            # 调取 os 库中的 rename 方法来为相应文件重命名
            os.rename(ini_test + File,ini_test + FileNew)
        # 图片名称加 1，循环为下一个图片命名
        File_num = File_num + 1
    # 打印修改完成的结果
    print(" 图片名字修改完毕！！！ \n")
# 程序入口
if __name__ == "__main__":
    # 读取目标文件夹下的图片文件
    TempFile = os.listdir(ini_file_path)
    # 打印目标文件夹中文件名
    print(TempFile)
    # 调用自己定义的重命名的函数，并传入相应参数
    rename_file(TempFile,ini_file_path)
```

（3）上述代码是对 JPEGImages 文件夹中筛选完成的图片进行重命名。在 Pycharm 中编写完成上述代码后，单击运行，重命名代码执行结果如图 5-5 所示，完成行人数据集的制作。

```
Old:  06205.jpg New:  01206.jpg
Old:  06206.jpg New:  01207.jpg
Old:  06207.jpg New:  01208.jpg
Old:  06208.jpg New:  01209.jpg
Old:  06209.jpg New:  01210.jpg
Old:  06210.jpg New:  01211.jpg
Old:  06211.jpg New:  01212.jpg
图片名字修改完毕！！！
```

图 5-5　重命名代码执行结果

任务 5-1-2　行人检测数据集的标注

在完成了行人数据集的制作后，需要对行人数据集进行标注。标注后生成的文件和原

图片一起被输入 SSD 神经网络模型，让神经网络模型学习图片中行人的位置。标注完会生成 XML 格式的文件，将 XML 文件整合成顺序排列的 XML 数据集，生成行人标注数据集，完成项目数据的准备。使用 LabelImg 来完成本项目数据集的标注的步骤如下。

（1）首先，如图 5-6 所示为 LabelImg 界面，依次单击【Open Dir】选项→【JPEGImages】标签→【选择文件夹】按钮，其中“JPEGImages”是我们最先建立并筛选完成的且需要标注原图的文件夹。通过上述操作，可以将文件中需要标注的图片全部读取到 LabelImg 中。

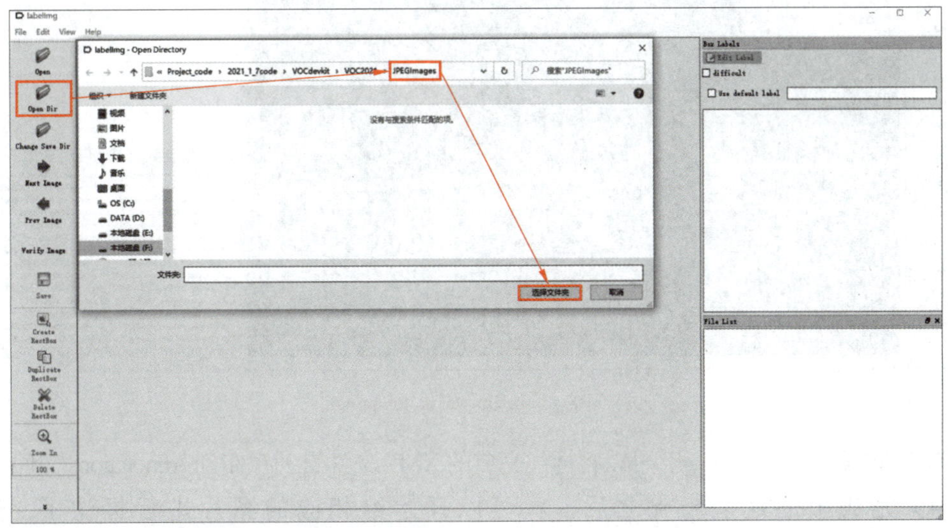

图 5-6　LabelImg 界面

（2）其次，依次单击【ChangeSaveDir】选项→【Annotations】标签→【选择文件夹】按钮，如图 5-7 所示为 Annotations 文件夹。图中的“Annotations”是存放标注完成后生成 XML 文件的文件夹。通过上述操作，可以将标注的完成 XML 文件存储到 Annotations 文件夹中。

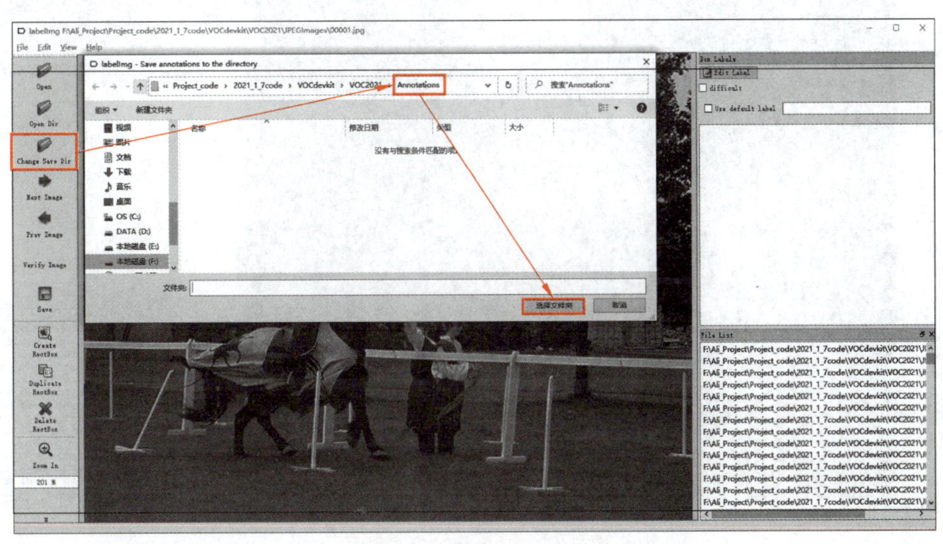

图 5-7　Annotations 文件夹

（3）然后，单击【View】标签→【AutoSaving】标签，如图 5-8 所示为 LabelImg 的自动保存按钮 AutoSaving。

图 5-8 LabelImg 的 AutoSaving

单击图中的“AutoSaving”可以将标注完成的 XML 文件自动存储到 Annotations 文件夹中。

（4）完成上述这些步骤之后，就可以开始给相应的图片进行标注了，选择【CreateRectBox】标签对图片进行标注。LabelImg 的标注界面如图 5-9 所示，使用“CreateRectBox”可以对图片中的人体做矩形标注，能将人体整体框入图中。完成标注后，按下键盘上的 D 键，可以切换至下一张需要标注的图片。

图 5-9 LabelImg 的标注界面

（5）通过上述操作可完成所有图片标注，返回相应 Annotations 文件夹，查看自动保存的 XML 文件。如图 5-10 所示，在 Annotations 文件夹中可以看到标注图片后自动保存的 XML 文件。保存的文件名和相应的图片名称一致。

00001.xml	2021/1/21 11:54	XML 文档	1 KB
00002.xml	2021/1/17 1:05	XML 文档	1 KB
00003.xml	2021/1/17 1:05	XML 文档	1 KB
00004.xml	2021/1/17 1:05	XML 文档	1 KB
00005.xml	2021/1/17 1:05	XML 文档	1 KB
00006.xml	2021/1/21 11:39	XML 文档	1 KB
00007.xml	2021/1/17 1:05	XML 文档	1 KB
00008.xml	2021/1/17 1:05	XML 文档	2 KB
00009.xml	2021/1/21 11:45	XML 文档	1 KB
00010.xml	2021/1/17 1:05	XML 文档	1 KB

图 5-10　Annotations 文件夹

将所有收集到的图片完成上述标注操作，生成对应图片的 XML 文件并保存至 Annotations 文件夹，即可完成行人检测数据集的制作。

行人数据标注过程

任务 5-2　为公共区域行人密度检测项目准备 Pycharm 开发环境

任务目标

- 掌握项目代码环境的配置方法。
- 掌握在 Pycharm 上运行代码所要配置的库。

任务分析

在 Pycharm 中创建项目代码环境，并安装本实验运行所需的 Python 库。

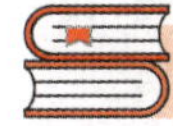

知识准备

开始项目运行环境准备之前，需要到 Python 官网下载并安装 Python 3.6 软件。在 Python 安装完成后，需要对安装的 Python 配置环境变量，这样才可以在计算机 cmd 命令行中直接使用 pip 语法安装 Python 各种工具包。下面分步骤详细介绍 Python 环境变量的添加。

（1）右击【计算机】图标，在弹出的快捷菜单中，单击【属性】标签，如图 5-11 所示。

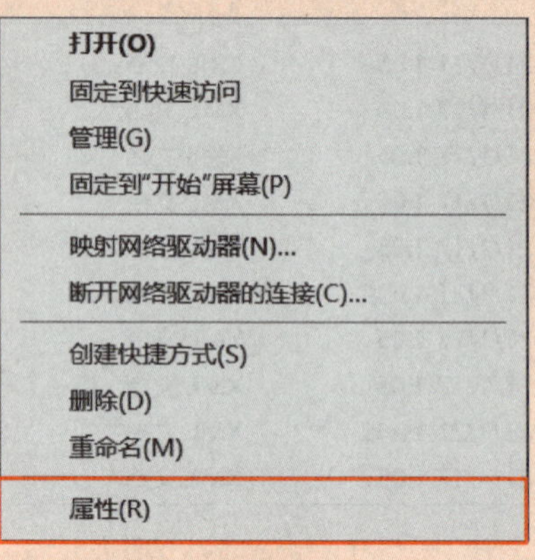

图 5-11　选择【属性】选项

（2）如图 5-12 所示，为“计算机”属性界面，单击【高级系统设置】标签。

表 5-12　“计算机”属性界面

（3）如图 5-13 所示为系统属性界面，单击【环境变量】按钮，进入环境变量界面。

（4）如图 5-14 所示为环境变量界面，选择【系统变量】对话框下面的【Path】标签，双击打开。

（5）如图 5-15 所示为编辑环境变量界面，在“Path”界面选择【新建】按钮，用“；”隔开其他路径，将 Python 安装路径添加即可，也可以按电子实验手册里的步骤完成 Python 环境变量的配置。

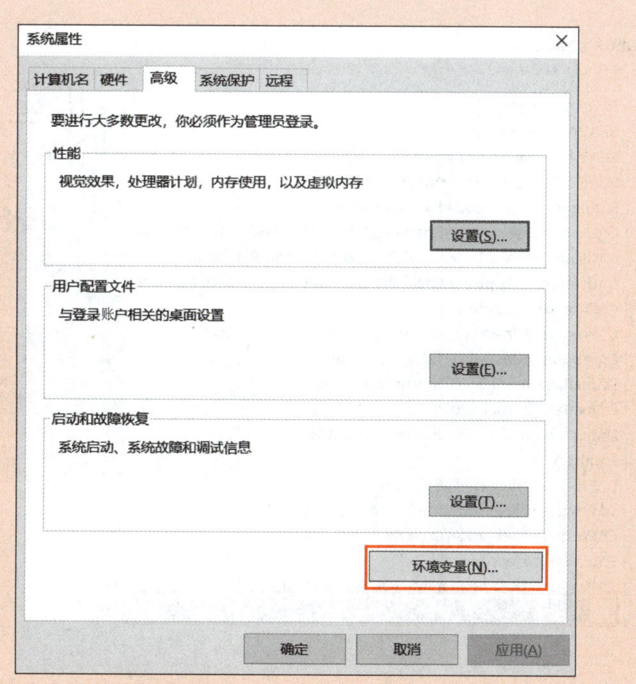

图 5-13 【系统属性】界面

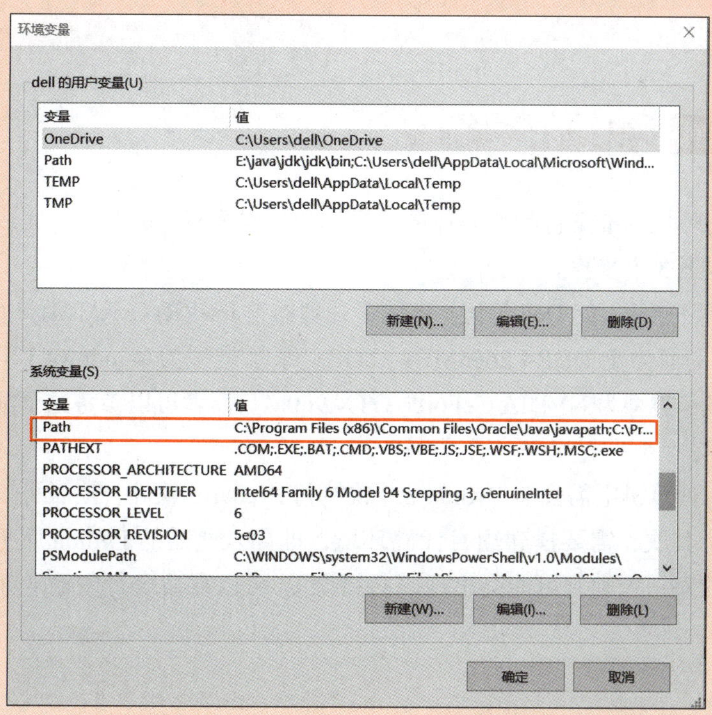

图 5-14 【环境变量】界面

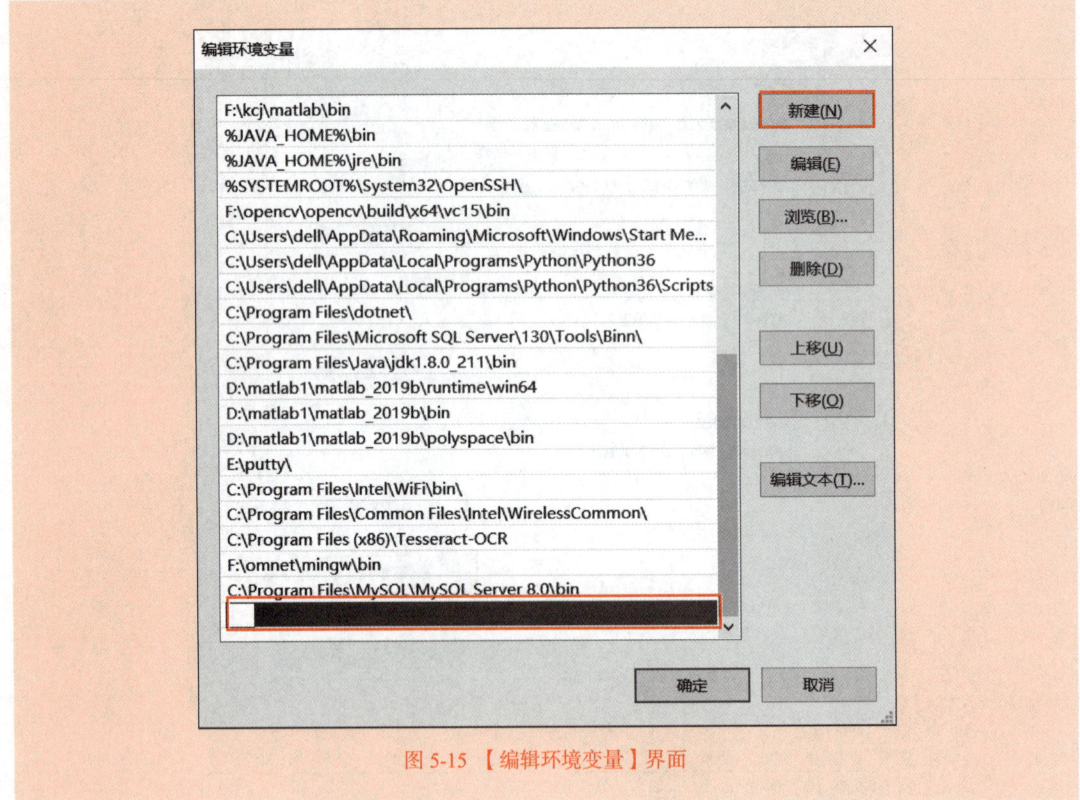

图 5-15 【编辑环境变量】界面

任务 5-2-1 项目运行环境准备

本项目运行环境的准备包括代码环境的搭建和预训练权重的载入。完成本项目的运行环境搭建需要以下 3 个步骤。

（1）硬件平台准备。如 Dell 笔记本电脑，处理器为 Intel(R) Core(TM) i7-6700HQ CPU @ 2.60GHz；内存为海力士 DDR4 2666MHz 16GB；系统类型为 Windows 10 家庭中文版 64 位操作系统；显卡类型为 NVDIA GeForce GTX 960M。读者可以参考这个配置，在本地完成开发环境搭建。

（2）首先，计算机上需安装 Python 3.6 软件和 Pycharm 软件，读者可以参考电子实验手册进行安装。其次，需要搭建项目代码环境，即导入所需的 Python 库（在 Pycharm 上安装对应版本的库，否则有可能会出现一些错误）。可以在命令行中输入如下语句完成相关安装。

```
pip install numpy
pip install matplotlib
pip install tensorflow==1.13.1
pip install keras==2.2.4
```

```
pip install opencv-python==4.0.0.21
pip install h5py==2.9.0
```

安装上述库时，请尽量按照上述对应版本安装，否则可能会出现版本不兼容情况，或者出现与程序中代码不兼容的情况。

如果想使用 GPU 来训练该项目，需要提前安装 Cuda 和 Cudnn（先下载 Cuda，Cudnn 的版本是跟随着 Cuda 的版本号命名的），Cuda 是显卡厂商 NVIDIA 推出的运算平台，Cudnn 是用于深度神经网络的 GPU 加速包。这两个都有不同版本，必须和 Tensorflow 的版本相互兼容才可以。虽然使用 GPU 训练速度会更快，并且算法训练的主流也是使用 GPU，但是考虑到大部分读者的硬件条件，建议先配置 CPU 版本的环境。

（3）预权重是神经网络训练后得到的网络参数，可以直接加载预权重对行人图片进行预测得出结果。本项目实验将提供预权重 ssd_weights.h5 文件，将这个 h5 文件复制或移动到整个项目的 model_data 文件里，就可以通过以下语句在训练过程中加入预权重来加速训练。

```
model.load_weights('model_data/ssd_weights.h5', by_name=True, skip_
mismatch=True)
```

任务 5-2-2 载入 Python 解释器

通过 Pycharm 编写代码之前，需要在 Pycharm 中载入 Python 解释器为代码运行配置环境。

（1）在 Pycharm 中打开项目文件，如图 5-16 所示为打开项目文件界面。

```
# 载入ssd文件中的SSD方法
from ssd import SSD
# 载入PIL文件中的Image方法
from PIL import Image
# 创建SSD对象
ssd = SSD()

# 循环预测
while True:
    # 输入需要检测的图片路径
    img = input('Input image filename:')
    # 先做执行下面的函数
    try:
        # 读取图片
        image = Image.open(img)
    # 如果无法执行
    # 则执行下面的函数
    except:
        # 输出错误
        print('Open Error! Try again!')
        # 则继续执行
        continue
    # 另外
    else:
        # 调用目标检测函数检测图片
        r_image = ssd.detect_image(image)
        # 显示出检测的图片
```

图 5-16 打开项目文件界面

（2）如图 5-17 所示为 Pycharm 菜单界面，单击界面中的【Settings】选项，进入设置界面。

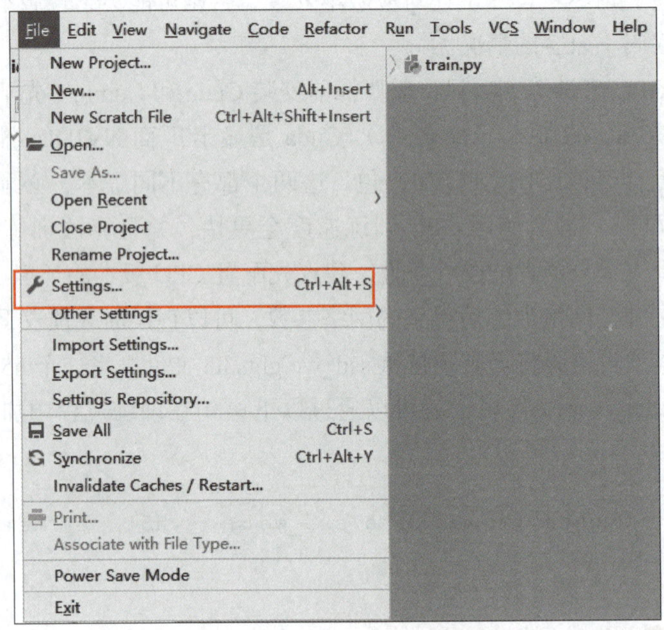

图 5-17　Pycharm 菜单界面

（3）单击左侧的【Python Interpreter】，然后单击右上角的蓝色下拉箭头，选择本地安装的 Python 解释器，如图 5-18 所示为 Pycharm 解释器界面。

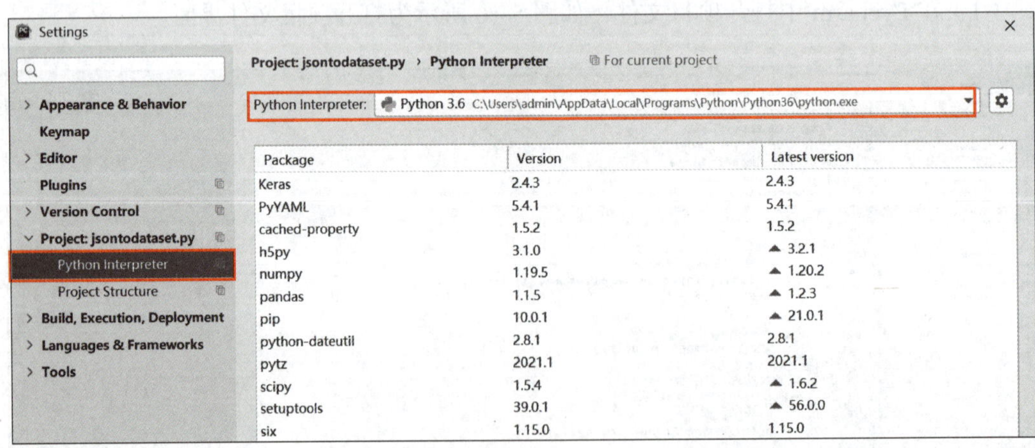

图 5-18　Pycharm 解释器界面

任务 5-3 公共区域行人密度检测算法训练及应用

任务目标

• 掌握 Pycharm 软件代码解释器的添加方法。
• 掌握 Pycharm 训练和测试 SSD 算法模型的方法。

任务分析

本任务并不要求读者能够编写 SSD 神经网络模型的内部实现代码，但要能编写其训练代码以调整神经网络参数，以及加载预权重对神经网络进行训练。同时，能够编写 SSD 神经网络模型的预测代码，将训练好的模型载入测试程序，利用图片数据测试训练好的神经网络模型。

知识准备

本任务将使用 SSD 神经网络结构进行模型设计及实现。SSD 神经网络结构的很大部分是卷积神经网络搭建而成。

1. 卷积神经网络概述

CNN（Convolutional Neural Networks，卷积神经网络）与普通神经网络的区别在于，CNN 包含了一个由卷积层和子采样层（池化层）构成的特征抽取器。在 CNN 的卷积层中，一个神经元只与部分邻层神经元连接。

CNN 的一个卷积层中，通常包含若干个特征平面，每个特征平面由一些矩形排列的神经元组成，同一特征平面的神经元共享权值，这里的共享权值就是卷积核。卷积核一般以随机小数矩阵的形式初始化，在网络的训练过程中卷积核将学习得到合理的权值。共享权值带来的直接好处是减少网络各层之间的连接，同时又降低了过拟合的风险。子采样也叫作池化，可以看作一种特殊的卷积过程，通常有均值子采样和最大值子采样两种形式。卷积和子采样大幅简化了模型复杂度，减少了模型的参数。

（1）卷积。由于 CNN 经常用于对图像的处理，因此 CNN 中的卷积也是对图像进行卷积。图像中不同数据窗口的数据和卷积核作内积的操作叫作卷积，本质是提取图像不同频段的特征。

（2）池化。降采样层也叫池化层，其具体操作与卷积层的操作基本相同，只不过池化的卷积核只取对应位置的最大值、平均值等（最大池化、平均池化），即矩阵之间的运算规律不一样，并且不经过反向传播的修改。池化层夹在连续的卷积层中间，用于压缩数据和参数的量，减小过拟合，如果输入的是图像，那么池化层的主要作用就是压缩图像。

2. SSD 算法概述

近年来，基于机器学习的图像识别技术发展迅速，为目标检测能力带来了快速提升，因此，作为目标检测技术的分支，行人检测技术也进入了加速应用。通过摄像头对检测场景进行捕捉，将捕捉到的视频流数据转化为图像数据，最后，对这些图像进行相应的识别，并统计图像中的行人个数，判断当前场景行人密度情况。

目前行人检测的方法可以分为两类：一类是传统的基于背景建模—图像分割技术完成检测；另一类是采用机器学习的方式—基于统计学习的方法完成检测。目前行人检测算法分类如图 5-19 所示。

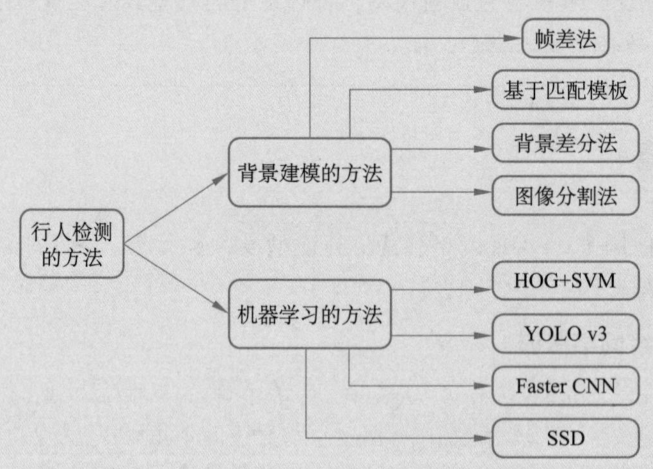

图 5-19　行人检测算法分类

基于背景建模方法检测行人的方法比较传统，首先，要提取运动的目标，在目标区域内进行特征提取；然后，利用分类器进行分类；最后，判断是否包含行人。基于背景建模方法检测行人的方法目前主要存在的难点：无法适应环境的变化，如光照的变化造成图像色度的变化；相机抖动引起画面的抖动，从而带来严重的误差；图像中密集出现的物体，如树叶或树干等密集出现的物体，需要进行分割；必须能够正确地检测出背景物体的改变，如新停下的车必须被及时地归为背景物体，而由静止开始移动的物体也需要及时地检测出来。

本项目将基于机器学习的方法完成行人检测的功能，即通过神经网络提取主要目标特征，然后根据提取的大量样本特征构建行人检测分类器，通过训练好的分类器检测行人。相对于传统的背景消除算法，机器学习算法无需考虑背景变化、消除等一系列复杂的问题。本次行人检测项目就采用机器学习中 SSD 神经网络的方式进

行训练并检测，并采用 Pycharm 平台运行完成项目。同样，基于机器学习方法检测行人也存在一些缺点，如提取的特征在特征空间中的分布不够紧凑，分类器的性能受训练样本的影响较大，以及离线训练时的负样本无法涵盖所有真实应用场景的情况等。

SSD 算法中的核心基础是卷积神经网络，即采用一个 CNN 网络来进行检测识别，因此 SSD 算法对图像检测的效果也是非常优秀的。SSD（single shot multibox detector）中的 single shot 说明 SSD 算法属于 one-stage 算法，multiBox 说明 SSD 算法基于多框预测。one-stage 算法的目标检测和分类是同时完成的，其主要思路是利用 CNN 提取特征后，均匀地在图片的不同位置进行密集抽样，抽样时可以采用不同尺度和长宽比，物体分类与预测框的回归同时进行，整个过程只需要一步，所以其优势是速度快。但是，均匀密集采样的一个重要缺点是训练起来会比较困难，这是因为正样本（图片中含有检测物体的区域）与负样本（图片中的背景）极其不均衡，导致模型准确度稍低。

任务 5-3-1 公共区域行人密度检测模型训练

在 SSD 神经网络模型建立完成后，需要对其进行训练和预测。训练的过程就是将标注好的行人图片输入 SSD 神经网络模型中，通过学习不断调整神经网络的网络参数。最终，使得神经网络模型预测值和实际值的误差下降到最小且收敛。

在训练之前，需要先对标注好的 XML 文件进行内容提取，将提取的内容依次打乱顺序输入神经网络模型进行训练。如图 5-20 所示为 SSD 神经网络模型训练的完整步骤。

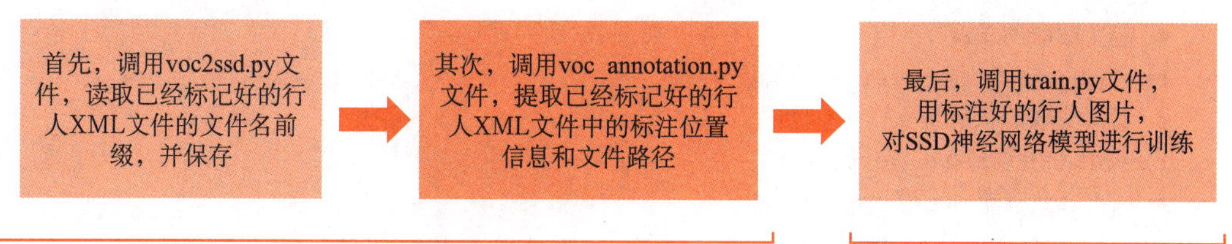

图 5-20　SSD 神经网络模型训练的完整步骤

下面对上述 SSD 神经网络模型的训练步骤进行详细讲解。

1. SSD 神经网络模型训练准备阶段

在 SSD 神经网络模型训练准备阶段，需要获取标注好的行人 XML 文件的文件名前缀，以及相应 XML 文件中标注好的行人位置和文件路径。最后将获取到的相关数据以 TXT 文件的形式进行保存。

（1）首先，获取 XML 文件名前缀（即 voc2ssd.py 文件）。以下是 XML 文件名前缀获取的完整代码，读者也可以在电子实验手册中获取这些代码。

```
# 导入 os 包
import os
# 导入 random 包
import random

# 载入 xml 文件的路径（即标注好的行人图片）
xmlfilepath=r''./VOCdevkit/VOC2021/Annotations''
# 载入 xml 文件保存路径
saveBasePath=r"./VOCdevkit/VOC2021/ImageSets/Main/"
# 定义文件起始位置
trainval_percent = 1
# 定义文件起始位置
train_percent = 1
# 加载相应文件路径下的所有 XML 文件
temp_xml = os.listdir(xmlfilepath)
# 定义列表
total_xml = []
# 创建循环，循环所有的 XML 文件
for xml in temp_xml:
   # 判断文件是否为 XML 文件
   if xml.endswith(".xml"):
      # 如果是 XML 文件，将这个文件添加到 total_xml 列表中
      total_xml.append(xml)
# 计算该文件中的 XML 文件个数
num=len(total_xml)
# 创建一个所有 XML 文件个数长度的列表，从 0 开始
list=range(num)
# 定义截取的长度
tv=int(num*trainval_percent)
# 定义截取的长度
tr=int(tv*train_percent)
# 从 list 中随机选取 tv 个元素
trainval= random.sample(list,tv)
# 从 trainval 中随机选取 tr 个元素
train=random.sample(trainval,tr)
# 打印输出 tv 的个数
print("train and valsize",tv)
# 打印输出 tr 的个数
print(“train size”,tr)
# 创建文件名为 trainval.txt 的文件，准备写入
ftrainval = open(os.path.join(saveBasePath,'trainval.txt'), 'w')
# 创建文件名为 test.txt 的文件，准备写入
```

```
ftest = open(os.path.join(saveBasePath,'test.txt'), 'w')
# 创建文件名为 train.txt 的文件，准备写入
ftrain = open(os.path.join(saveBasePath,'train.txt'), 'w')
# 创建文件名为 val.txt 的文件，准备写入
fval = open(os.path.join(saveBasePath,'val.txt'), 'w')
# 创建循环，循环 list 中的所有值
for i in list:
  # xml 文件的文件名保存在 name 中
  name=total_xml[i][:-4]+'\n'
  # 判断 i 是否在 trainval 中
  if i in trainval:
    # 如果是，就写入 trainval.txt 中
    ftrainval.write(name)
    # 判断 i 是否在 train 中
    if i in train:
      # 如果是，就写入 train.txt 中
      ftrain.write(name)
    # 另一种情况
    else:
      # 写入 val.txt 中
      fval.write(name)
  # 另一种情况
  else:
    # 写入 test.txt 中
    ftest.write(name)
# 关闭 trainval.txt 文件
ftrainval.close()
# 关闭 train.txt 文件
ftrain.close()
# 关闭 val.txt 文件
fval.close()
# 关闭 test.txt 文件
ftest .close()
```

（2）标注好行人 XML 文件后，保存到当前文件夹下的 VOCdevkit/VOC2021/Annotations 路径中，并指定获取的 XML 文件名前缀路径为当前文件夹下 VOCdevkit/VOC2021/ImageSets/Main/ 路径。最后，执行上述代码。如图 5-21 所示，是 XML 文件名前缀获取生成的 TXT 文件。如图 5-22 所示，是相应生成 TXT 文件的内容。

（3）接着需要获取 XML 文件中标注的具体数据和相应原图片的路径（即 voc_annotation.py 文件实现此功能），如下是 XML 文件具体标注数据获取的详细代码。

```
# 导入 xml 库中 etree 文件中的 ElementTree 方法，简写为 ET
import xml.etree.ElementTreeas ET
# 导入 os 库中的 getcwd 方法
```

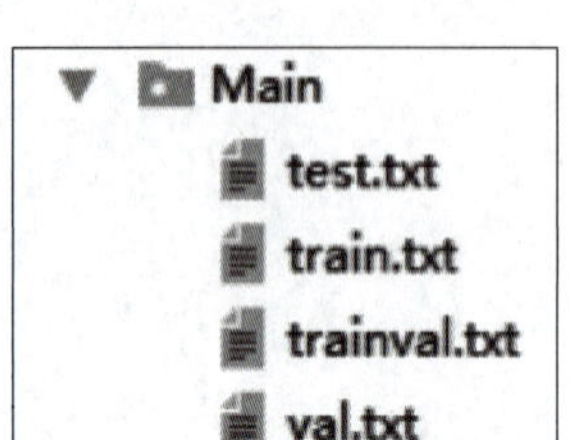

图 5-21　XML 文件名前缀获取生成 TXT 文件

```
00001
00002
00003
00004
00005
00006
00007
00008
00009
00010
00011
00012
00013
00014
00015
00016
00017
00018
00019
00020
```

图 5-22　相应生成 TXT 文件的内容

```
from os import getcwd
# 创建列表，存储文件名称
sets=[('2021', 'train'), ('2021', 'val'), ('2021', 'test')]
# 创建要分类的名称
classes = [“person”]
# 创建 convert_annotation 方法，返回文件位置和标记参数
def convert_annotation(year, image_id, list_file):
  # 打开文件
  in_file = open('VOCdevkit/VOC%s/Annotations/%s.xml'%(year, image_id),
encoding='utf-8')
  # 解析当前 XML 文件
  tree=ET.parse(in_file)
  # 获取当前 XML 文件的根节点
  root = tree.getroot()
  # 以当前元素为根节点创建树循环迭代器，如果 tag 不为 None，则以 tag 进行过滤
  for obj in root.iter('object'):
    # 定义变量
    difficult = 0
    # 如果 difficult 属性不是 none
    if obj.find('difficult')!=None:
      # 则把文件中相应 difficult 值给 difficult
      difficult = obj.find('difficult').text
    # 找到 name 的值赋给 cls
    cls = obj.find('name').text
    # 如果 cls 的值不在要分的类中，或者说 difficult 属性值为 1
    if clsnot in classes or int(difficult)==1:
      # 继续
      continue
    # 将分的类的索引值给 cls_id
```

```
            cls_id = classes.index(cls)
            # 找到图像中行人标记的数据列表
            xmlbox = obj.find('bndbox')
            # 将行人标注数据存入 b 中
            b = (int(xmlbox.find('xmin').text), int(xmlbox.find('ymin').text), int(xmlbox.find('xmax').text), int(xmlbox.find('ymax').text))
            # 将行人标注数据和 cls_id 拼接在路径后面
            list_file.write(“ “ + “,”.join([str(a) for a in b]) + ',' + str(cls_id))
# 返回当前路径
wd = getcwd()
# 循环 sets 中的值
for year, image_setin sets:
    # 打开相应文件，读取其中内容
    image_ids = open('VOCdevkit/VOC%s/ImageSets/Main/%s.txt'%(year, image_set)).read().strip().split()
    # 打开文件，准备写入
    list_file = open('%s_%s.txt'%(year, image_set), 'w')
    # 循环 image_ids 中的文件内容
    for image_idin image_ids:
        # 写入 list_file 文件
        list_file.write('%s/VOCdevkit/VOC%s/JPEGImages/%s.jpg'%(wd, year, image_id))
        # 调用函数返回路径
        convert_annotation(year, image_id, list_file)
        # 写入换行
        list_file.write('\n')
    # 关闭文件
    list_file.close()
```

（4）执行上述代码，调取所保存的文件名，创建循环，获取相应 XML 文件中的具体标注数据，保存到当前文件夹下的 2021_test.txt、2021_train.txt 以及 2021_val.txt 路径中。如图 5-23 所示，是 XML 文件具体标注数据获取后，生成的 TXT 文件，如图 5-24 所示是生成 TXT 文件中的标注数据的内容。获取到的标注数据的内容，主要由当前原图片存放的路径及相应图片的具体标注数据构成。

图 5-23　XML 文件具体标注数据获取生成 TXT 文件

2. SSD 神经网络模型训练

（1）在执行了 XML 文件名前缀获取和 XML 文件具体标注数据获取后，即可开始 SSD 神经网络模型的训练（即 train.py 文件）。首先，将 NUM_CLASSES 变量的参数修改为 2，代表需要将 SSD 神经网络模型分为两类：一类是行人；另一类是背景。然后将 annotation_path 参数修改为标注好的数据集生成的图片序号文件，如 “XXXXX.txt”。最

```
'VOCdevkit/VOC2021/JPEGImages/00001.jpg 150,141,237,264,0 285,201,326,326,0 259,202,291,321,0
'VOCdevkit/VOC2021/JPEGImages/00002.jpg 184,62,278,199,0
'VOCdevkit/VOC2021/JPEGImages/00003.jpg 210,36,336,482,0 43,82,167,365,0 13,181,144,419,0
'VOCdevkit/VOC2021/JPEGImages/00004.jpg 51,160,150,292,0 294,138,449,290,0
'VOCdevkit/VOC2021/JPEGImages/00005.jpg 195,180,213,229,0 23,189,41,238,0
'VOCdevkit/VOC2021/JPEGImages/00006.jpg 1,96,191,361,0 218,98,465,318,0
'VOCdevkit/VOC2021/JPEGImages/00007.jpg 216,92,307,302,0 166,148,229,244,0
'VOCdevkit/VOC2021/JPEGImages/00008.jpg 68,96,293,375,0 1,71,87,332,0 185,68,259,197,0 286,64,406
'VOCdevkit/VOC2021/JPEGImages/00009.jpg 375,56,460,199,0
'VOCdevkit/VOC2021/JPEGImages/00010.jpg 209,187,228,230,0 242,182,274,259,0 270,186,297,260,0
'VOCdevkit/VOC2021/JPEGImages/00011.jpg 23,140,147,497,0
'VOCdevkit/VOC2021/JPEGImages/00012.jpg 20,7,183,355,0 98,215,429,374,0 320,136,455,366,0
'VOCdevkit/VOC2021/JPEGImages/00013.jpg 40,63,400,332,0
'VOCdevkit/VOC2021/JPEGImages/00014.jpg 291,75,442,333,0 2,6,283,332,0
'VOCdevkit/VOC2021/JPEGImages/00015.jpg 277,99,354,258,0
'VOCdevkit/VOC2021/JPEGImages/00016.jpg 436,188,467,223,0 382,209,415,272,0 353,213,383,276,0
'VOCdevkit/VOC2021/JPEGImages/00017.jpg 4,54,161,284,0 140,57,286,268,0 224,52,438,329,0 404,99,4
'VOCdevkit/VOC2021/JPEGImages/00018.jpg 131,202,256,410,0
'VOCdevkit/VOC2021/JPEGImages/00019.jpg 196,142,309,368,0
'VOCdevkit/VOC2021/JPEGImages/00020.jpg 292,48,446,369,0
'VOCdevkit/VOC2021/JPEGImages/00021.jpg 4,28,461,372,0
'VOCdevkit/VOC2021/JPEGImages/00022.jpg 93,21,374,491,0
'VOCdevkit/VOC2021/JPEGImages/00023.jpg 106,64,270,297,0
'VOCdevkit/VOC2021/JPEGImages/00024.jpg 344,150,500,375,0 321,85,456,362,0 304,92,391,209,0 280,8
'VOCdevkit/VOC2021/JPEGImages/00025.jpg 117,64,357,375,0
'VOCdevkit/VOC2021/JPEGImages/00026.jpg 80,4,500,375,0 1,29,226,375,0
```

图 5-24　XML 文件具体标注数据内容

后，运行 train.py 文件，开始训练 SSD 神经网络模型。

本项目采用冻结网络参数的训练方法，训练 SSD 神经网络模型，并保存 loss 值最小的网络参数文件。如图 5-25 所示，是训练运行过程。

```
1/272 [..............................] - ETA: 21:20 - loss: 1.8158
2/272 [..............................] - ETA: 16:21 - loss: 2.5142
3/272 [..............................] - ETA: 14:54 - loss: 2.5002
4/272 [..............................] - ETA: 14:26 - loss: 2.3978
5/272 [..............................] - ETA: 14:34 - loss: 2.5390
6/272 [..............................] - ETA: 14:08 - loss: 2.5500
7/272 [..............................] - ETA: 13:42 - loss: 2.5997
8/272 [..............................] - ETA: 13:25 - loss: 2.4957
9/272 [..............................] - ETA: 13:17 - loss: 2.4478
10/272 [>.............................] - ETA: 13:05 - loss: 2.5031
11/272 [>.............................] - ETA: 12:54 - loss: 2.4683
12/272 [>.............................] - ETA: 12:49 - loss: 2.4507
13/272 [>.............................] - ETA: 12:42 - loss: 2.5221
14/272 [>.............................] - ETA: 12:35 - loss: 2.4454
15/272 [>.............................] - ETA: 12:34 - loss: 2.4541
```

图 5-25　训练运行过程

（2）从训练过程中可以看到，载入预权重后 SSD 神经网络模型收敛速度很快，基本收敛到 2.5 左右。前 50 轮冻结大部分网络，仅少量网络节点参与运算；后 50 轮开放所有网络节点，提高识别精准度。在训练完成后，训练最好的网络权重将保存在当前文件夹下的 logs 文件中，如图 5-26 所示。可以看到，在训练中 val_loss 最低的网络权重将会被保存下来，在最后的预测中，需要

图 5-26　保存的权重文件

SSD 网络模型训练

载入 val_loss 最小的网络权重。

任务 5-3-2 公共区域行人密度检测模型预测

通过加载预权重对 SSD 神经网络模型的训练完成后，将训练中 val_loss 最小的网络参数载入预测程序中，对未参加训练的图片进行预测。如图 5-27 所示，是 SSD 神经网络模型的预测步骤，在 predict.py 文件下调用 ssd.py 文件中的 detect_image 方法对传入的图片进行预测。

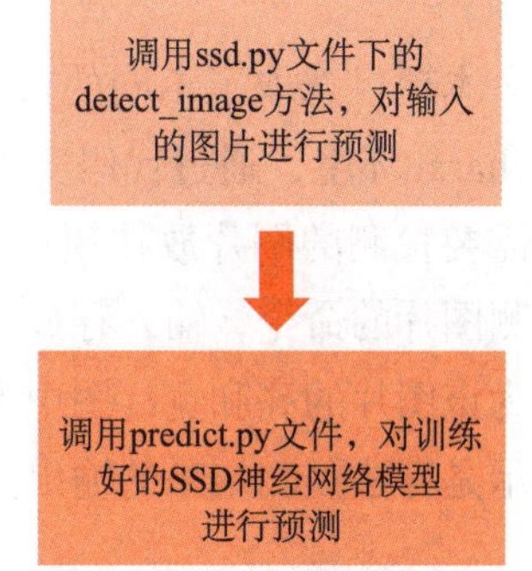

图 5-27 SSD 神经网络模型预测步骤

下面是预测神经网络模型的关键代码。

```
# 载入 ssd 文件中的 SSD 方法
from ssd import SSD
# 载入 PIL 文件中的 Image 方法
from PIL import Image
# 创建 SSD 对象
ssd = SSD()
# 循环预测
while True:
  # 输入需要检测的图片路径
  img = input('Input image filename:')
  # 先执行下面的函数
  try:
    # 读取图片
    image = Image.open(img)
  # 如果无法执行，则执行下面的函数
  except:
    # 输出错误
    print('Open Error! Try again!')
    # 则继续执行
    continue
  # 另外
  else:
    # 调用目标检测函数检测图片
    r_image = ssd.detect_image(image)
    # 显示出检测的图片
    r_image.show()
# 结束会话
ssd.close_session()
```

预测部分代码主要是调用 ssd.py 文件中的 detect_image 方法对输入的图片进行预测。detect_image 方法主要是对该图片进行训练，然后将训练得到的结果进行拆分堆叠解码，并获取先验框移动的数据。最后，通过解码获得的数据在图像中调整先验框的位置，将行人目标框出并进行计算。计算出当前行人总数后与项目模拟限定的行人总数进行比较，判断行人量是否超限。

任务 5-3-3 公共区域行人密度检测算法应用

本项目选取了不同的行人开源数据集作为数据源，总计 1212 张图片数据。采用本地 Pycharm 环境，通过代码实现完成了 SSD 神经网络模型训练和预测的整个过程应用算法。将需要检测的图片放在项目文件夹下的 img 文件夹中，执行 predict.py 文件后，出现输入预测图片的命令，输入存放在 img 文件夹下的预测图片路径及文件名。可以看到，输出结果为该图片的高和宽、图中人数、人群是否拥挤以及对每个行人识别的可信度。如图 5-28 所示是算法预测结果的输出内容。

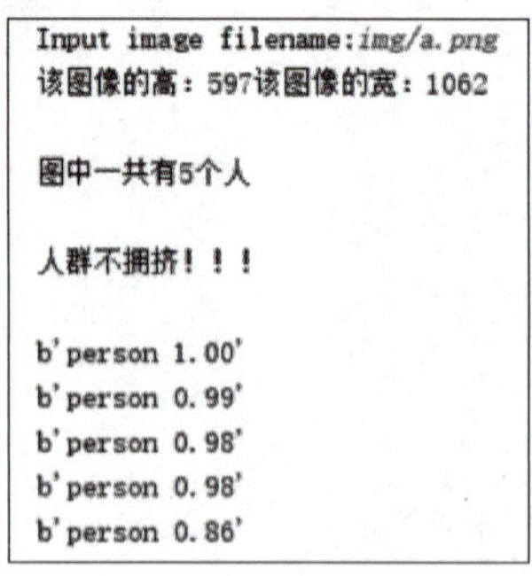

```
Input image filename:img/a.png
该图像的高：597该图像的宽：1062

图中一共有5个人

人群不拥挤！！！

b'person 1.00'
b'person 0.99'
b'person 0.98'
b'person 0.98'
b'person 0.86'
```

图 5-28 预测结果

SSD 网络模型预测实现

如图 5-29 所示，为行人预测结果示例。图中检测算法将行人识别并框住，且标注了每个行人的识别可信度。

图 5-29 行人预测结果示例

以上任务实现详见电子实验手册（中级）“实验 5 利用智能视觉算法实现公共区域人流密度检测”中的步骤。

项目总结

本项目借助 Pycharm 平台，通过 Python 语言实现了 SSD 算法，从算法模型搭建、训练、应用和可视化输出结果 4 个方面，讲述了公共区域行人密度检测中智能视觉算法的实现。SSD 算法应用在图像尺度较大、分辨率较高且小目标较少的目标检测效果较好。由于其检测速度较其他的算法更快，可应用于对视频帧的实时目标检测场景，如卡口车流检测、车牌检测等要求检测速度较快的场景下。

本项目不仅讲解了 SSD 算法原理及网络结构、卷积、池化等相关知识；还讲解了 Pycharm 平台、LabelImg 标注工具的使用；完成了数据集的创建、标注以及神经网络模型中预权重的使用；最终实现了目标图片中所有行人的位置、全部行人的个数检测，并将检测结果可视化输出。本项目设计目的并不是让读者深入机器学习算法本身，而是通过一个算法项目的实现，对机器学习算法模型的搭建、训练、应用全流程有一个清晰的认识。

练 习 题

1.（单选题）在模型训练时，有时需要加载预权重，那么加载预权重的作用是（　　）。

A. 使收敛速度更快　　B. 使网络参数更多

C. 使权重连接更快　　D. 使训练时间更长

2.（单选题）在卷积神经网络中，池化层的主要作用是（　　）。

A. 压缩图像　　B. 特征提取

C. 权重连接　　D. 减小梯度

3.（多选题）在公共区域行人密度检测模型训练前，必须要做的准备工作有（　　）。

A. 制作数据集　　B. 标注数据集

C. 配置环境　　D. 加载预权重

E. 使用预训练

4.（判断题）池化层只能做最大值池化。（　　）

5.（判断题）使用 CPU 训练模型时，可以利用 cuda 加快模型训练速度。（　　）

人工智能算法模型设计——以禁停区域车辆检测场景为例

项目概述

1. 项目背景

在项目4我们学习了旅游景点人流车流检测系统的搭建之后，理论上就可以实时的监控旅游景点的人流量、车流量，并对超出限定数量的景区发出告警。但是，影响旅游景区内道路情况的另一个重要因素是旅游景区内部分车辆违章停车，占用公共道路导致出现拥堵情况。旅游景区违章停车的现象由于监测不及时，往往无法及时制止和处理。

本项目针对违章停车智能监控需求，设计了禁停区域车辆检测方案。禁停区域车辆检测项目中涉及的主要技术是目标检测，目标检测不仅要通过算法判断图片禁停位置中是不是有机动车，还要在图片中用边框或红色方框标记它的位置，最后返回机动车的位置信息，即机动车在图片中的具体坐标位置。

本项目设计采用 Mask R-CNN 算法进行目标检测，该算法可以将图片中目标的具体位置框出来或用掩码覆盖。首先，通过对大量的禁停区域机动车图片数据进行训练，检测图片中是否有车辆目标，并返回该机动车主体区域位置的坐标信息。然后，当在禁停区域检测到机动车时，判断为违章车辆并发送提示信息，使工作人员能够尽快发现违章停泊车辆，从而解决乱停车造成的堵塞交通问题。

2. 项目架构

本项目使用 Pycharm 及 Anaconda 作为实验开发平台。首先，需要配置代码运行的环境，并且准备好训练数据集。然后，通过 Python 代码搭建好 Mask R-CNN 神经网络模型，利用提供的神经网络模型预权重参数进行训练。最后，通过对大量的禁停区域机动车图片数据进行训练，检测图片中是否有车辆目标，并返回该机动车主体区域位置的坐标信息。

3. 项目知识

本项目除了学习另一种流行的图像标注工具（Labelme）进行项目数据的标注外，在任务 6-1 中还介绍了数据标注质量的知识，以及机器学习数据集的知识。

任务 6-2 介绍了 Python 环境管理器与包管理器 Anaconda 的基础知识，同时介绍了 Tensorflow 的 CPU 版本和 GPU 版本的区别。这些知识在配置开发环境时都会有所涉及，能帮助读者更顺利地配置好项目开发环境。任务 6-3 介绍了 Mask R-CNN 神经网络模型的基础知识，但并不要求读者能够编写 Mask R-CNN 神经网络模型内部实现代码，仅了解 Python 语言搭建的 Mask R-CNN 神经网络模型算法结构即可，读者能在神经网络拥有预权重的基础上完成算法的训练，生成的模型可用于检测禁停区域机动车目标即可。

学习目标

1. 知识目标

- 了解项目训练数据集的制作方法。
- 了解车辆禁停区域检测算法实现的功能。
- 了解 Python 代码在算法实现中的基础知识。

2. 技能目标

- 能够配置项目运行所需的代码环境。
- 能够使用 Pycharm 软件编写 Python 代码训练 Mask R-CNN 神经网络模型。
- 能够使用 Pycharm 软件编写 Python 代码使用 Mask R-CNN 神经网络模型。
- 能够使用 Labelme 标注工具制作项目所需的训练数据集。
- 能够运行项目编写的完整代码，得出算法实验结果。

项目导图

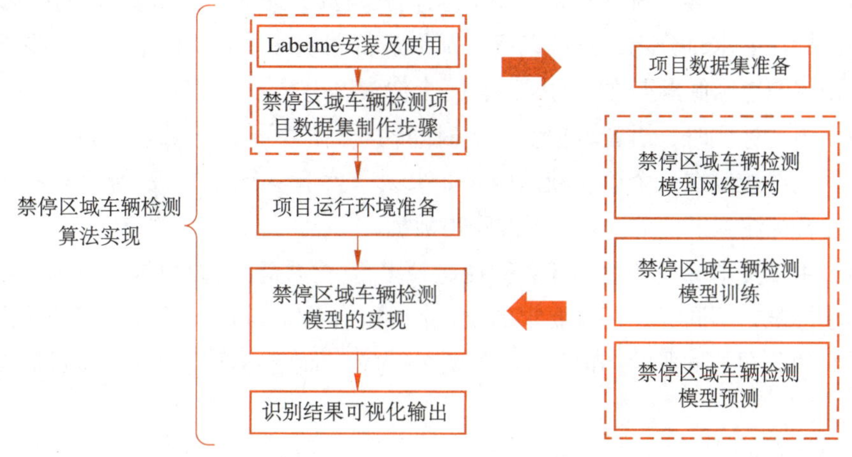

任务 6-1 对禁停区域车辆数据集进行标注

任务目标

- 了解项目所需数据的要求。
- 了解 JSON 格式数据和 JSON 数据集。
- 掌握安装 Labelme 标注工具的具体方法。
- 掌握 Labelme 标注工具对数据进行标注的步骤。
- 掌握项目所需数据集的制作过程。

任务分析

通过互联网搜索含有机动车图片的开源数据集，保存至本地，作为用于标注的原始数据。通过 Labelme 标注工具对原始数据进行标注，生成数据标签，便于神经网络模型学习训练。

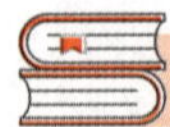

知识准备

1. 数据标注质量

无论通过哪种方式采集到的图片数据，都需要经过数据标注才能成为深度学习算法可以使用的数据。

在进行人工智能算法训练时，所训练数据的质量越高，最后得到的模型预测效果越好。标注的数量越多，最后得到的数据集质量越好。除此之外，在进行数据标注时，标注越准确所得到的数据质量越高，标注的质量标准如下。

（1）图像标注的质量标准取决于对像素点判定的准确性。标注像素点越接近被标注物体的边缘像素，标注的图片数据质量就越高，相应的图像标注难度也越大。如果图像标注要求百分之百的准确率，那么进行图像标注时要保证标注的像素点和图像中物体的边缘像素点之间的误差在一个像素以内。

（2）语音标注时，语音数据发音的时间轴与标注区域的音标需保持同步。它们之间的误差要控制在一个语音帧以内。如果误差大于一个语音帧，那么很有可能会将当前发音标注到下一个发音，形成噪声数据。

（3）由于文本标注涉及的任务往往比较多，文本标注需要根据具体场景做出不同的标注标准，不同标注任务要求的质量标准也不同。例如，分词标注的质量标准是标注好的分词与词典的词语相符，不存在歧义；而情感标注的标注质量标准，则

是要求标注句子的情感分类级别正确。

2. 数据集的分类

由于算法模型需要通过标注数据来从中学习规律，因此首先要准备好一个标注数据集。机器学习数据集的种类可以分为以下三类。

（1）训练集：就是需要进行训练的数据集。这部分数据集能够帮助我们拟合分布函数，以及最后的评估预测，是训练模型的核心数据集。

（2）测试集：测试已经训练好的模型准确度的数据集。在训练模型时，参数是根据所给训练集里的数据进行修改、拟合、优化，但是结果往往很不理想，因为会出现过度拟合的状况，所以需要验证集来修正。

（3）验证集：顾名思义就是用来验证算法模型效果的，和训练集作对照，主要功能就是辅助进行算法模型的构建优化。

本项目使用的 Mask R-CNN 网络可以直接使用开源数据集进行训练，也可以使用自己制作的数据集进行训练。对图片数据进行标注，需要使用标注软件，如 Labelme 用于多边形目标的标注，以及不规则目标的标注，LabelImg 适用于矩形物体的标注。本项目利用 Labelme 标注工具制作自己的数据集，同时使用 Labelme 对机动车图片进行标注。Labelme 是一个图形界面的图像标注软件，用 Python 语言编写，图形界面使用的是 Qt（PyQt）。Labelme 适用于实例分割样例（VOC）、其他样例（场景分割、目标检测、分类）、各形状标注样例（多边形、矩形、圆形、多段线、线段、点）等图像数据集的标注。

任务 6-1-1　安装 Labelme 并进行数据标注

本项目可以参考电子实验手册准备数据集进行训练，使用 Labelme 进行数据的标注与格式转换，标注完会生成 JSON 格式文件，同时还需要将 JSON 文件转换成 JSON 数据集。

（1）Windows 下安装 Labelme 需要借助 Anaconda 环境，进入 Anaconda 官网，单击 Products 选项下的个人版本，随后在出现的页面下方根据自己的 Windows 系统版本位数选择相应的版本，如图 6-1 所示。

（2）根据系统选择 64 位或者 32 位版本并下载完成之后，按照提示安装 Anaconda。安装完成后可以利用 Anaconda 创建指定 Python 版本的虚拟环境，本任务用的是 Python 3.6。

（3）用管理员身份打开 Anaconda Prompt 控制台，如图 6-2 所示。

为了方便管理，可以单独给 Labelme 建立一个 Anaconda 环境。打开安装好的 Anaconda 环境，在控制台输入下面指令进行 Labelme 环境的安装。

```
"conda create --name=labelme Python=3.6"
```

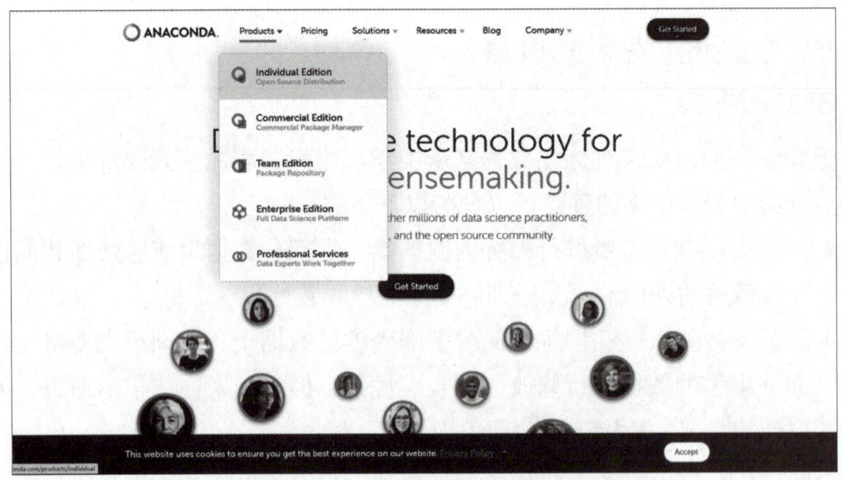

图 6-1　Anaconda 官网下载界面

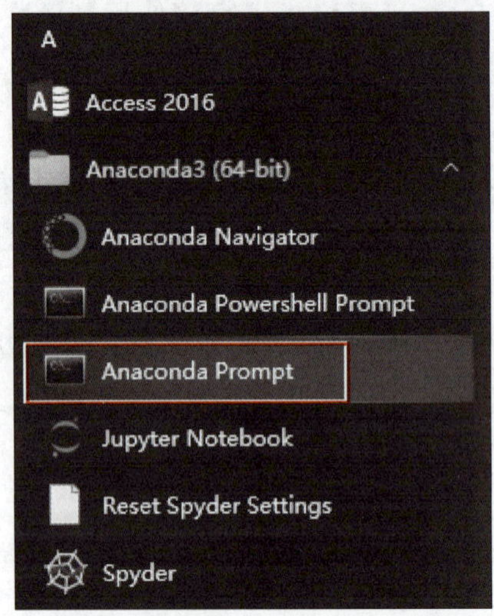

图 6-2　选择 Anaconda 下的 Prompt

单击 Enter 键，如图 6-3 所示。

接下来会被询问是否要安装，输入 y 即可，如图 6-4 所示。等待安装完成后，会提示用户激活环境。

（4）在出现的界面输入“conda activate labelme”，单击 Enter 键，如图 6-5 所示，激活 Labelme 环境。

（5）输入“pip install pyqt5”安装指令，单击回车键，安装成功，如图 6-6 所示。

（6）输入“pip install labelme”安装 labelme 软件的指令，单击 Enter 键。如果出现如图 6-7 所示提示，则说明安装成功。

（7）至此，Labelme 的安装就完成了。在控制台直接输入“labelme”，单击 Enter 键后，即可启动 Labelme 的 UI 界面进行数据标注，如图 6-8 所示。

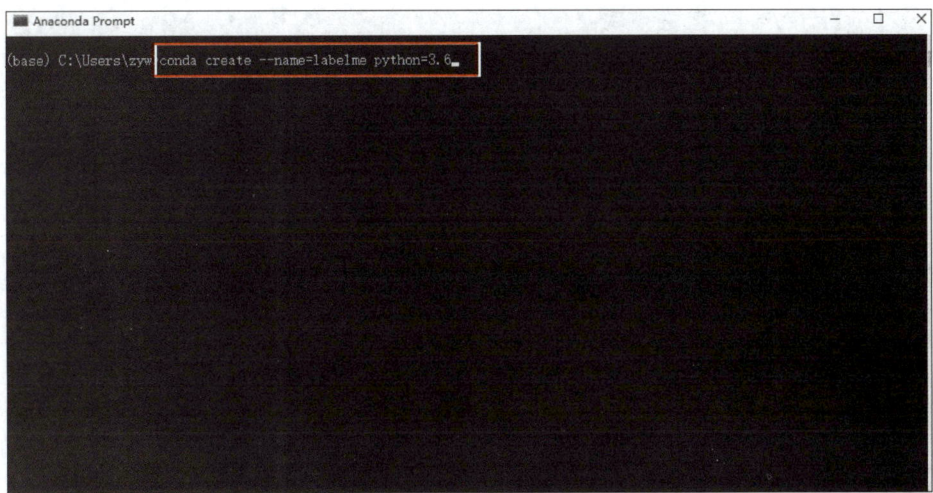

图 6-3 命令行输入相应的指令

```
Anaconda Prompt - conda create --name=labelme1 python=3.6
    setuptools-49.6.0          | py36ha15d459_3         921 KB  https://mirrors.ustc.edu.cn/anaconda/cloud/conda-forge
    vc-14.2                    |     hb210afc_2          12 KB  https://mirrors.ustc.edu.cn/anaconda/cloud/conda-forge
    vs2015_runtime-14.28.29325 |     h5e1d092_0         1.4 MB  https://mirrors.ustc.edu.cn/anaconda/cloud/conda-forge
    wheel-0.36.2               |   pyhd3deb0d_0          31 KB  https://mirrors.ustc.edu.cn/anaconda/cloud/conda-forge
    wincertstore-0.2           |py36ha15d459_1006        15 KB  https://mirrors.ustc.edu.cn/anaconda/cloud/conda-forge
    ------------------------------------------------------------
                                           Total:        22.3 MB

The following NEW packages will be INSTALLED:

  certifi            anaconda/cloud/conda-forge/win-64::certifi-2020.12.5-py36ha15d459_1
  pip                anaconda/cloud/conda-forge/noarch::pip-21.0.1-pyhd8ed1ab_0
  python             anaconda/cloud/conda-forge/win-64::python-3.6.12-h39d44d4_0_cpython
  python_abi         anaconda/cloud/conda-forge/win-64::python_abi-3.6-1_cp36m
  setuptools         anaconda/cloud/conda-forge/win-64::setuptools-49.6.0-py36ha15d459_3
  vc                 anaconda/cloud/conda-forge/win-64::vc-14.2-hb210afc_2
  vs2015_runtime     anaconda/cloud/conda-forge/win-64::vs2015_runtime-14.28.29325-h5e1d092_0
  wheel              anaconda/cloud/conda-forge/noarch::wheel-0.36.2-pyhd3deb0d_0
  wincertstore       anaconda/cloud/conda-forge/win-64::wincertstore-0.2-py36ha15d459_1006

Proceed ([y]/n)? y
```

图 6-4 确认安装 labelme 环境

图 6-5 激活 labelme 环境

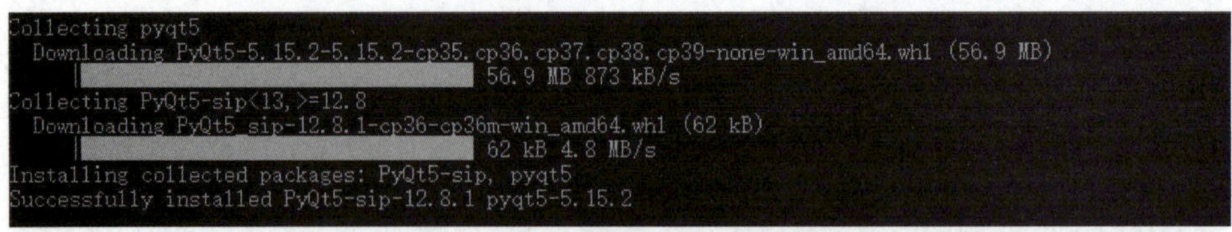

图 6-6　安装成功界面

```
Successfully built labelme
Installing collected packages: six, cycler, pyparsing, python-dateutil, numpy, kiwisolver, matplotlib, Pillow, PyYAML,
qtpy, labelme
Successfully installed Pillow-5.3.0 PyYAML-3.13 cycler-0.10.0 kiwisolver-1.0.1 labelme-3.3.6 matplotlib-3.0.0 numpy-1.1
```

图 6-7　安装成功显示

图 6-8　打开 Labelme 软件

Labelme 的 UI 界面如图 6-9 所示。注意，此时不要关掉控制台的命令行窗口，否则 Labelme 也会同时关掉。

图 6-9　Labelme 软件 UI 界面

（8）使用 Labelme 对一张机动车图片进行数据标注，如图 6-10 所示，单击“Create Polygons”将目标车辆的边界用矩形框出。

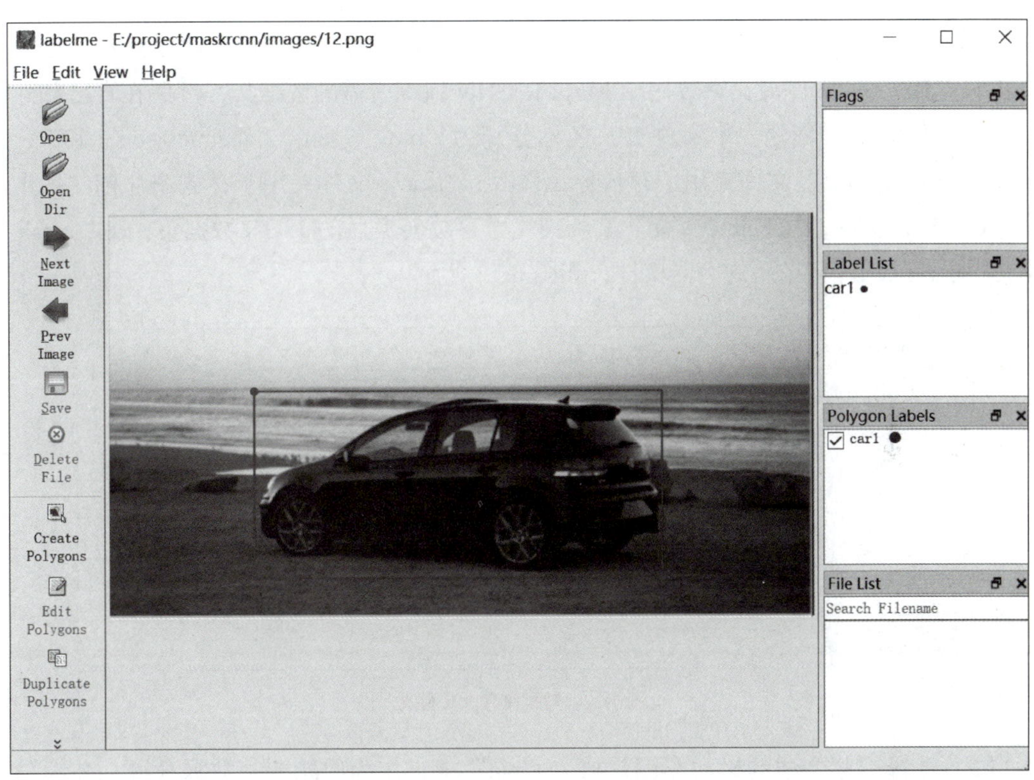

图 6-10 使用矩形框进行数据标注

（9）标注完成后单击左侧菜单栏【Save】标签保存，之后会在图片所在目录生成一个 JSON 文件，如图 6-11 所示。

图 6-11 生成 JSON 文件

任务 6-1-2 禁停区域车辆检测项目数据集制作

1. 准备数据集

（1）制作数据集之前需要先准备好存放数据的文件夹。在项目文件根目录下创建一个名为“data”的文件夹，存放用于 Mask R-CNN 训练所需的数据集，然后在自己创建的“data”文件夹下再创建 4 个文件夹，名称分别为“pic”“json”“labelme_json”和“cv2_mask”。其中，“pic”文件夹用于存放原始图片；“json”文件夹用于存放图片标注后生成的 JSON 格式文件；“labelme_json”文件夹用于存放转换后的 JSON 数据集；cv2_mask 文件夹用于存放图片转换后的掩码文件，如图 6-12 所示。

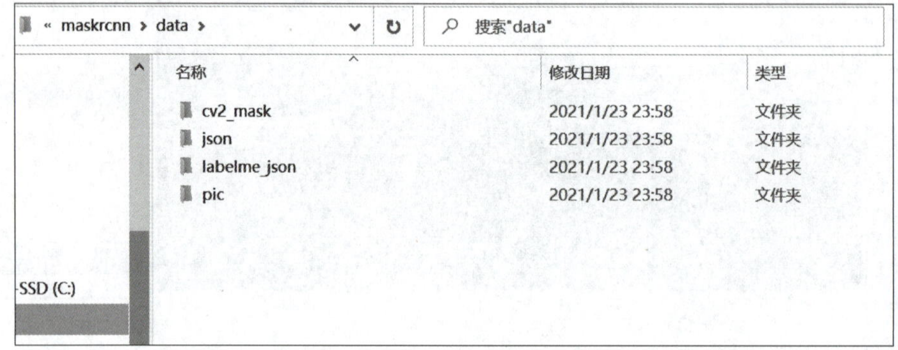

图 6-12　数据集存放文件夹

（2）选择一些合适的机动车图片放入“pic”中，作为原始图片数据来源，并编写程序文件对已选的图片格式进行统一处理，将所有图片统一命名。在这里不需要统一大小，因为在程序中已经规定了图片的输入大小，所有图片在进入神经网络模型前都会被处理成统一大小。编写程序文件统一处理图片命名格式的代码如下所示。

```
import os
import cv2
# 该部分代码目标是完成文件图片格式的统一化
# 获得目标（源）文件的路径
ini_file_path = 'E/maskrcnn/data/pic/'

# 循环更改图片文件名字
def rename_file(TempFile,ini_test):
  File_num = 1
  for File in TempFile:
    File_num_temp = str(File_num)
    # 统一文件名格式 00001,00002...，4 代表文件名中前缀 0 的个数
    other_url = File_num_temp.zfill(4)
    # 根据自己的图片格式做适当修改
    FileNew = other_url+'.jpg'
```

```
        print(“Old: ”,File,” New: ”,FileNew)
        if (FileNew != File):
          os.rename(ini_test + File,ini_test + FileNew)
        File_num = File_num + 1
    print(" 图片名字修改完毕！！！\n")
if __name__ == "__main__":
    # 读取文件夹下的图片文件
    TempFile = os.listdir(ini_file_path)
    print(TempFile)
    rename_file(TempFile,ini_file_path)
```

（3）使用上述程序代码时，需要根据实验的实际情况修改图片文件的存储路径“ini_file_path”参数，根据图片格式修改“FileNew”参数，以及修改图片命名规范格式，处理完成后的文件格式如图 6-13 所示。

图 6-13　图片样式示例

2. 标注数据集

使用 Labelme 标注工具对上述文件夹中的机动车图片进行标注，如图 6-14 所示。

（1）单击左侧菜单栏中的【OpenDir】标签，选择图片所在的文件夹。

（2）单击左侧菜单栏中的【CreatePolygons】标签，进行图片标注，在图片上右击可以选择用矩形框、多边形、圆形等方式标注。

（3）标注完成后输入标签并单击【OK】按钮保存，标签情况在右侧菜单栏【LabelList】中查看。

（4）单击左侧菜单栏中的【EditPolygons】标签，对标注边界框进行微调。

（5）单击左侧菜单栏中的【Save】标签，保存标注生成的 JSON 文件。

（6）单击左侧菜单栏中的【NextImage】标签，切换至下一张图片进行标注。

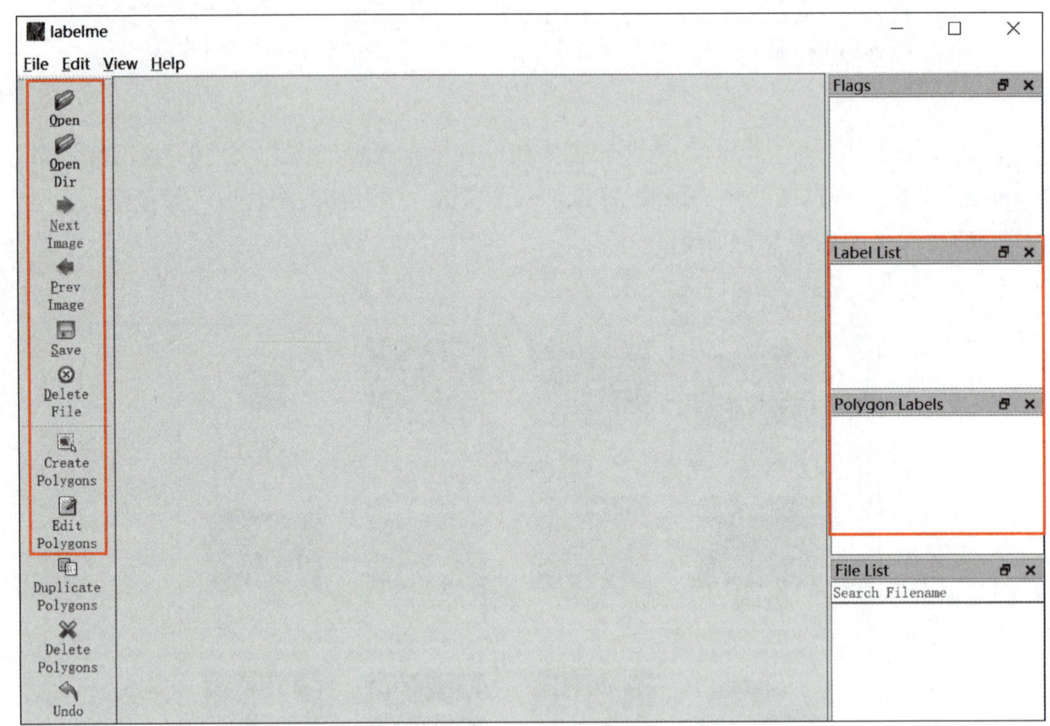

图 6-14　Labelme 界面示例

在进行数据标注时，同一类别目标要使用"标签 + 数字"的格式，例如，进行车辆目标检测时，一张图片中有多辆车，标注时的标签需分别设定为"car1""car2"等，否则预测时会把多个目标框在同一个大框内。

使用 Labelme 标注处理后的图片，每个图片文件都将生成一个对应的 JSON 文件，将生成的 JSON 文件放入"json"文件夹中，如图 6-15 所示。

3. 将 JSON 文件转化为数据集

（1）将单个 JSON 文件生成 JSON 数据集，打开 Windows 系统 cmd 命令提示符，输入命令"activate Labelme"激活 Labelme 环境。

（2）输入命令"cd E:\Anaconda3\envs\labelme\Scripts"，进入 Anaconda 的安装目录操作。

（3）输入命令"labelme_json_to_dataset.exe D:\maskrcnn\data\json\15.json"，注意：JSON 文件路径中不能有空格，如图 6-16 所示。

名称	修改日期	类型
00001.json	2021/1/19 23:42	JSON
00002.json	2021/1/19 23:48	JSON
00003.json	2021/1/19 23:48	JSON
00004.json	2021/1/19 23:48	JSON
00006.json	2021/1/19 23:49	JSON
00007.json	2021/1/19 23:51	JSON
00008.json	2021/1/19 23:54	JSON
00009.json	2021/1/19 23:54	JSON
00010.json	2021/1/19 23:55	JSON
00011.json	2021/1/19 23:55	JSON
00012.json	2021/1/19 23:58	JSON
00013.json	2021/1/20 0:01	JSON
00014.json	2021/1/20 0:02	JSON
00015.json	2021/1/20 0:04	JSON
00016.json	2021/1/20 0:06	JSON
00017.json	2021/1/20 0:07	JSON
00018.json	2021/1/20 0:08	JSON
00019.json	2021/1/20 0:08	JSON
00020.json	2021/1/20 0:09	JSON

图 6-15 json 文件示例

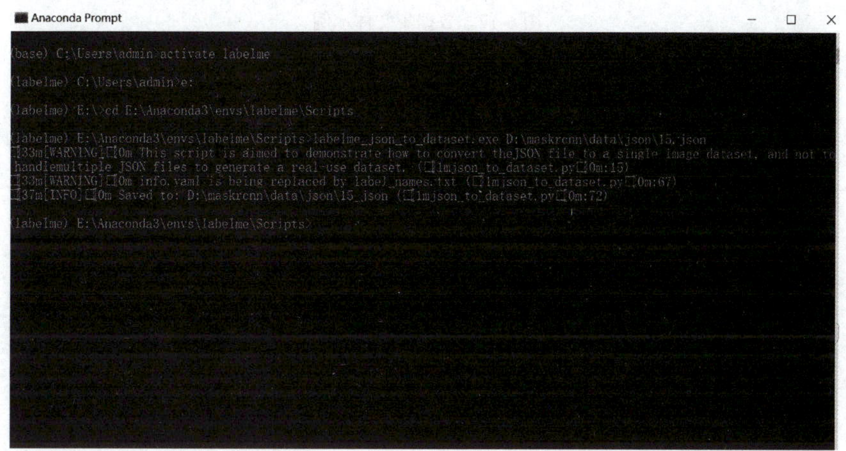

图 6-16 单个 JSON 文件生成数据集

（4）编写程序批量将 JSON 文件转化为数据集，核心代码如下。

```
import os
# path 是存放 json 的路径
path = 'E:/maskrcnn/data/json/'
json_file = os.listdir(path)
for file in json_file:
  os.system("E:/Anaconda3/envs/labelme/Scripts/labelme_json_to_dataset.
exe %s"%(path + file))
```

（5）生成如图 6-17 所示格式的文件，并将数据集文件放入“labelme_json”文件夹中。使用上述程序时，需要根据实际情况修改文件的存储路径“path”参数，并修改 Anaconda 软件下载目录中包含的 labelme_json_to_dataset.exe 文件的路径。

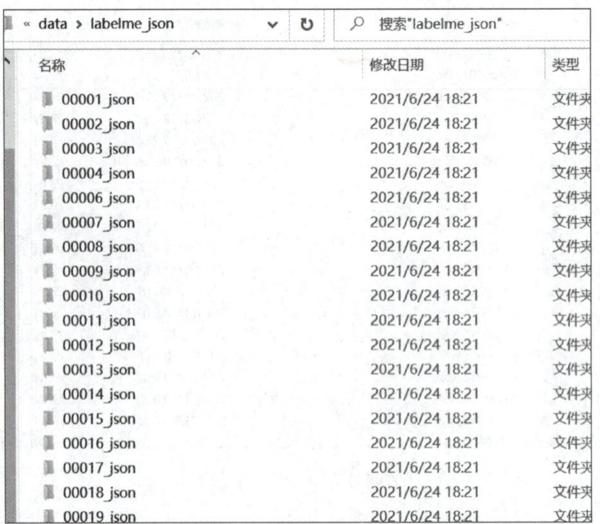

图 6-17　数据集文件示例

（6）打开每个文件可以看到生成的 5 个文件，如图 6-18 所示。每个 JSON 文件都能通过 labelme 转化生成一条数据集，里面包含了原图、标签、掩码等信息，用于算法训练。

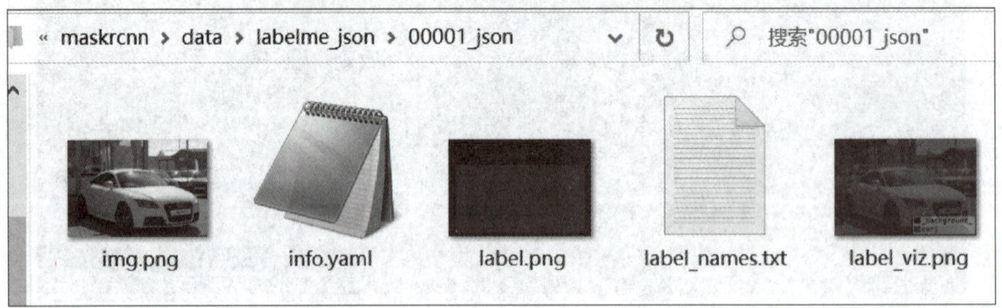

图 6-18　数据集样式示例

（7）将每一条 JSON 数据集中的 label.png 文件复制到新文件夹中，编写程序将每个 JSON 数据集中的 label.png 掩码文件都复制到“cv2_mask”文件夹中，代码如下。

```
import os
import shutil
import sys
import re
# 数据集文件存储路径
spath=r'E/maskrcnn/data/labelme_json/'
# 复制后的文件粘贴的位置路径
tpath=r'E/maskrcnn/data/cv2_mask/'
sfolder=os.listdir(spath)
for tempfolderin sfolder:
  temppath=os.path.join(spath,tempfolder)
  flist=os.listdir(temppath)
```

```
    if not 'label.png' in flist:
      print('not find label.png in {}'.format(temppath))
      continue
    # 开始复制文件，注意这里不改变名字
    # step 1 创建新的文件夹
    shutil.copy(os.path.join(temppath,'label.png'),os.path.
  join(tpath,'{}.png'.format(tempfolder.replace("_json",""))))
```

（8）使用上述程序时，只需要根据实际情况修改文件的存储路径即可，结果如图 6-19 所示。

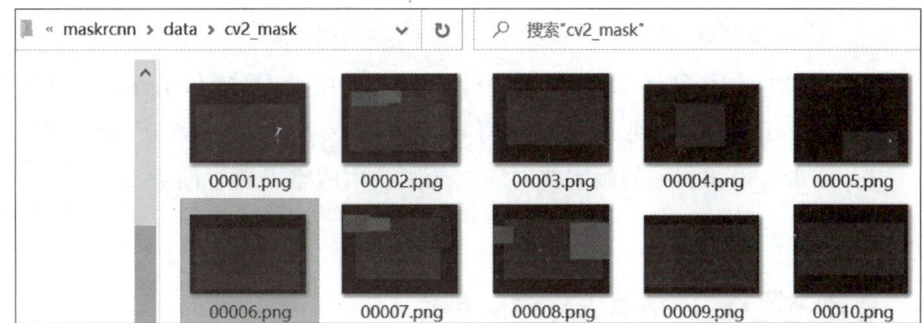

图 6-19　cv2_mask 文件夹

任务 6-2　为禁停区域车辆检测项目准备 Pycharm 开发环境

任务目标

- 掌握项目代码环境的配置。
- 掌握在 Pycharm 上运行代码所要配置的库。

任务分析

在 Pycharm 中创建项目开发环境，正确配置版本及参数，安装本实验运行所需的 Python 库。

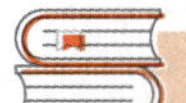

知识准备

1. 环境管理器与包管理器 Anaconda

Anaconda 管理器是 Python 的一种环境管理器与包管理器，是 Python 在数据分析领域的发布版本，包含了 Python、Anaconda 等 190 多个包及依赖项，不需要另行安装其他包。Anaconda 中有 720 多个数据处理分析方面的开源包，可用于机器学习、深度学习、数据可视化等多个领域。使用 Anaconda 可以免除 Python 需要安装 pip 来导入工具包的麻烦，甚至无须再安装 Python。

Anaconda 支持建立多个独立的 Python 虚拟环境，不同版本的工具包可以在其中互不干扰地使用而不会产生冲突。同时支持 Python 环境的自由切换，Python 脚本可在不同的解释器下、不同的环境中运行。Anaconda 更侧重于数据分析处理功能，内置了 Scipy、Numpy、Scikit-learn、Pandas 等用于数据分析的工具包，有效简化了使用者的操作流程。

2. Tensorflow 的高级神经网络应用程序接口

本项目还会涉及高级神经网络的应用程序接口 Keras。目前 Keras 已经和 Tensorflow 整合到一起，使得神经网络模型构建更加容易。需要注意的是，Tensorflow 和 Keras 的版本要对应，否则会因版本不兼容而导致错误。

任务 6-2-1 项目运行环境准备

Mask R-CNN 运行环境的准备包括代码环境的搭建和预权重的载入。读者可以参考电子实验手册通过如下步骤完成 Mask R-CNN 运行环境的搭建。

（1）使用 Windows 10 平台或者 Ubuntu16.04 平台，二者选其一即可。根据自己硬件条件选择使用 CPU 或者 GPU 训练模型。

（2）计算机上需安装 Python 3.6 版本和 Anaconda 平台，一般在安装 Anaconda 时会同时默认安装 Python，当然还必须要有 Pycharm 软件。若 Python 版本不符，可以使用 Anaconda 的 conda 包，来创建所需要的虚拟环境，方便管理多个 Python 版本。

打开命令提示符执行如下命令。

```
conda create -n MaskRCNN python=3.6
```

此命令会创建一个名为 MaskRCNN 的环境，使用的是 Python 3.6 的环境。若要切换到当前环境下进行相关库的安装，首先要执行如下命令。

```
activate MaskRCNN    #Windows 平台
source activate MaskRCNN   #Ubuntu 平台
```

（3）若要使用 GPU 训练，必须先安装好 Cuda 9.0。这个对版本要求比较严格，因为项目程序是基于 TensorFlow 1.5 的，新版的 Cuda 与 TensorFlow 1.5 是不兼容的。而且要安

装和 Cuda 9.0 相对应的 Cudnn 7.0.5，这些均可以在 NVIDIA 官网上下载，先注册然后选择相应版本进行下载即可。

（4）在 Anaconda 控制台使用命令来配置库，库的版本及安装命令操作如下。

```
Pip install numpy
Pip install matplotlib
pip install ipython
pip install tensorflow-gpu==1.5.0
pip install tensorflow==1.15.0rc0
pip install scikit-image==0.16.2
pip install keras==2.1.4
pip install cython==0.29.16
pip install imgaug==0.4.0
pip install opencv-python==3.4.2.17
pip install h5py==2.8.0rc1
pip install pyyaml==3.12
pip install pycocotools==2.0.2
```

安装上述库时，请尽量按照对应版本安装，否则可能会出现版本不兼容情况，或者出现与程序中代码不兼容情况。

（5）预权重是神经网络训练后得到的网络参数，可以直接加载官方的预权重进行预测得出结果。下载 mask_rcnn_coco.h5 文件，将这个 h5 文件复制或移动到 Mask R-CNN 项目文件的根目录里面。若不想去官方网站下载也没关系，本项目程序已经设置了自动下载预权重文件，只不过文件较大，下载时需要等待一段时间。若根目录下没有此文件，程序会自动下载（项目文件中 mrcnn 里的 utils.py 文件可供下载）该文件至项目根目录下。

任务 6-2-2 在 Pycharm 中载入解释器

在 Pycharm 中导入配置好的代码环境，载入 Python 的解释器。

（1）在 Pycharm 中打开项目文件，双击左侧的【train_model.py】和【tset_model.py】文件夹，即可打开训练文件和测试文件，如图 6-20 所示。

（2）单击 File 中的【Settings】选项，进入菜单，如图 6-21 所示。

（3）单击左侧 project 目录下的【Python Interpreter】文件夹，然后单击右上角处齿轮状按钮，再单击【Add ...】按钮，如图 6-22 所示。

（4）选择【Existing environment】按钮，单击 Interpreter 选项卡一栏最右侧...按钮，选择在 Anaconda 创建好的项目环境下的 python.exe（python 解释器），然后单击【OK】按钮，如图 6-23 所示。

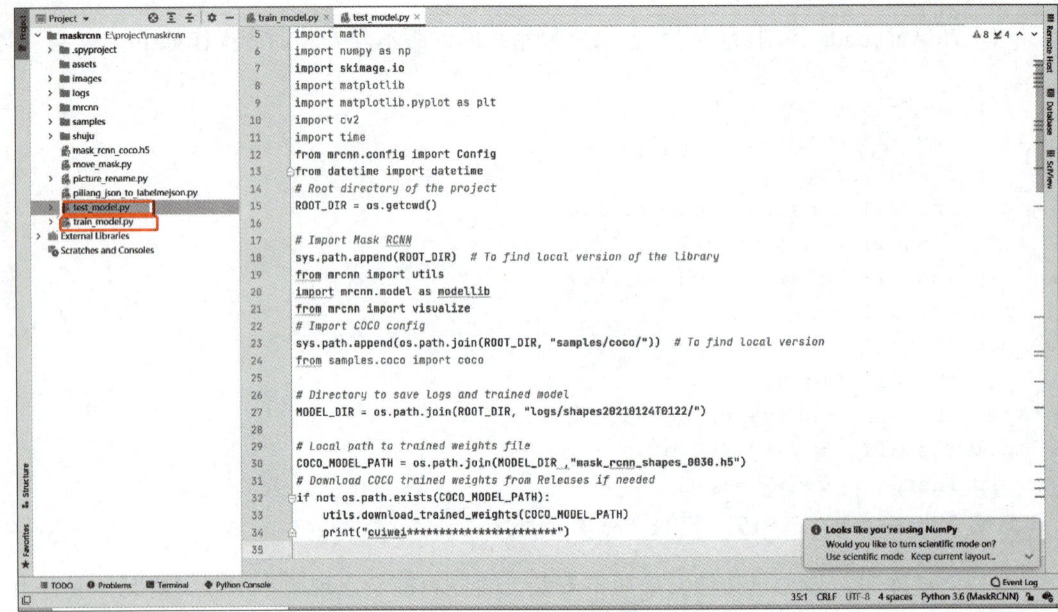

图 6-20　打开项目文件

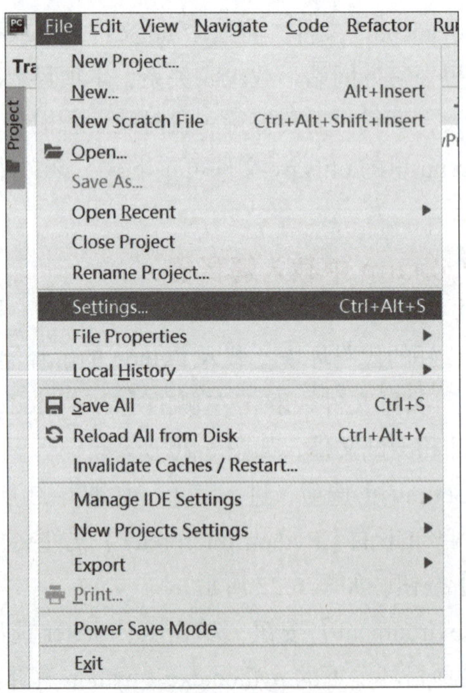

图 6-21　进入 Pycharm 菜单

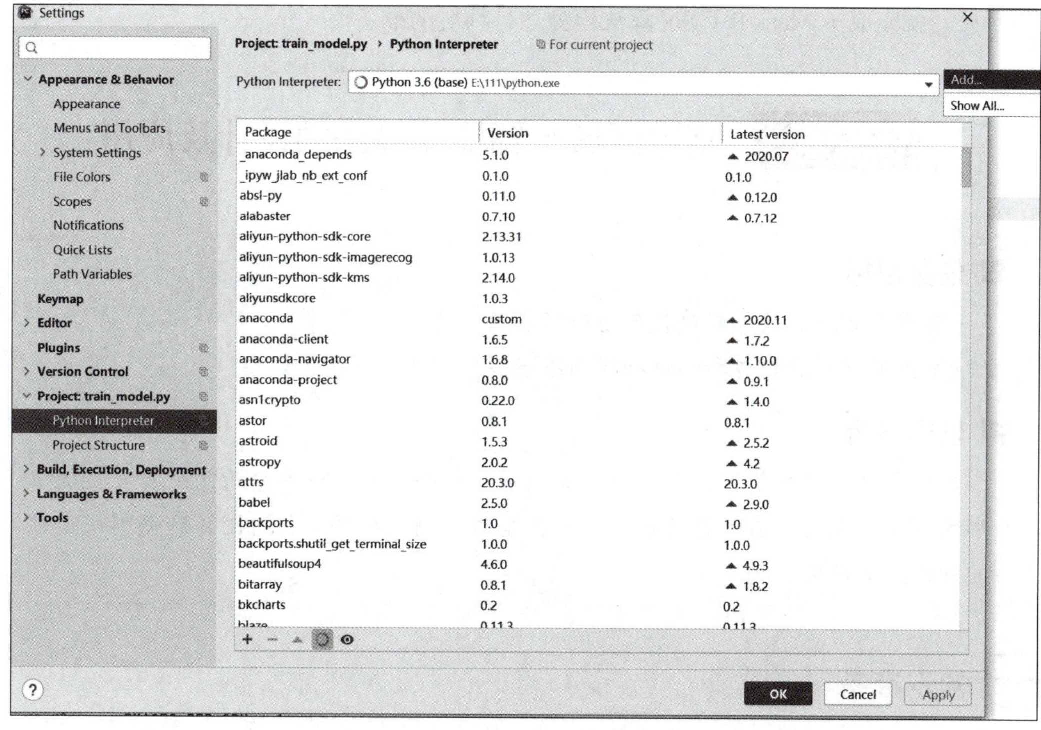

图 6-22 Pycharm 解释器界面

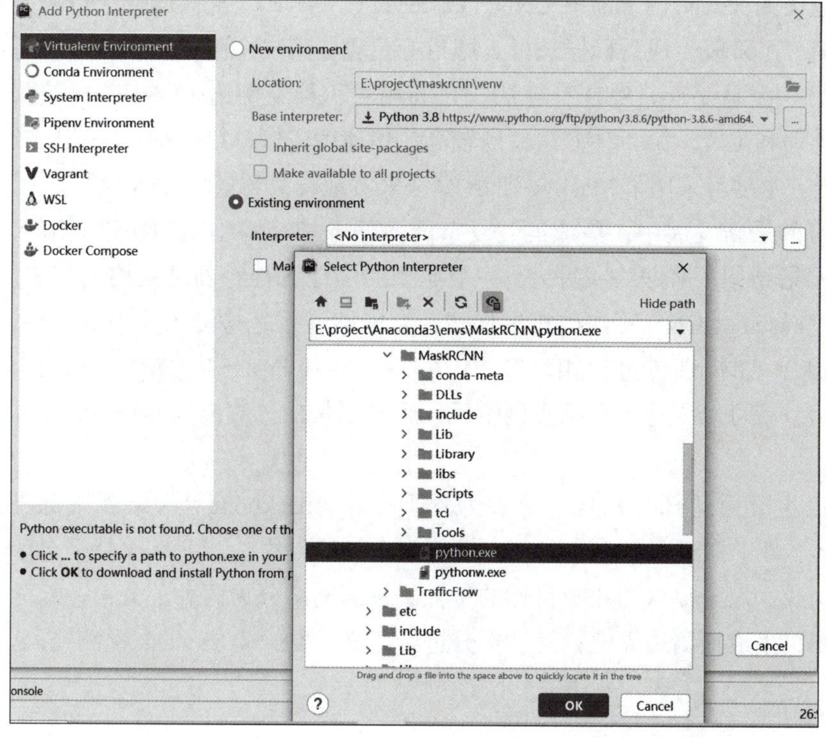

图 6-23 添加 Python 解释器

项目运行环境准备

至此，就完成了 Mask R-CNN 算法模型运行环境的准备。

任务 6-3 禁停区域车辆检测算法的设计及应用

任务目标

- 掌握 Pycharm 软件新建代码运行环境的方法。
- 掌握 Pycharm 训练和测试神经网络模型的方法。

任务分析

本任务主要是加载预权重进行模型训练。整个训练过程共分为两个阶段：训练头部网络和微调全网络，再将训练好的模型载入测试程序，利用图片数据测试训练好的神经网络模型。

知识准备

近年来，目标检测算法取得了很大的突破。目前比较流行的算法分为两类。一类是基于区域建议的 R-CNN（Fast R-CNN，Faster R-CNN 等），它们的算法过程是两个阶段的：第一个阶段生成目标候选框，即目标位置；第二个阶段对候选框进行分类和回归。另一类是 Yolo、SSD 等算法，只利用卷积神经网络（CNN）直接预测不同目标的类别和位置。第一种方法精度较高，但速度较慢；第二种算法速度较快，但精度较低。本项目采用了 Mask R-CNN 算法来实现模拟场景的目标检测功能。

在深度学习的最新发展中，集成的、复杂的多任务神经网络结构在逐渐取代单任务的神经网络结构，Mask R-CNN 是一个典型的多任务神经网络结构的代表。Mask R-CNN 是 Faster R-CNN 算法的扩展形式，它能够有效地检测图像中的目标。除此之外，Mask R-CNN 训练过程相对简单，它只需要在 Faster R-CNN 的基础上增加少量的开销，就可以为每个目标实例生成一个高质量的分割掩码 (segmentation mask)。

本项目算法主要由两部分构成，分别为骨干神经（backbone）网络和头部神经（head）网络。骨干神经网络由 ResNet（深度残差神经网络）和 FPN（特征金字塔神经网络）构成，用于提取图片中目标的特征。头部网络分为两个部分：一部分进行分类和回归，生成预测边界框；另一部分进行语义分割，生成 mask 预测掩码。如图 6-24 所示。

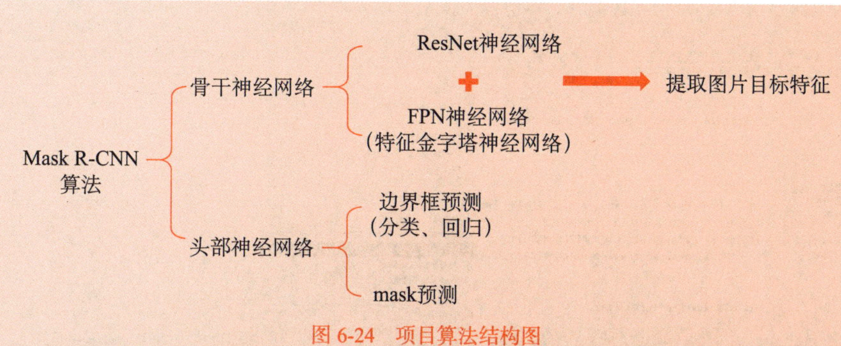

图 6-24 项目算法结构图

在进行模型训练时，先加载预训练模型，在预训练模型的基础上再训练，然后保持骨干神经网络不变，只训练头部神经网络，再微调整个神经网络。本项目已经为读者准备了测试好的 Mask R-CNN 网络模型供使用，网络模型和算法实现细节本书不展开讲述。

任务 6-3-1 禁停区域车辆检测模型算法设计

（1）修改网络配置参数，根据检测目标种类的个数进行修改，若检测两类则改为“1+2”，三类则改为“1+3”，如图 6-25 所示。

图 6-25 修改网络配置参数

（2）修改图片大小的限制参数，注意必须为 64 的倍数，如图 6-26 所示。

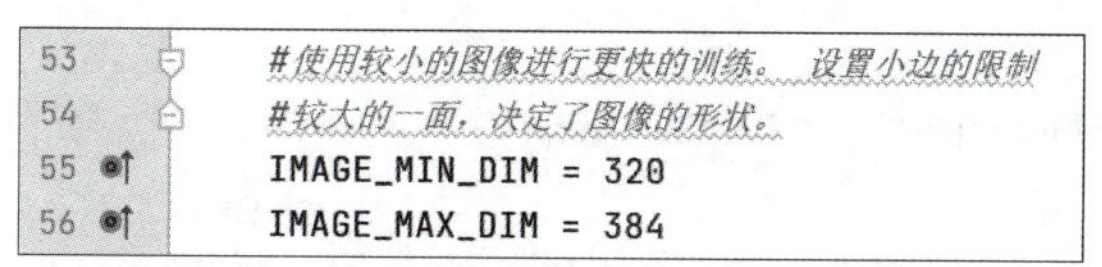

图 6-26 修改图片大小的限制参数

（3）运行 train_model.py 程序进行训练，用 CPU 训练的过程一般需要较长时间。在程序代码处右击，在弹出的窗口单击【Run ‘train_model’】便可运行训练程序代码，如图 6-27 所示。训练产生的权重文件存放在项目根目录下的 logs 文件夹中。训练过程如图 6-28 所示。

（4）如图 6-29 所示，每训练一次便会在项目根目录下的 logs 文件夹中生成一个模拟存放文件夹（命名规则为“shapes+ 模型训练的日期时间”），里面存放了本次训练迭代生成的所有预权重文件（测试时，载入模型一般选择模型存放文件夹下的最后一个 .h5 文件），如图 6-30 所示。预权重文件将在下一阶段的预测程序中使用。

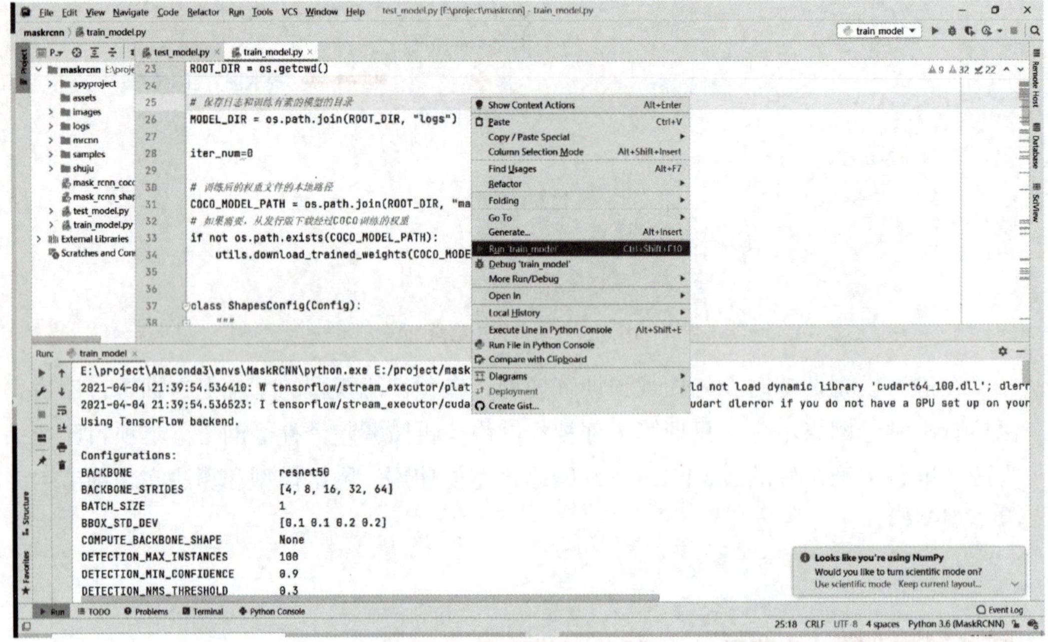
图 6-27　运行训练程序

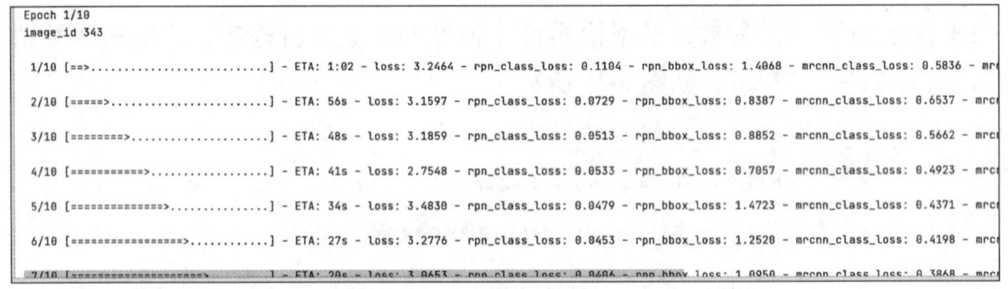

图 6-28　训练过程

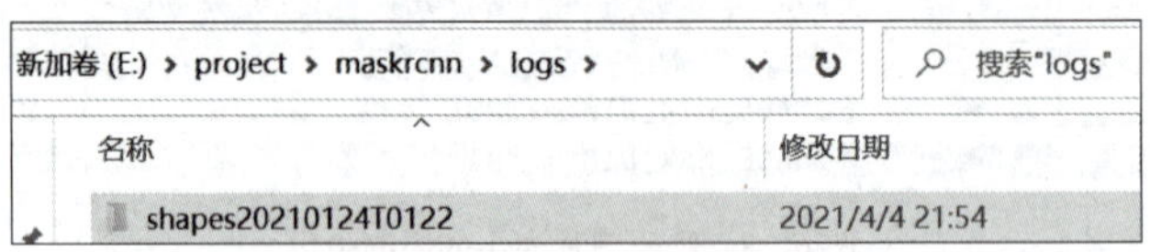

图 6-29　模型存放文件夹

（5）测试程序中需要指定好要调用的预权重模型，这部分配置内容在 test_model.py 程序中已经设置好了（程序中调用的模型采用的是，600 多张图片和 10epochs 训练头部神经网络、20epochs 微调全部神经网络训练好的模型）。

若读者有兴趣可以训练自己的模型，然后调用看一下识别效果。若要使用自己训练的模型进行测试需要修改载入模型的代码，即修改 test_model.py 中的 27 行和 30 行代码的路径信息。如图 6-31 所示，训练好的模型会存放在根目录的 logs 文件夹中，选取最后一次训练的模型文件载入测试程序，即 logs 文件夹中最后一个模型存放文件中的最后一个 .h5 文件。

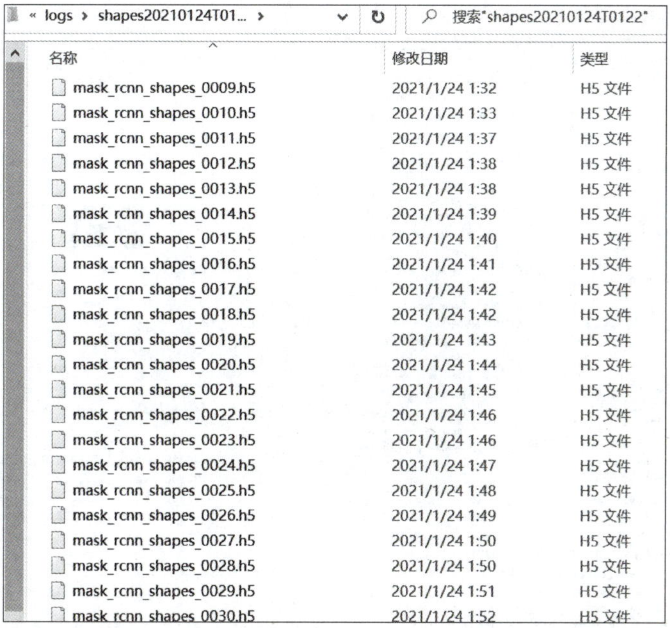

« logs › shapes20210124T01... ›　　搜索"shapes20210124T0122"

名称	修改日期	类型
mask_rcnn_shapes_0009.h5	2021/1/24 1:32	H5 文件
mask_rcnn_shapes_0010.h5	2021/1/24 1:33	H5 文件
mask_rcnn_shapes_0011.h5	2021/1/24 1:37	H5 文件
mask_rcnn_shapes_0012.h5	2021/1/24 1:38	H5 文件
mask_rcnn_shapes_0013.h5	2021/1/24 1:38	H5 文件
mask_rcnn_shapes_0014.h5	2021/1/24 1:39	H5 文件
mask_rcnn_shapes_0015.h5	2021/1/24 1:40	H5 文件
mask_rcnn_shapes_0016.h5	2021/1/24 1:41	H5 文件
mask_rcnn_shapes_0017.h5	2021/1/24 1:42	H5 文件
mask_rcnn_shapes_0018.h5	2021/1/24 1:42	H5 文件
mask_rcnn_shapes_0019.h5	2021/1/24 1:43	H5 文件
mask_rcnn_shapes_0020.h5	2021/1/24 1:44	H5 文件
mask_rcnn_shapes_0021.h5	2021/1/24 1:45	H5 文件
mask_rcnn_shapes_0022.h5	2021/1/24 1:46	H5 文件
mask_rcnn_shapes_0023.h5	2021/1/24 1:46	H5 文件
mask_rcnn_shapes_0024.h5	2021/1/24 1:47	H5 文件
mask_rcnn_shapes_0025.h5	2021/1/24 1:48	H5 文件
mask_rcnn_shapes_0026.h5	2021/1/24 1:49	H5 文件
mask_rcnn_shapes_0027.h5	2021/1/24 1:50	H5 文件
mask_rcnn_shapes_0028.h5	2021/1/24 1:50	H5 文件
mask_rcnn_shapes_0029.h5	2021/1/24 1:51	H5 文件
mask_rcnn_shapes_0030.h5	2021/1/24 1:52	H5 文件

图 6-30　模型存放文件

```
MODEL_DIR = os.path.join(ROOT_DIR, "logs/shapes20210124T0122/")

# Local path to trained weights file
COCO_MODEL_PATH = os.path.join(MODEL_DIR ,"mask_rcnn_shapes_0030.h5")
```

图 6-31　修改路径

（6）如图 6-32 所示，在要运行的代码界面右击，在弹出的窗口中单击【Run ‘test_model’】选项，运行该部分代码。预测产生的结果可以直接在右侧显示。

项目场景化实现方法

要预测的图片需要先提前存放到项目根目录下的 images 文件夹下（项目文件中已经预先存好了一张备用，读者可以再加几张，但为了保证预测效果，图片上的车辆数目最好不要太多），注意每次程序只能从文件夹中随机抽取一张图片进行预测。

任务 6-3-2　禁停区域车辆检测算法应用

本项目选取了多种类型机动车图片作为数据源，总计 669 张图片数据。采用本地 Pycharm 开发环境编写，通过代码的方式完成 Mask R-CNN 网络的训练和预测的整个过程。

（1）将需要检测的图片放在项目文件夹下的“image”文件夹中，执行 test.py 文件后，程序将根据指定路径调用图片文件，输出车辆的检测及定位结果，如图 6-33 所示。识别出检测车辆主体后在图中将机动车框出来，并添加掩码。

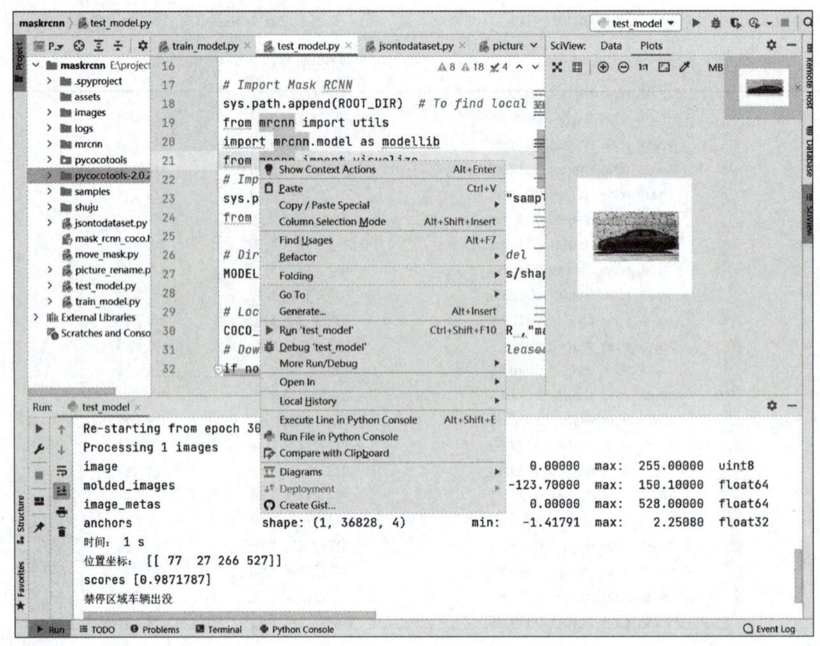

图 6-32　测试模型效果

```
Re-starting from epoch 30
Processing 1 images
image                  shape: (303, 528, 3)        min:    0.00000  max:  255.00000  uint8
molded_images          shape: (1, 384, 384, 3)     min: -123.70000  max:  150.10000  float64
image_metas            shape: (1, 14)              min:    0.00000  max:  528.00000  float64
anchors                shape: (1, 36828, 4)        min:   -1.41791  max:    2.25080  float32
时间： 1 s
位置坐标： [[ 77  27 266 527]]
scores [0.9871787]
```

图 6-33　车辆检测及定位结果

在如图 6-33 所示的输出结果中，（303,528）是原始图片的像素值，（384,384）是图片经过处理（缩放）后的像素值，输出的坐标是指目标车辆在图片中的位置坐标。

（2）基于 600 多张图片数据训练的模型，其预测结果如图 6-34 所示。

图 6-34　车辆预测结果

（3）基于 300 多张图片数据训练的模型，其预测结果如图 6-35 所示。

检测算法运行结果

图 6-35　300 多张图片数据预测结果

用 300 多张图片数据训练的模型的预测及定位结果如图 6-36 所示。

```
Re-starting from epoch 30
Processing 1 images
image                    shape: (303, 528, 3)         min:    0.00000  max:  255.00000  uint8
molded_images            shape: (1, 384, 384, 3)      min: -123.70000  max:  150.10000  float64
image_metas              shape: (1, 14)               min:    0.00000  max:  528.00000  float64
anchors                  shape: (1, 36828, 4)         min:   -1.41791  max:    2.25080  float32
shijian 1
位置坐标 [[ 32  71 261 479]]
scores [0.94125175]
```

图 6-36　300 多张图片车辆检测及定位结果

通过图 6-34 和图 6-35 对比可以看出，较多图片数据训练出来的识别结果中检测的边框和 mask 掩码与车辆的边界更贴合，因此使用较多图片数据训练出来的模型效果会更加准确。

以上任务实现详见电子实验手册（中级）“实验 6　禁停区域车辆检测”中的步骤。

项目总结

本项目借助 Anaconda 和 Pycharm 开发平台，利用 Mask R-CNN 算法，从模型搭建、训练、预测、可视化输出结果 4 个方面，讲述了车辆目标检测算法的实现。本项目使读者了解如何使用 Pycharm 进行人工智能算法模型的搭建、训练和预测。本项目设计的目的，主要是让读者能够熟练使用软件工具并了解算法应用的流程，包括使用 Anaconda 及 Pycharm 开发软件、使用 Labelme 标注工具，以及数据集的创建和标注。项目中没有进行具体的算法代码的解释，也不需要读者掌握算法的实现原理和神经网络模型结构，读者能够通过算法的调用识别图片中的机动车位置，并将检测结果进行可视化输出即可。

练 习 题

1.（单选题）使用 R-CNN 算法进行目标检测时需要两个阶段，第一阶段是（　　）。

A. 分类　　B. 回归

C. 生成候选框　　D. 生成分割掩码

2.（多选题）目前比较流行的目标检测算法中，一类是基于区域建议的算法，这些算法包括（　　）。

A. Faster R-CNN　　B. Yolo

C. Mask R-CNN　　D. SSD

3.（多选题）基于区域建议的 R-CNN 算法的特点是（　　）。

A. 精度较高　　B. 精度较低

C. 速度较快　　D. 速度较慢

4.（单选题）在 Mask R-CNN 神经网络模型结构中，骨干神经网络（ResNet 和 FPN）的作用是（　　）。

A. 生成候选区域　　B. 边框回归

C. 图片预处理　　D. 生成分割掩码

5.（判断题）Mask R-CNN 算法中头部神经网络能够生成 mask 预测掩码。（　　）

附录1 子账户的创建及登录

（1）进入阿里云平台官网（https://www.aliyun.com）单击右上角【登录】按钮，跳转到阿里云登录页面，如附图 1-1 所示。

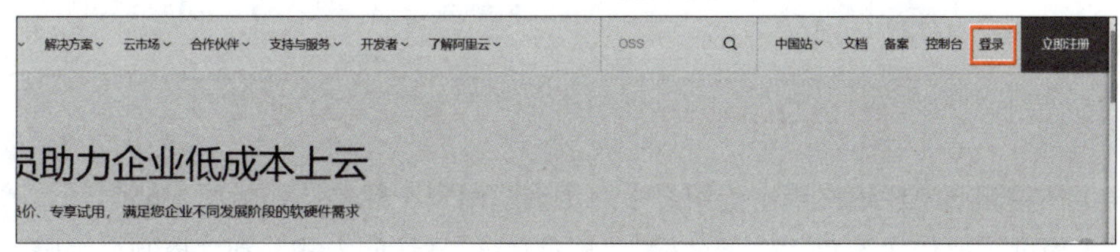

附图 1-1　阿里云官网

（2）可以用手机支付宝 App 扫描二维码进行登录，登录界面如附图 1-2 所示。

附图 1-2　登录界面

（3）登录成功后单击右上角【我的阿里云】标签，如附图 1-3 所示，为登录成功后的

附图 1-3　登录成功后的界面

界面。

（4）单击【账号管理】标签，如附图 1-4 所示。

（5）将鼠标指针放在右上角的头像上，单击【访问控制】标签，如附图 1-5 所示。

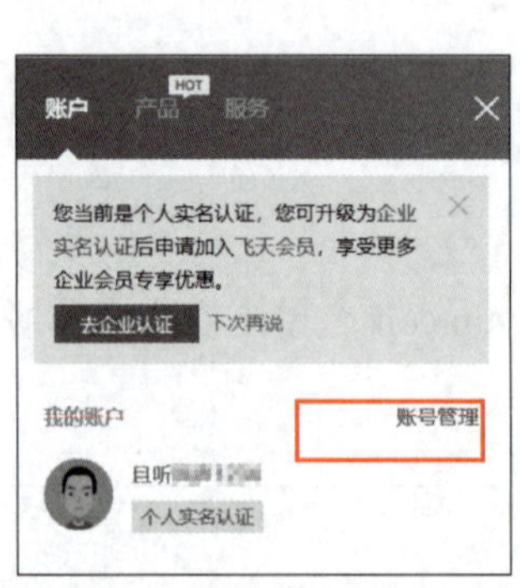

附图 1-4　【我的账户】

附图 1-5　访问控制

（6）在左侧菜单栏依次单击【用户】→【创建用户】标签，如附图 1-6 所示。

（7）根据需要依次设置“登录名称”“显示名称”“访问方式”和“控制台密码”等参数，设置完成后单击【确定】按钮，如附图 1-7 所示。

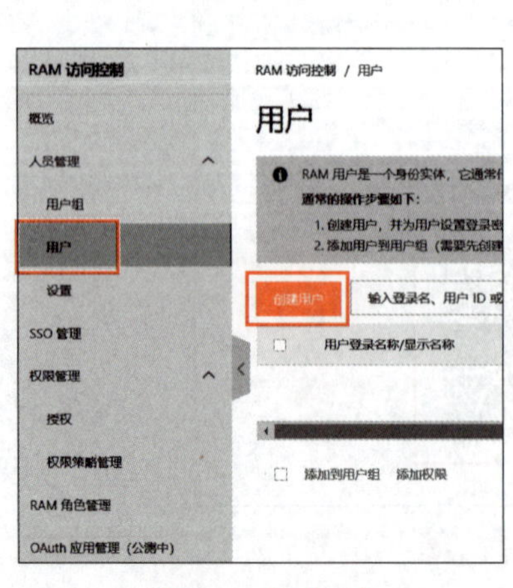

附图 1-6　创建用户

附图 1-7　创建用户参数设置

（8）可以看到创建成功的子账号，如附图 1-8 所示。

（9）访问 https://ram.console.aliyun.com/users，单击页面右下角的【RAM 用户登录】标签，如附图 1-9 所示为 RAM 用户登录选项。

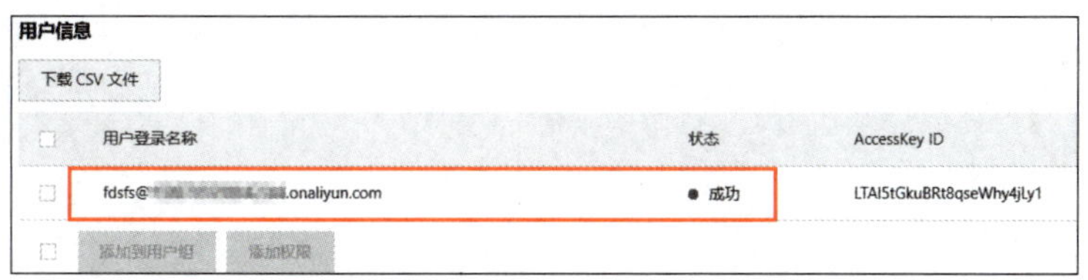

附图 1-8　创建成功的子账号

附图 1-9　RAM 用户登录

（10）输入新创建的 RAM 用户名，单击【下一步】按钮，附图 1-10 所示为输入用户名界面。

（11）输入新密码，单击【确认重置】按钮，附图 1-11 所示为密码重置界面。

附图 1-10　输入用户名界面

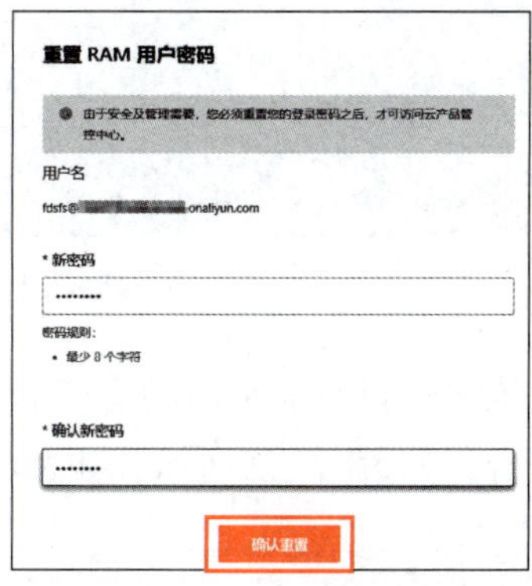

附图 1-11　密码重置界面

（12）子账号登录成功后即可对账号的权限进行设置。可以创建一个 RAM 用户作为主账号来供多个实验用户使用，增加和删除用户都比较方便。

登录阿里云PAI平台

（1）进入阿里云平台官网（https://www.aliyun.com），如附图 2-1 所示。

附图 2-1　进入阿里云平台官网

（2）依次选择当前页面的【产品】→【人工智能】→【机器学习平台 PAI】标签，进入 PAI 平台，如附图 2-2 所示。如页面位置发生变化，请以文字描述为准。

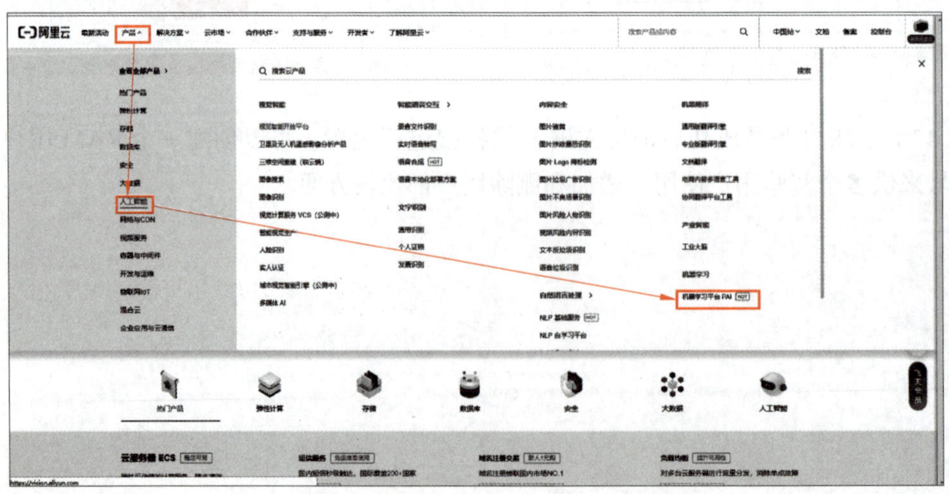

附图 2-2　进入 PAI 平台

（3）进入 PAI 平台界面，单击【登录】按钮，如附图 2-3 所示，进入用户登录界面。

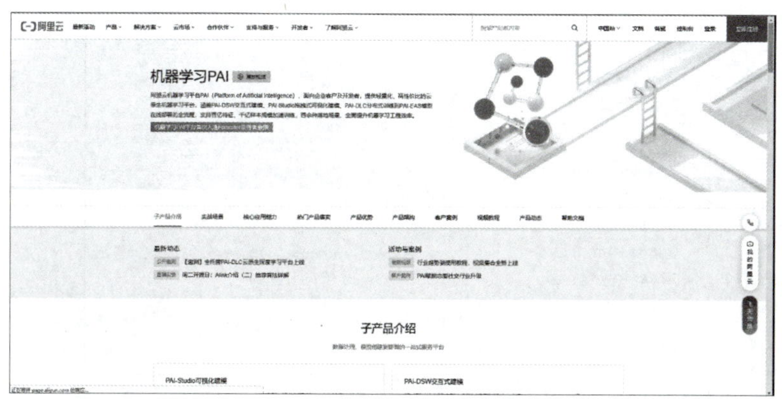

附图 2-3　机器学习 PAI 平台

（4）选择使用【RAM 用户登录】标签，输入账号和密码即可完成登录。如附图 2-4 所示为 PAI 平台登录界面。

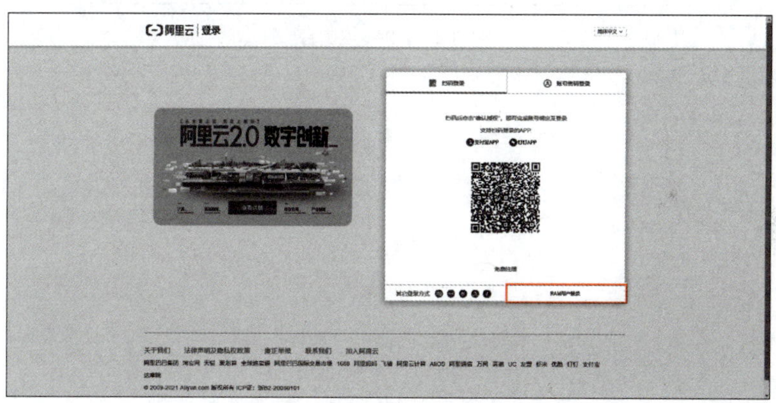

附图 2-4　PAI 平台登录界面

（5）登录成功后，单击【立即开通】按钮，如附图 2-5 所示为 PAI 平台界面。

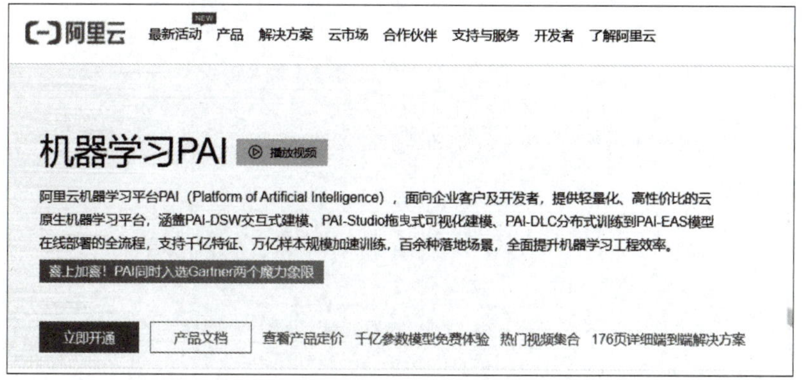

附图 2-5　PAI 平台界面

（6）进入 PAI 控制台，如附图 2-6 所示为 PAI 控制台。

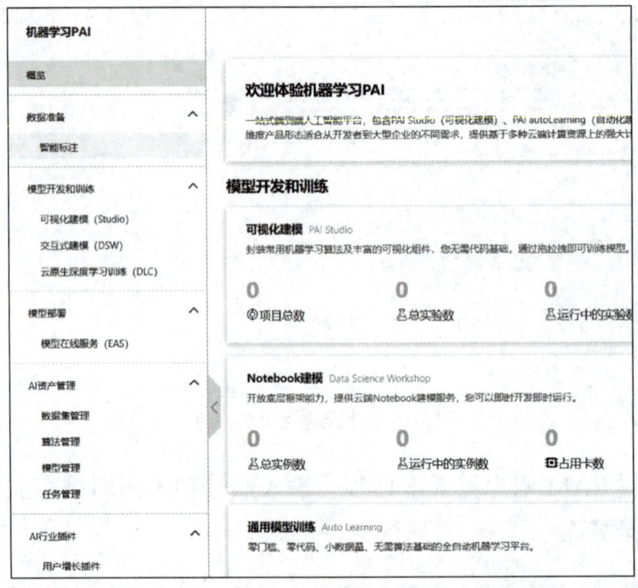

附图 2-6　PAI 控制台

附录3

登录OSS管理控制台

可以访问 https://oss.console.aliyun.com/overview 登录账号并开通 OSS 服务，开通对象存储控制台如附图 3-1 所示。

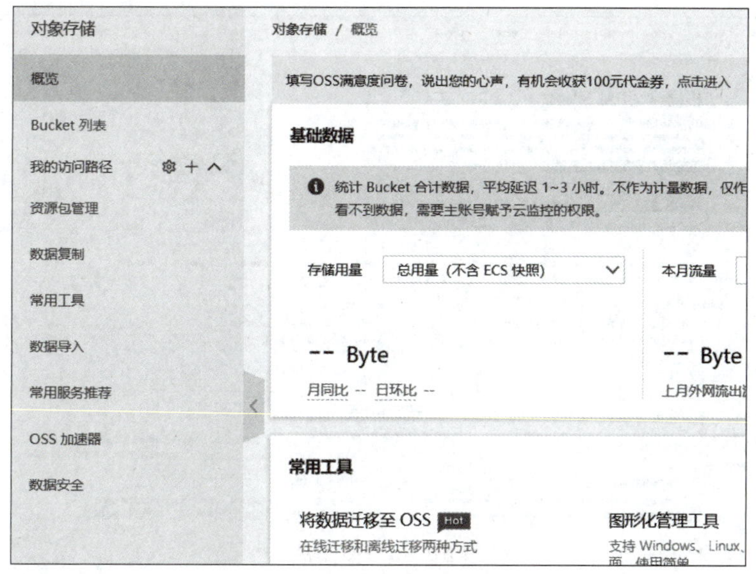

附图 3-1　对象存储控制台

附录4 阿里云PAI平台实验准备

（1）登录 PAI 平台成功后，会跳转至如附图 4-1 所示的页面。单击右上角中的【控制台】选项，进入 PAI 平台综合控制台。

附图 4-1　PAI 平台

（2）在 PAI 平台的控制台，可以看到已经开通的产品和服务，以及“最近访问”的产品和服务。本书主要使用的产品是“机器学习 PAI”和“对象存储 OSS”这两个产品。如附图 4-2 所示。

（3）在 PAI 平台的控制台，可以通过【快速入口】标签添加“机器学习 PAI”和“对象存储 OSS”两个选项的快速入口，如附图 4-3 所示。

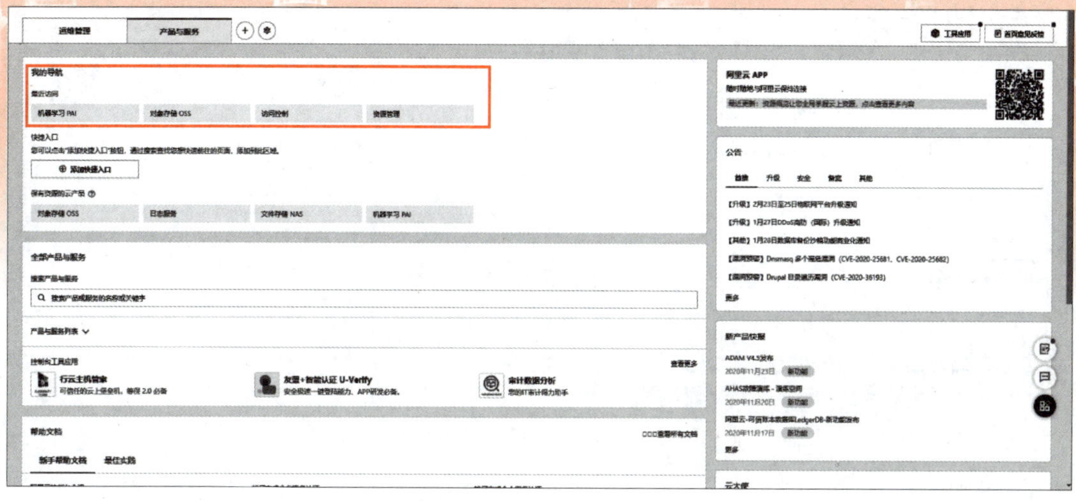

附图 4-2　综合控制台最近访问信息

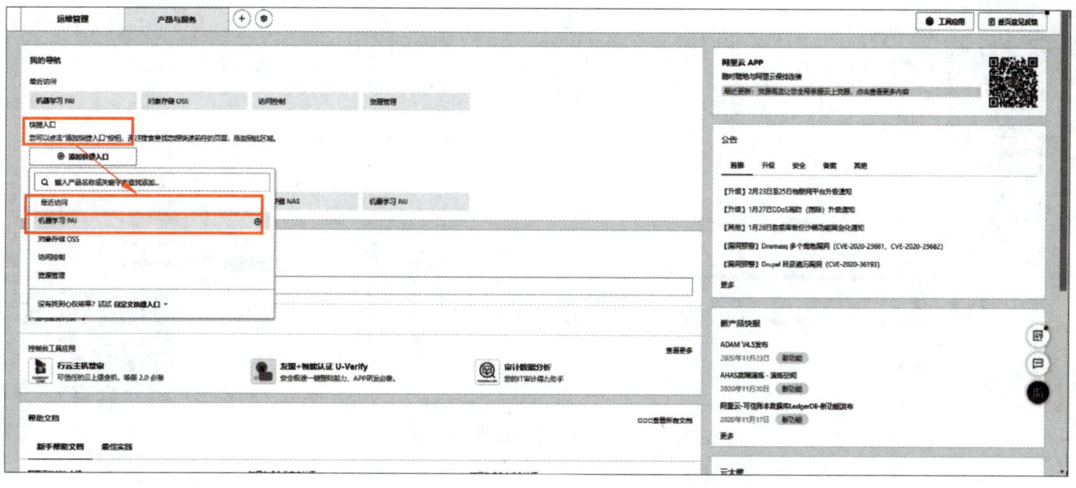

附图 4-3　综合控制台快速入口

（4）在附图 4-3 所示的界面，单击【快速入口】→【机器学习 PAI】标签，进入“机器学习 PAI”的控制台。如附图 4-4 所示。

（5）如附图 4-5 所示，在“机器学习 PAI”的控制台界面的左侧列表中，“模型的开发与训练”有几种产品可供选择，包括用于对数据进行预处理的“可视化建模（Studio）”产品和用于机器学习训练模型的“交互式建模（DSW）”产品。基于本书内容，在实验部分主要使用“交互式建模（DSW）”产品，在文件存储部分主要使用综合控制台中的“对象存储 OSS”产品。

（6）如附图 4-6 所示，单击【对象存储 OSS】按钮，打开 OSS 控制台。

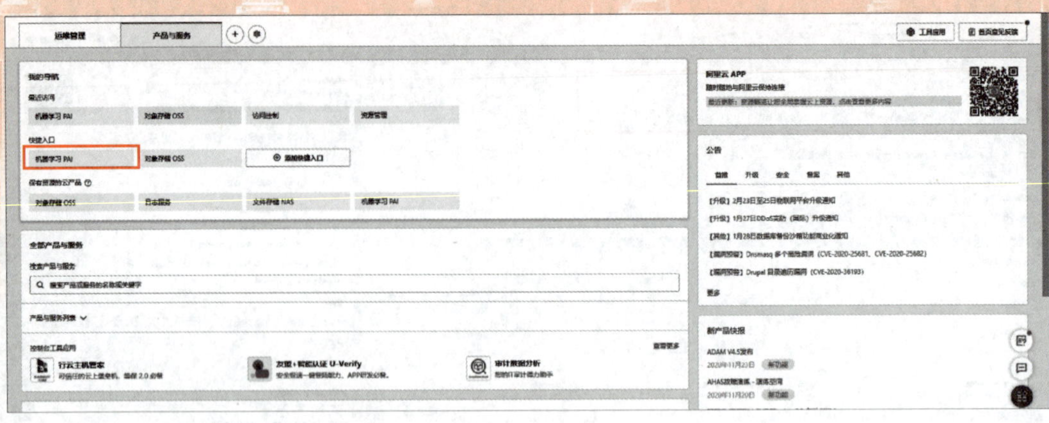
附图 4-4　通过综合控制台进入机器学习 PAI

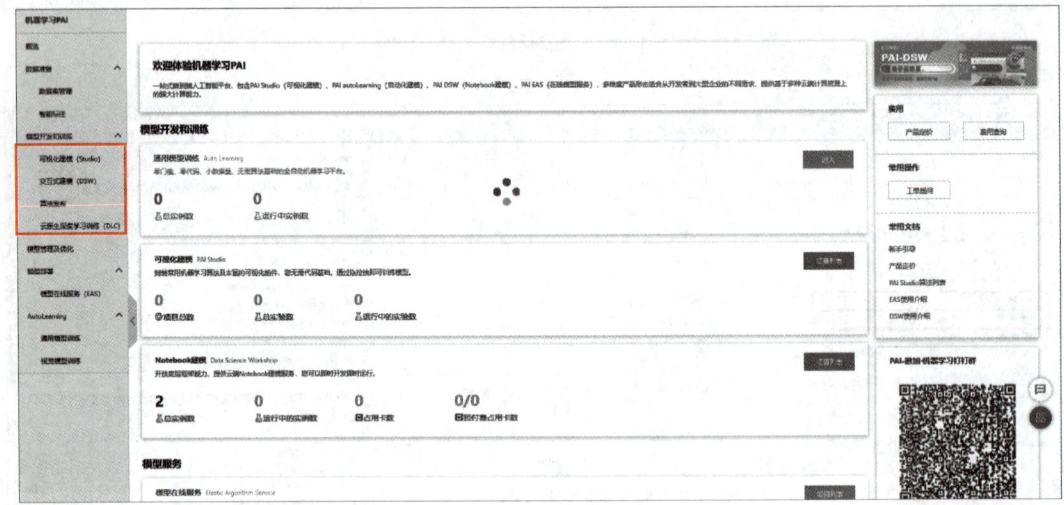
附图 4-5　机器学习 PAI 平台—控制台

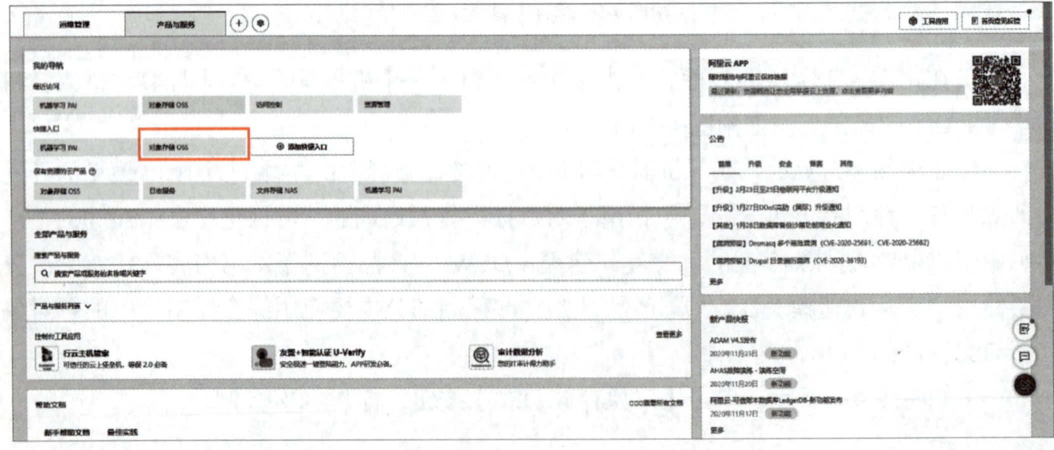
附图 4-6　通过综合控制台打开 OSS 控制台

附录5

PAI-DSW对访问实例的管理

（1）访问 https://pai.console.aliyun.com/，登录 PAI 平台。

（2）在左侧菜单栏中单击【交互式建模（DSW）】标签，如附图 5-1 所示。

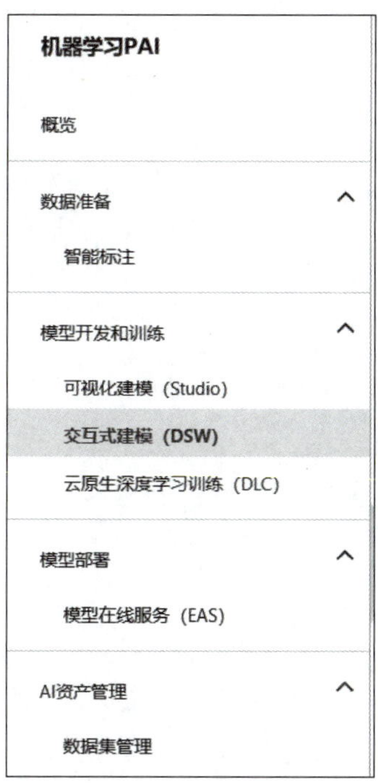

附图 5-1 交互式建模（DSW）

（3）在右侧已经创建的 DSW 实例中，右下角“操作”标签下分别有【打开】【停止】【删除】等选项，可以对 DSW 实例进行管理，也可以创建新的实例，如附图 5-2 所示为 DSW 实例界面。

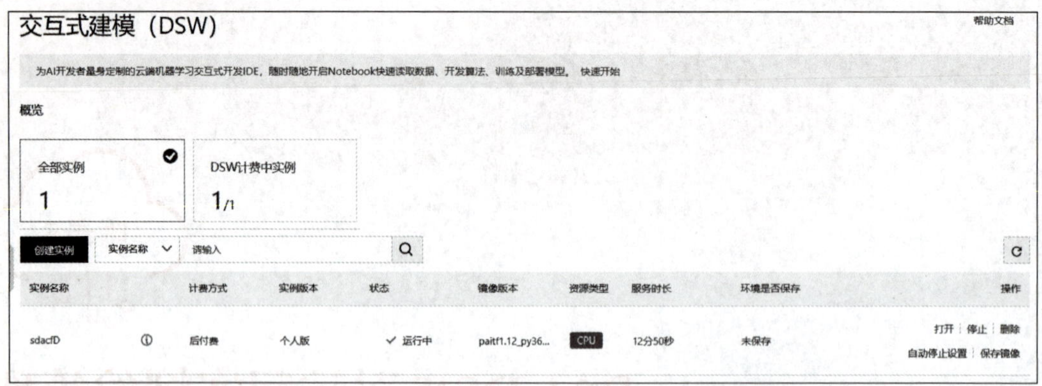

附图 5-2 DSW 实例界面

附录6

图像数据预处理相关方法

（1）图像处理环境包的载入程序代码如下。

```
# 载入 opencv 图像处理库
import cv2
# 载入 numpy 矩阵处理库并在程序中使用 np 简写
import numpyasnp
```

（2）实现图像数据预处理的主程序如下。

```
# 主程序：程序入口
if __name__ == "__main__":
# 读取当前路径下的原图片文件，赋值给 frame
frame = cv2.imread('./test.jpg')
# 显示出当前原图
cv2.imshow('frame',frame)
# 自定义函数 median，对原图像完成中值滤波，消除椒盐噪声
# 处理后的结果赋值给 frame_median
frame_median = median(frame)
# 显示出滤波后的图
cv2.imshow('frame_median',frame_median)
# 自定义函数 imfiterl，对滤波后的图像，完成拉普拉斯锐化，提高图像边界
# 处理后的结果赋值给 frame_imfiterl
frame_imfiterl = imfiterl(frame_median)
# 显示出锐化后的图
cv2.imshow('frame_imfiterl',frame_imfiterl)
# 自定义函数 gray_demo，对锐化后的图像完成灰度化，减少图片的深度，保留必要信息
# 为二值化做准备。处理后的结果赋值给 frame_grey
frame_grey = gray_demo(frame_imfiterl)
# 显示出灰度化后的图
```

```
cv2.imshow('frame_grey',frame_grey)
# 自定义函数 two_singal，对灰度化后的图像，完成自适应二值化
# 归一化图片，再次降低处理复杂度，提高计算速率，保留必要信息
# 处理后的结果赋值 frame_two_singal
frame_two_singal = two_singal(frame_grey)
# 显示出二值化后的图
cv2.imshow('frame_two_singal',frame_two_singal)
# 自定义函数 dialate，对二值化后的图像，完成图像形态学运算（闭运算）
# 减少图片外噪点，保留必要信息。处理后的结果赋值给 frame_close
frame_close = dialate(frame_two_singal)
# 显示出形态学闭运算后的图
cv2.imshow('frame_close',frame_close)
# 自定义函数 erode，对闭运算后的图像，完成图像形态学运算（开运算）
# 减少图片内的噪点，保留必要信息。处理后的结果赋值给 frame_open
frame_open = erode(frame_close)
# 显示出形态学开运算后的图
cv2.imshow('frame_open', frame_open)
# 维持图片不消失
cv2.waitKey(0)
```

（3）median 方法（中值滤波方法）程序代码如下。

```
#median 方法程序（中值滤波方法）
# 定义 median 函数完成中值滤波，输入参数 frame 为原图
def median(frame):
# 调取 opencv 中值处理函数，参数是原图和处理核大小
# 一般选择奇数如：1,3,5 等。消除图像的噪声
frame = cv2.medianBlur(frame, 5)
# 返回处理结果
return frame
```

中值滤波处理结果如附图 6-1 所示，其中，附图 6-1（a）为原图，附图 6-1（b）为中值滤波后图像。

(a) 原图

(b) 滤波后

附图 6-1　中值滤波处理结果

（4）imfilter 方法（锐化方法）程序代码如下。

```
# imfilter 方法程序（锐化方法）:
# 定义 imfilter 函数完成图像锐化，输入参数 frame 为输入图片
def imfilter(frame):
# 创建一个锐化核 3×3 大小
kernel = np.array([[0, -1, 0], [-1, 5, -1], [0, -1, 0]], np.float32)
  # 调取 opencv 锐化函数，参数是输入图片和处理核
  # 锐化是为了增强图像轮廓
  frame = cv2.filter2D(frame, -1, kernel=kernel)
  # 返回处理结果
  return frame
```

图片锐化处理结果如附图 6-2 所示，其中，附图 6-2（a）为锐化前的图像，附图 6-2（b）为锐化后的图像。

(a) 锐化前

(b) 锐化后

附图 6-2 图片锐化处理结果

（5）gray_demo 方法（灰度化方法）程序代码如下。

```
# gray_demo 方法程序（灰度化方法）
# 定义 gray_demo 函数完成图像灰度化，输入参数 frame 为输入图片
def gray_demo(frame):
# 调取 opencv 灰度函数，参数是输入图片和 opencv 中真彩色图片 BGR 转灰度图 GRAY
# 灰度化是减少图像的深度，保留图片必要信息。增加网络训练速度
frame = cv2.cvtColor(frame, cv2.COLOR_BGR2GRAY)
# 返回处理结果
return frame
```

图片灰度化处理结果如附图 6-3 所示，其中，附图 6-3（a）为灰度化前的图像，附图 6-3（b）为灰度化后的图像。

（6）two_signal 方法（二值化方法）程序代码如下。

```
# two_signal 方法程序（二值化方法）：二值化图像
```

（a）灰度化前　　（b）灰度化后

附图 6-3　图片灰度化处理结果

```
# 定义 two_signal 函数完成图像自适应二值化
# 输入参数 frame 为输入图片（灰度图片）
def two_signal(frame):
    # 调取 opencv 二值化函数，参数是输入图片（灰度图片）
    # 图片中低于阈值后被赋值为 "0"，高于阈值后被赋值为 "255"
    # 已经通过 cv2.THRESH_BINARY + cv2.THRESH_OTSU 参数来自适应阈值
    # 二值化是最大减少图像的深度，保留图片必要信息。增加网络训练速度
    _, frame = cv2.threshold(frame, 0, 255, cv2.THRESH_BINARY + cv2.
THRESH_OTSU)
    # 返回处理结果
    return frame
```

图片二值化处理结果如附图 6-4 所示，其中，附图 6-4（a）为二值化处理前的图像，附图 6-4（b）为二值化处理后的图像。

（a）二值化前　　（b）二值化后

附图 6-4　图片二值化处理结果

（7）dialate 方法（二值化方法闭运算）程序代码如下。

```
# dialate 方法程序（二值化方法）
# 定义 dialate 函数完成图像形态学闭运算
# 输入参数 frame 为输入图片（二值化图片）
def dialate(frame):
  # 通过 opencv 创建一个闭运算矩形核，3×3 大小。(3, 3) 是矩形运算核大小
  # 参数 cv2.MORPH_RECT 表示闭运算的运算核为矩形
  kernel = cv2.getStructuringElement(cv2.MORPH_RECT, (3, 3))
  # 调用 opencv 闭运算方法，对二值化图片闭运算
  # frame 参数是输入图片（二值化图片）
  # cv2.MORPH_CLOSE 参数是对图像进行闭运算
  # kernel(3, 3) 是矩形运算核大小。减少二值化后图像外的噪声
  frame = cv2.morphologyEx(frame, cv2.MORPH_CLOSE, kernel)
  # 返回处理结果
  return frame
```

图片闭运算处理结果如附图 6-5 所示，其中，附图 6-5（a）为闭运算处理前的图像，附图 6-5（b）为闭运算处理后的图像。

(a) 闭运算前　　(b) 闭运算后

附图 6-5　图片闭运算处理结果

（8）erode 方法（开运算方法）程序代码如下。

```
# erode 方法程序（开运算方法）
# 定义 erode 函数完成图像形态学开运算，输入参数 frame 为输入图片（二值化图片）
def erode(frame):
  # 通过 opencv 创建一个闭运算矩形核，3×3 大小
  # 参数 cv2.MORPH_RECT 表示闭运算的运算核为矩形；(3, 3) 是矩形运算核大小
  kernel = cv2.getStructuringElement(cv2.MORPH_RECT, (3, 3))
  # 调用 opencv 开运算方法，对二值化图片开运算
  # frame 参数是输入图片（二值化图片）。cv2.MORPH_OPEN 参数是对图像进行开运算
  # kernel(3, 3) 是矩形运算核大小。减少二值化后图像内的噪声
  frame = cv2.morphologyEx(frame, cv2.MORPH_OPEN, kernel)
  # 返回处理结果
  return frame
```

图片开运算处理结果如附图 6-6 所示，其中，附图 6-6（a）为开运算处理前的图像，附图 6-6（b）为开运算处理后的图像。

(a) 开运算前　　(b) 开运算后

附图 6-6　图片开运算处理结果